JN016653

Rによるデータ分析入門

経済分析の基礎から因果推論まで

松浦寿幸 著

東京図書

◎本書で使用するデータは，東京図書の WEB サイト（http://www.tokyo-tosho.co.jp/），および著者の WEB ページ（https://sites.google.com/site/matsuuratoshiyuki/）から，ダウンロードすることができます．

ま え が き

　本書は，統計分析ソフトウェア，R と RStudio を用いた経済・経営分野のデータ分析の入門書である．近年のデータ・サイエンス・ブームを受け，R を使ったデータ分析の入門書や WEB コンテンツが増えているが初歩の初歩から実践的な内容までをカバーするテキストは少ないのではないだろうか．R の一つの特徴は，データ構築から分析，結果表のとりまとめまでを一つのソフトウェアで扱えることで，本書では，データ分析の方法やコマンドのみならず，データ構築のコツや，美しい図表の作り方についても丁寧に解説している．また，本書のもう一つの特徴として，経済・経営分析の事例が豊富に用意されていることがあげられる．オリジナルのデータやプログラムに加えて練習問題もついているので，読むだけではなく，実際にプログラムを動かしながら，R の操作技術を身につけられるように設計されている．

　筆者は今から 14 年前に R と競合する統計分析ソフトウェアである Stata の解説書，「Stata によるデータ分析入門（以下 Stata 入門)」を執筆した．幸いにも多くの読者に読んでいただく機会があり，ほぼ毎年増刷し，また 2014 年と 2020 年に改訂版を出している．経済学・経営学分野の研究者界隈では長く Stata 一強の時代が続いてきた．しかし，R が無料であるのに対して Stata は比較的高額なソフトであり，近年はエントリー・レベルでは R に押されている．また，ある程度 R に慣れてしまえば研究レベルでも Stata と遜色なく利用できることから若手研究者の間では R を支持する声が広がっている．本書執筆の直接のきっかけは，近年注目が集まっている因果推論手法の解説を加筆した「Stata 入門」第 3 版が好評だったこともあり，東京図書さんからお話を頂いたことである．折しもコロナ禍で大学ではリモートによる教育や研究にシフトしている時期だったこともあり，無料で自分の PC に導入できる R の利用が拡大していた．そこで私自身の R のスキルを体系化するきっかけとして本書の執筆を始めることにした．当初は「Stata 入門」を R に置き換えるということで気軽に始めたが，R のオブジェクトの概念などを分かりやすく説明するために後半の逆引き事典のボリュームを減らす一方で，第 1 章で基本操作の説明を増やすなどの工夫をこらしている．また事例も一部差し換えている．

　本書執筆にあたり多くの方の支援を頂いた．本書の説明事例やサンプル・データは，筆者がこれまでに担当した，横浜市立大学大学院，慶應義塾大学総合政策学部・経済学部，経済産業研究所，経済産業省経済分析研修の講義や演習の講義ノートや演習課題を下敷きにしている．第5章のデータは山口慎太郎先生（東京大学），田中清泰先生（アジア経済研究所）らに提供していただいたものを使用している．本書の原案は2023年春学期の松浦ゼミ5期生の演習で使用し，ゼミ学生より多くのフィードバックを得た．また明治学院大学の児玉直美先生には本書の構想段階からアドバイスを頂いており，また原稿にも丁寧に目を通していただき多数の有益なコメントを頂いた．最終段階では佐賀大学の高野祐介先生に本書のRコードをチェックしていただき，分かりにくい箇所を大幅に改善できた．出版に際しては，東京図書の松井誠氏に多大なご尽力をいただいた．これらの方々のご支援なしには，本書は刊行されなかったであろう．ここに記して，感謝を申し上げたい．

2024年2月　　**松浦　寿幸**

目　次

第 2 部　因果推論 173

第 5 章　差の差の分析とパネル・データ分析 179

カバーデザイン◎高橋　敦（LONGSCALE）

第 0 章　R とは

本章では，本書のねらいと特徴を説明した後，R および RStudio のインストール方法について説明します．

0.1　R の特徴

　R は，近年，急速にシェアを拡大させているデータ分析アプリの 1 つです．特に最近のデータ・サイエンス・ブームを受け，R の操作方法を紹介するネット・コンテンツや入門書が出版されています．R そのものは，プログラム言語の理解が必要なソフトウェアですが，RStudio を活用することにより直感的に操作することができます．

　R にはいくつかの特徴があります．主なものは，

1)　すべて無料で利用できる

2)　世界中の研究者が開発する様々な関数を利用できる

3)　データの前処理から分析，グラフ等の図表作成まですべて R で完結できる

などがあります．まず，1) ですが，R と競合するデータ分析ソフトとしては，SAS，Python，SPSS，STATA などがあります．SAS は学生向けのクラウド版が無料になっていますが，その他は有料で比較的高額です．無料のデータ分析プログラム言語としては，R と並んで Python の存在感が高まっていますが，データ分析用の関数の充実度では R のほうが一日の長があり，2) のとおり，データ分析関連の関数の充実度では R のほうが優れています．また，データ分析に特化した Python の解説ウェブ・コンテンツや関連書籍はまだまだ少なく，この点でも R のほうが，優位性があると言えます．3) は，大規模データを利用する際，特に便利です．最近，分析結果の再現性の確保の重要性が

高まっていますが，この観点からも1つのソフトウェアで一貫して作業ができるというのは大きな利点です．

　Rには，こうした利点がある一方で，初心者にハードルになりうる点もあります．

4)　プログラミング言語に慣れていない人にはとっつきにくい

5)　多数の研究者が様々な関数を開発しており，どの関数を使うべきか初心者には判断しにくい，また，関数名の重複に気を付ける必要がある

　4)はRStudioの登場により，操作性が改善されたものの，オブジェクト（データの塊）の構造など初心者には慣れるまでは多少時間がかかるでしょう．5)ですが，Rでは様々な研究者がいろいろな関数を開発しており，同じ機能を持つ関数が多数存在します．そのため，テキストによって推奨されている関数が異なることがよくあります．また関数を束ねたものをパッケージと言いますが，たとえばAというパッケージとBというパッケージに同一名称の異なる関数が含まれていることがあり，注意が必要です．5)は，Rが，ソフト・ウェアー・メーカーが品質管理する他の統計分析ソフトとは異なり，世界中の様々な研究者が開発に関与する，オープンソース・ソフトウェアであることに起因しています．この点は，Rが無料でできることとのトレードオフにあるといえます．

0.2　本書のねらい

　こうしたRの特性を踏まえ，本書は経済学・経営学分野の学部学生・大学院生・社会人実務家向けのR入門書として，特に以下のような人を読者として想定しています．

1)　一通りの基本的な統計学を習得してあるものの，数学に苦手意識を持っている人（私立大学文系の2・3年生以上を想定）

　数学のレベルですが，類書では「高校数学の知識」を前提としているものが多いですが，本書では極力，微分の使用は避けるなど数学に苦手意識を持っている人も読み通せるようにしてあります．一部で，微分・対数・指数を用いている箇所もありますが，予備知識が無くても解釈ができるように工夫してあります．ただし，平均や標準偏差などの基礎的な記述統計指標については，すでに学習済みとして説明は最低限にとどめてい

ます.

2) プログラミングの手ほどきを受けたことが無い人

プログラミングに慣れていない人にはオブジェクト（データの塊）の構造，ならびにデータの操作（データの結合や文字列・数値列の取り扱い）に慣れるには時間がかかるかもしれません．類書では，Rのインストールの後，データの操作方法（あるいは「データの前処理」）についてページ数を割くものが少なくないですが，本書では回帰分析の主要な説明が終わるまでは，EXCEL等で予め加工・整理したデータを使用することを前提とし，データの操作方法については最小限の説明に留めています．

一方で，最近は，数千や数万といった大規模の個人や家計，企業を対象としたデータ（いわいるマイクロデータ）の入手も容易になってきており，Rを使ってデータの事前処理を行うといったニーズも高まっています．本書では，こうした状況を鑑み，マイクロデータの利用時によく利用されるデータ処理関数も紹介しています．第3章3.4節，第5章5.4節，および逆引き事典でやや発展的な操作方法を紹介しています．

もう1つ，綺麗なグラフが描けることもRの1つの特徴なのですが，本書では基本的な使い方のみを紹介しています．グラフの細部を調整していくには複数のオプションを付けていく必要があり，やや複雑なので本書では最低限の説明に留め，一部はWEBサポートで紹介しています．

3) 記述統計から回帰分析，さらに因果推論の分析手法を一通り身につけ，実際に論文やレポート執筆に活用したい人

本書は2部構成で，記述統計表・回帰分析など基礎的な分析スキルを身に着ける第1部・基礎編と，因果推論のための分析手法を身に着ける第2部・応用編から構成されます．近年の経済学・経営学分野の実証研究では因果関係の特定に配慮した分析手法の利用が求められることが多くなりました．そこで本書の応用編ではより実践的な手法の紹介にページ数を割いています．また，本書では実際に分析結果を論文やレポートに掲載することを意識し，結果の効果的な出力方法についても紹介しています．類書やRの操作方法を紹介するウェブ・コンテンツではLatexへの出力方法を前提にしたものも見られますが，ここではWordやExcelに出力することを前提としています．

本書の最後には，幅広い読者を対象とした「逆引き事典」を付けてあります．Rには

様々な機能が用意されていますが，ヘルプ・ファイルや，ウェブ上の解説記事からそれを探すだけでも大変ということで，「逆引き事典」は困ったときのリファレンスとして用意しました．Rの初心者も，中級以上の利用者の方にも利用価値は高いと思います．

4) 分析事例や練習問題を多用し，独学やグループ学習で分析スキルを身に着けたい人

第3章以降では，直感的にも理解しやすく，政策的含意に富む多数の分析事例を紹介し，各々の分析手法が実際にどのように活用されているかを紹介しています．事例の多くは，著者自身の背景が経済学であるため，経済分析に関連するものが多いですが，一部，経営学・政治学の事例も紹介しています．また，練習問題と回答例を用意していますので実際に手を動かすことで理解が進むように工夫しています．

0.3 本書を使いこなすために

1) データ・WEB サポート

本書で使用するデータは筆者が独自に集めたものや論文の著者から提供を受けたもの，多くのテキストで使用され wooldridge や plm，AER といったパッケージで提供されれいてるものを用いています．すべてのデータ，スクリプト例，練習問題の回答例は東京図書の WEB サイトか，以下の著者のサイトの WEB サポートページからダウンロードできます．

本書の WEB サポートページ QR コード
あるいは著者の WEB ページの R 入門からもアクセスできます．
https://sites.google.com/site/matsuuratoshiyuki/

2) 本書の使い方
初心者の方へ

まず，1章から3章までは，統計分析自体が初めてという読者でもキャッチアップできるよう適宜，背後にある概念なども説明しながら R の利用方法を説明しています．

一方で，統計学や回帰分析についてはすでに学習済み，という読者も少なくないでしょう．本書では，統計学や計量経済学の初心者向けの解説箇所については，初心者マーク初をつけてありますのでRの操作方法だけを知りたい読者は読み飛ばしてください．また，やや高度なトピックについて触れている個所には，発展マーク発展をつけてありますので初心者は読み飛ばしても結構です．4章以降はやや難易度が上がりますが，事例を多数紹介していますので手を動かしながら読み進めていくことで理解が深まるかと思います．なお，Rの説明は各節の冒頭で示したRスクリプトを見ながら読み進めていくことを前提としています．

中級以上の利用者

すでに何度かRを使ったことがある，あるいは頻繁にRを使っています，という人にお勧めなのが，「逆引き事典」です．「○○がしたい」という見出しから，Rの操作方法を見つけることができるように作成してあります．

教員の方へ

講義資料作成用に本書の図表のバックデータなども著者のWEBページ（https://sites.google.com/site/matsuuratoshiyuki/）のWEBサポートページ（R入門）からダウンロードできるようにしてありますので活用してください．

動作環境について

本書作成に当たり，以下の組み合わせでRの動作環境を確認しています．

Windows 10 – R4.3.2 – RStudio2023.12.0

3）リーディング・リスト

Rの基礎的な使い方を覚えても適切な分析ができなければ宝の持ち腐れです．本書では，必要最低限の統計分析に関する概念について簡潔に紹介しますが，さらに詳しく知りたい読者のために，読んでおくべき文献をリストアップしておきます．前述のとおり，本書が基盤とする計量経済学分野は発展が著しく，最近は，因果関係の特定する手法の解説を取り入れたテキストが主流になってきています．

筆者もよく「おすすめの教科書を教えてください」と聞かれることがあるのですが，

データ分析の教科書は各々のテキストが求める数学や確率・統計の前提知識が異なりますので事前に吟味したうえでテキストを選ぶとよいでしょう. また, 差の差の分析ならAの教科書が分かりやすいけど, 操作変数法ならBの説明のほうが分かりやすい, といったこともよくありますので, 可能であれば同じレベルの本を 2 冊ぐらい手元に置いて, 読み比べると理解が進みます.

計量経済学関連

(1) 山本勲 (2015)『**実証分析のための計量経済学**』中央経済社

複雑な理論や数式を極力省略しながら, 計量経済学の考え方を紹介しています. 直感的にも理解しやすい多数の事例を紹介していることも特徴で, また, 比較的高度な手法もわかりやすく紹介されています.

(2) 田中隆一 (2015)『**計量経済学の第一歩 - 実証分析のススメ**』有斐閣ストゥディア

確率や統計の基礎からスタートし, 回帰分析の考え方を丁寧に説明しています. 練習問題やサンプル・データ, Rのコードも提供されていて, テキストに出てくる事例をパソコンで再現しながら, 実績的に学べるように工夫されています.

(3) ジェームス・ストック, マーク・ワトソソン著, 宮尾龍蔵訳 (2016)『**入門計量経済学**』共立出版

全部で 732 ページと大ボリュームの世界的に使われているテキストの日本語版. 回帰分析の初歩から丁寧に解説しています. 多数の分析事例, サンプル・データが提供されています.

(4) 畑農鋭矢・水落正明 (2022)『**データ分析をマスターする 12 のレッスン**』有斐閣

データ分析の手順を丁寧に説明する入門書. 独学でも読み進めやすく, 回帰分析からパネルデータ分析, 質的従属変数モデルまでを丁寧に解説しています（因果推論の手法についてはカバーされていません）. WEB サポートページでデータや R のコードも提供されています.

(5) 星野匡郎・田中久稔・北川梨津 (2023)『**Rによる実証分析 回帰分析から因果分析**

へ 第2版』，オーム社

　本書とコンセプトは近いものの，比較的理論的な説明に重点が置かれているテキスト．サンプル・データとRのコードが提供されており，本書と並行して読むと理解が深まります．

(6)　西山慶彦・新谷元嗣・川口大司・奥井亮（2019）『**計量経済学**』有斐閣

　学部上級〜大学院レベルの包括的な計量経済学のテキスト．さまざまな学術論文の分析事例を紹介しながら，計量経済学理論を解説しています．またサンプル・データも提供されています．

(7)　末石直也（2015）『**計量経済学**』日本評論社

　直感的な理解だけではなく理論的な厳密性を身に着けたい人向けの大学院レベルの教科書．第1章の回帰分析の基礎に続く第2章が操作変数法，第3章はプログラム評価という因果推論の議論を意識した構成になっているのも1つの特徴．基礎的な教科書を卒業した人向け．

因果推論

(8)　中室牧子・津川友介（2017）『**原因と結果の経済学**』ダイヤモンド社
(9)　伊藤公一朗（2017）『**データ分析の力　因果関係に迫る思考法**』光文社新書

　近年の因果推論ブームの火付け役となった本．事例も豊富で，いずれも，読者層として一般社会人を意識した読みやすさで，専門的なテクニックを学ぶ前の準備運動として一読を薦めます．

(10)　森田果（2014）『**実証分析入門　データから「因果関係」を読み解く作法**』日本評論社

　(8)，(9) よりも，やや踏み込んで因果推論の分析手法を紹介するテキスト．著者は法学部出身で法学部に籍を置く，法と経済学関連の研究を専門とする研究者で，離婚法制や議員定数削減が財政支出に及ぼす影響など興味深い分析事例が多数紹介されています．(1)〜(3) と並行して読むと理解が深まります．

その他

(11) 千田良吉・加藤久和・本田圭市郎・萩原里紗『**大学生のための経済学の実証分析**』日本評論社

(12) 森知晴「卒業論文のための R 入門」
https://tomoecon.github.io/R_for_graduate_thesis/

（11）はデータ分析論文の描き方から，主要な分析手法，データの収集方法や利用方法，因果推論手法から費用便益分析やコンジョイント分析など様々な政策評価手法をカタログ的に紹介する本．データ分析に必要な知識やテクニックをざっと知りたい人におすすめです．

（12）は立命館大学・森先生の R のチュートリアル WEB サイト．動画も提供されています．

0.4　R と RStudio のインストール

いよいよ R を動かす準備に入ります．R は統計解析のプログラム言語で，単独でも分析ができますが，プログラム作成補助アプリである RStudio を一緒に使用することで操作性がよくなります．ここでは R と RStudio のインストール方法について説明します．インストール画面は バージョンアップにともない頻繁に変わりますので，最新の情報は本書の WEB サポートページ（QR コードからアクセス可能）を参照することを勧めます．R をインストール済みの人も，WEB サポートを参照して最新のものにしておいてください．

R のインストール

最初に，R をインストールします．ここでは Windows の利用を前提に説明しますが，Mac の場合もほぼ同様です．まず，「R　CRAN」で検索するか，https://cran.ism.ac.jp. にアクセスし，Downloads R for Windows（Mac の場合は R for Mac）をクリックしてください．

The Comprehensive R Archive Network

Download and Install R

Precompiled binary distributions of the base system and contributed packages, **Windows and Mac** users most likely want one of these versions of R:

- Download R for Linux (Debian, Fedora/Redhat, Ubuntu)
- Download R for macOS
- Download R for Windows

R is part of many Linux distributions, you should check with your Linux package management system in addition to the link above.

Source Code for all Platforms

Windows and Mac users most likely want to download the precompiled binaries listed in the upper box, not the source code. The sources have to be compiled before you can use them. If you do not know what this means, you probably do not want to do it!

- The latest release (2023-10-31, Eye Holes) R-4.3.2.tar.gz, read what's new in the latest version.

- Sources of R alpha and beta releases (daily snapshots, created only in time periods before a planned release).

CRAN
Mirrors
What's new?
Search
CRAN Team

About R
R Homepage
The R Journal

Software
R Sources
R Binaries
Packages
Task Views
Other

Documentation
Manuals

次の画面では base を選びます.

R for Windows

Subdirectories:

base — Binaries for base distribution. This is what you want to **install R for the first time**.

contrib — Binaries of contributed CRAN packages (for R >= 3.4.x).

old contrib — Binaries of contributed CRAN packages for outdated versions of R (for R < 3.4.x).

Rtools — Tools to build R and R packages. This is what you want to build your own packages on Windows, or to build R itself.

CRAN
Mirrors
What's new?
Search
CRAN Team

そして，Download R-4-3.2 for Windows を選びます．本書執筆時点（2024 年 1 月 30 日現在）では 4.3.2 が最新でしたが，Update されている場合は最新のものをダウンロードしてください.

```
                        R-4.3.2 for Windows

  Download R-4.3.2 for Windows (79 megabytes, 64 bit)

  README on the Windows binary distribution
  New features in this version

  This build requires UCRT, which is part of Windows since Windows 10 and Windows
  Server 2016. On older systems, UCRT has to be installed manually from here.
```

ダウンロードしたインストーラーをダブルクリックしてインストールを完了させます.

MAC にインストールする際の注意

Mac にインストールする場合は，Download for macOS を選択してインストールしますが，**同じ画面の下にある Xquarts も必要**となりますので，こちらもダウンロードしてインストールしておいてください.

```
                            R for macOS

This directory contains binaries for the base distribution and of R and packages to run on macOS. R and package binaries for R
versions older than 4.0.0 are only available from the CRAN archive so users of such versions should adjust the CRAN mirror
setting (https://cran-archive.r-project.org) accordingly.

Note: Although we take precautions when assembling binaries, please use the normal precautions with downloaded
executables.

                 R 4.3.2 "Eye Holes" released on 2023/10/31

Please check the integrity of the downloaded package by checking the signature:
pkgutil --check-signature R-4.3.2.pkg
in the Terminal application. If Apple tools are not avaiable you can check the SHA1 checksum of the downloaded image:
openssl sha1 R-4.3.2.pkg

                          Latest release:

For Apple silicon (M1/M2) Macs:      R 4.3.2 binary for macOS 11 (Big Sur) and higher, signed and notarized
R-4.3.2-arm64.pkg                    packages.
SHA1-
hash: 763be9944ad00ed405972c73e9960ce4e55399d4  Contains R 4.3.2 framework, R.app GUI 1.80, Tcl/Tk 8.6.12 X11 libraries and
(ca. 92MB, notarized and signed)     Texinfo 6.8. The latter two components are optional and can be ommitted
                                     when choosing "custom install", they are only needed if you want to use the
For older Intel Macs:                tcltk R package or build package documentation from sources.
R-4.3.2-x86_64.pkg
SHA1-
hash: 3d68ea6698add258bd7a4a5950152f4072eee8b2  macOS Ventura users: there is a known bug in Ventura preventing installations
(ca. 94MB, notarized and signed)     from some locations without a prompt. If the installation fails, move the
                                     downloaded file away from the Downloads folder (例インストール r
                                     Desktop)

                                     Note: the use of X11 (including tcltk) requires XQuartz (version 2.8.5 or later).
                                     Always re-install XQuartz when upgrading your macOS to a new major version.
```

RStudio のインストール

　次に RStudio をインストールします．WEB ブラウザで「RStudio Desktop」で検索するか，https://posit.co/download/rstudio-desktop/ にアクセスしてください．次の図のとおり，Download Rstudio Desktop For Windows をクリックし，インストールファイルをダウンロードしてください．

インストール用のファイルをダウンロードしたら，インストール・ファイルをダブルクリックして，インストールを済ませてください．すべてデフォルト設定（何も操作せずに「次へ」を選択）で問題ありません．

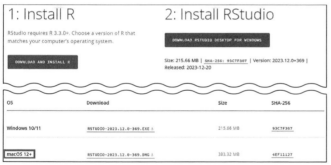

　なお，このページを下のほうにスクロールさせると，Mac 版もダウンロードできるようになっています．

R と RStudio のアップデート

　アップデートについては右の QR コードから WEB サポートページを参照してください．

第 1 部

R の使い方の基礎と回帰分析

第 1 部では R の使い方と回帰分析の考え方について説明していきます．第 1 章では，データの読み込みからスタートし，基本的な操作方法を学びます．第 2 章では，引き続き R の操作方法を説明しながら要約統計量やグラフの作成方法について紹介します．第 3 章は回帰分析の考え方と R での操作方法について紹介します．初めて回帰分析を学ぶ人もキャッチアップできるように配慮してあります．またコラムなどでは頑健な標準誤差やクラスター標準誤差など回帰分析をめぐる最新のトピックについても触れています．第 4 章は，被説明変数が離散変数，すなわち 0，または 1 の値をとる変数のときに用いられる離散選択モデルを扱います．たとえば，アンケートなどにおいて，回答者が，働いているか否か，結婚しているか否かといった情報を被説明変数に使う際に使われる分析手法です．第 3 章と第 4 章で標準的な分析手法を身に着けたのち，第 2 部の因果推論の議論に進んでいきます．

第1章　RとRStudioの基本動作

ここからはRとRStudioのインストールが完了していることを前提に，Rの基本的な操作方法について説明していきます．

1.1　RStudioの画面の見方

まずRStudioを立ち上げます．RとRStudioの2つをインストールしていますが，以下の左側RStudioを立ち上げてください．

RStudioを立ち上げると以下のようなソフトが立ち上がります．

　最初に，スクリプトを操作する Source ペインというウインドウを開きたいので，次に示すとおり File → New File → R Script で新たにウインドウを開きます．

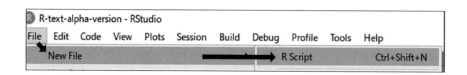

　これで RStudio に，以下のように 4 つのウインドウが揃います．各ウインドウ（ペインと呼びます）を簡単に説明すると

- Source ペイン：スクリプト（プログラム）を作成・変数する
- Console ペイン：スクリプトの実行結果が表示される
- Environment ペイン：読み込んだデータ（オブジェクト）が表示される
- Plots ペイン：グラフが表示される

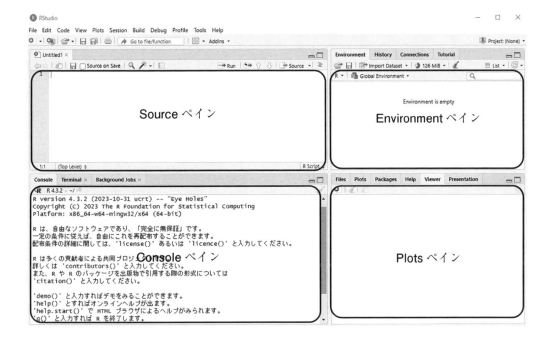

1.2　プロジェクトの作成

　R の操作を始める前にプロジェクトを作成しておきましょう．R ではプロジェクトを作成することで，関連するファイルを纏めおくことができます．プロジェクトを作成するには File から New Project を選んでください．

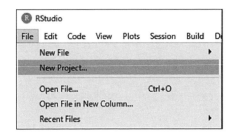

次に New Directory を選び，New Project を選びます.

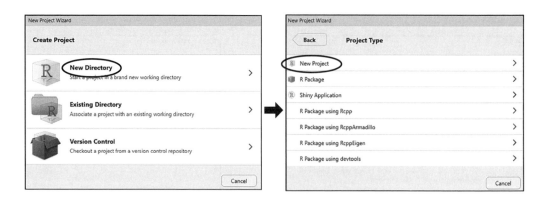

次のウインドウで新しくフォルダーを作成する場所（A: Create project as subdirectory of）と，新しいフォルダー名を入力（B: Directory name）します.

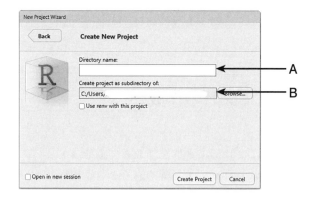

上記の **A** と **B** には適当なフォルダー名とフォルダーの所在地を指定すればいいのですが，ここでは "ドキュメント" フォルダーの下に data-analysis という RStudio の作業用フォルダーを作成しています．たとえば，**A** は "Browse" をクリックして "PC" の下の "ドキュメント" を選び，

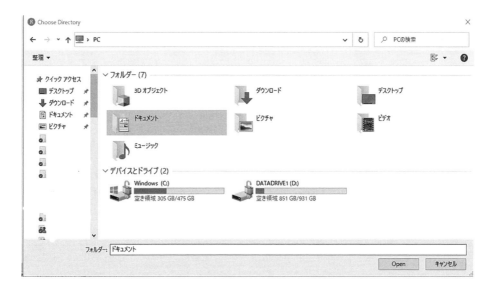

　B には作成するディレクトリー（フォルダー）として "data-analysis" と入力してみましょう．エクスプローラーで "ドキュメント" フォルダー開くと "data-analysis" フォルダーが作成されていることが確認できます．

　後ほど説明しますが，R に読み込ませたい EXCEL や CSV 形式のデータファイルは，この data-analysis フォルダーに入れおくと読み込みがスムーズです．本書の Web サポートからダウンロードできるスクリプトも，「プロジェクト」で指定したフォルダーに置いてあることを前提に議論を進めます．

なお，分析を進めていく中で複数の「プロジェクト」を使い分ける必要性がでてくるかもしれません．新しい「プロジェクト」を作成した後に，既存の別の「プロジェクト」に切り替えるには，File → Open Project から "R project" という種類のファイルを開きます．

！注意　RStudio 再起動時の注意

　RStudio を再起動した際は，まず「プロジェクト」で設定したフォルダーが作業フォルダーになっているかを確認してください．具体的には，以下の 3 か所に表示されているフォルダーが「プロジェクト」で設定したフォルダー（例：data-analysis）になっているかを確認します．

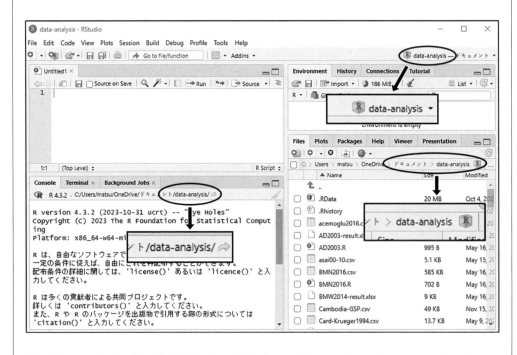

異なるフォルダー名が表示されている場合は，File → Open Project でプロジェクトで設定したフォルダーに移動し，".Rproj" ファイル（例：）を開いてください．

1.3　Rの基本操作

　Rを動かすにはConsoleペインに関数を書き込むか，スクリプトと呼ばれるプログラムに関数を書き込んで実行します．まずは前者の方法から説明しましょう．下図のようにConsoleペインに計算式を入れると電卓のように四則演算が可能です．数式を入れてEnter(or Return)キーを押すと計算結果が出力されます．なお，数字や演算子は必ず半角で入力して下さい．

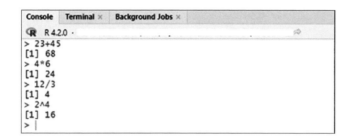

　特に重要なのが**オブジェクト**です．オブジェクトとは，情報を入れておく箱のようなものです．たとえば，

object1 <- 4

と入力すると，object1に数字の4が格納されます．再びobject1と入力すると4が返ってきます．

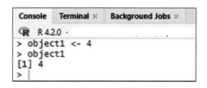

　オブジェクトには文字列や外部から読み込んだデータを格納することもできます．文字列の場合は，object2 <-"Hello"のように""で囲みます．

　もう1つ，**ベクトル**の作り方についても説明しておきます．次のように c()関数を使うと複数の数値，文字情報をオブジェクトに格納することができます．

<table>
<tr><td>**1.4**</td><td>スクリプト</td></tr>
</table>

1.4 スクリプト

1.4.1 スクリプトの作成

　次にスクリプトを書いてみましょう．Source ペインのところに，Untitled1 という名前のウインドウが出ているかと思います．ここに計算式や関数を書き込むことで計算が可能です．試しに，P.21 と同じ計算式，すなわち，

　　23+45

　　4*6

　　12/3

　　2^4

を書き込んでみましょう．

1.4.2 スクリプトの実行

　これを実行するには2つの方法があります．第一の方法は，以下の図，右上の "RUN" とかかれたアイコンをクリックする方法です．カーソル（PCの画面上の入力位置を示すマーク）を計算式の後ろにもってきて "RUN" をクリックします．

　もう1つの方法は，実行したい行の行末にカーソルを置いて，"Ctrl" と "Enter" を同時に押す方法があります（Macの場合は "Command"+"Enter"）．
　さらに指定した複数行を実行したい場合は，以下のように "Shift" キーで領域を指定して，"RUN" をクリックするか，"Ctrl" + "Enter" で実行します．

1.4.3 スクリプトの保存

スクリプトは再利用できるように名前を付けて保存します．メニューバーの "File" から "Save As" を選び，適当な名前で保存しておきます．たとえば，test.R という名前で保存しておきます．1.2 の例のようにプロジェクトで data-analysis というフォルダーを作成している場合はそこに保存されます．

1.4.4 スクリプトの呼び出し

最後にスクリプトを呼び出す方法に触れておきます．スクリプトを開くには，File → Open File で先ほど保存した test.R を選びます．

また，1.5 以降で使用する関数を記入したスクリプト chapter1.R も開いてみましょう．chapter1.R は本書の WEB サポートからダウンロードできます．1.2 で説明したように本書で使用するスクリプトやデータをダウンロードし data-analysis に格納していれば，以下の画面のように chapter1.R を開くことができます．

なお，以下に示されている chapter1.R の 1 − 5 行目や 8 行目の行頭の # は「この行を無視せよ」という意味でコメント文などを書いておくときに使います．

```
chapter1.R ×
   Source on Save
1  ##差し当たり1-3章で必要なパッケージをインストールする
2  # 4-5行目のインストールする際は行頭の"#"を消す,
3  # 2回目以降は再度のインストールは不要なので"#"を入れる
4  #install.packages(c("tidyverse","estimatr","modelsummary",
5  #"psych","tableone","openxlsx","tableone","sandwich"))
6
7  library(tidyverse)
8  # データ読み込み
9  dataf <- readr::read_csv("rent-shonandai96-04.csv")
```

第1章

!注意

　本書ではスクリプトを「プロジェクト」で設定したフォルダー（例：data-analysis）に置いてあることを前提に議論を進めます．なお，**Webサポートからダウンロードしたスクリプト・ファイル（***.R）を直接開かないでください．フォルダーの指定位置違いでスクリプトが動かないことがあります**．必ず，ダウンロードしたファイルをWindowsの場合Exploreで，Macの場合はFinderで，「プロジェクト」で設定したフォルダーに移動させてからRStudioでスクリプト・ファイルを開いてください．

参考：スクリプトの関数を誤って消してしまったら

　スクリプトを書いているときに，誤っていくつかの関数を消してしまっても復元ができます．スクリプトを開いている状態で，右図のようにEdit → Undoを選ぶと誤って消した関数を復元できます．

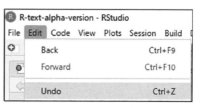

パッケージのインストール

次にパッケージをインストールします．Rには基本的な関数が用意されていますが，そのほかにも様々なユーザーが便利な関数を開発しており，それを束ねたもの（パッケージ）をインストールすることで便利な関数群を使えるようになります．

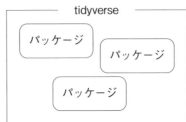

ここでは，まず tidyverse というパッケージをインストールしておきましょう．tidyverse は tidy な（整った）データベースの作成に便利なパッケージを束ねたものです．

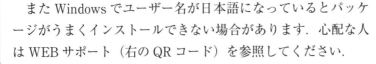

！注意

パッケージをインストールには PC がインターネットに接続されている環境であることが必要です．

また Windows でユーザー名が日本語になっているとパッケージがうまくインストールできない場合があります．心配な人は WEB サポート（右の QR コード）を参照してください．

まず，下図のように Console ペインに install.packages("tidyverse") と入力し，Enter を押すとインストールが始まります．

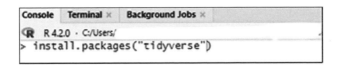

このパッケージに含まれる関数を使用する際には，library()でパッケージを呼び出す必要があります．

　さしあたり第3章までに使用するパッケージをすべてインストールしておきましょう．Consoleペインに以下のように記入して複数のパッケージをインストールします．

```
> install.packages(c("tidyverse","estimatr","modelsummary",
"psych","tableone","openxlsx","tableone", "sandwich"))
```

　なお，chapter1.Rの4-5行目にも上記の関数が記載されており，行頭の"#"を消して実行すれば必要なパッケージを導入できます．chapter1.Rの4-5行目については一度インストールが済んだら再度行頭に"#"を入れておいてください．

　パッケージをインストールするもう1つの方法として，以下の図のようにメニューバーの"Tool"→"Install Packages"からもインストール可能です．

　次のような小さなウインドウが開いたら，"Packages"にインストールしたいパッケージ名を記入します．

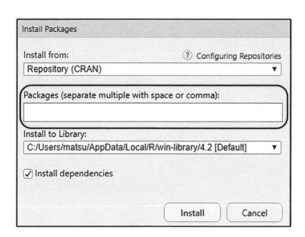

1.6　データの読み込みと確認

1.6.1　データのダウンロードと格納

　まずは，データをダウンロードして格納しておきましょう．本書で使用するデータは
WEB サポートのページからダウンロードしておいてください．

　ダウンロードしたファイルは解凍して，1.2 節で作成したプロジェクト用のフォルダ
ー（例：“ドキュメント”フォルダーの下の data-analysis フォルダー）に格納しておき
ます．第 2 章と第 3 章の前半で使用するのは賃貸物件の家賃と物件属性のデータが含ま
れる rent-shonandai96-04.csv というファイルです．

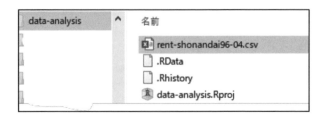

1.6.2 データの読み込み

> スクリプト例：chapter1.R
> 使用するデータ：rent-shonandai96-04.csv

　ここで使用する rent-shonandai96-04.csv は何度か登場しますので，背景を説明しておきましょう．このデータは神奈川県藤沢市の湘南台駅近隣の賃貸物件のデータで，賃貸料（rent）や管理費（service），築年数（age）などの変数が含まれています．この地区では，1999 年に相模鉄道いずみの線と横浜市営地下鉄が開通し，横浜方面へのアクセスが大幅に改善しました．同時に，駅周辺の再開発が行われ，人口増加とともに，商業施設が立ち並ぶ郊外の都市に発展しました．このデータには 1996 年と 2004 年の 2 時点のデータが含まれており，第 2 章では 2 時点でどの程度賃貸料が変化したかを調べていきます．

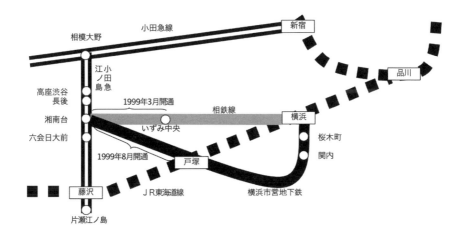

1990 年　　　　　　　　　　　　　　2009 年

※ 1990 年の写真は財団法人藤沢市まちづくり協会提供

　ここで読み込む CSV ファイルですが変数が列方向に並び，1 行目に変数名，2 行目以降にデータが並んでいるデータになっています．これが R に読み込ませるデータの基本形です．

	A	B	C	D	E	F	G	H
1	rent	service	floor	age	auto_lock	year	walk	bus
2	13.3	0.3	70.5	3.583333	No	1996	10	0
3	12.7	0.8	69.69	2.166667	No	1996	1	0
4	11	0	63.01	0	Yes	1996	5	5

　ここからはスクリプト例 chapter1.R を参照しながら進めていきましょう．上から順にスクリプトの内容を見ていきましょう．1-5 行目には行頭に # があり，P.24 で説明した通り，これらの行は無視されます．よってスクリプトは実質的には 7 行目から始まります．7 行目でインストールしておいた tidyverse パッケージを library 関数で呼び出しています．そして 9 行目でファイルを読み込みます．

```
chapter1.R ×
    Source on Save    🔍  🪄 ▾  
 1  ##差し当たり1-3章で必要なパッケージをインストールする
 2  # 4-5行目のインストールする際は行頭の"#"を消す、
 3  # 2回目以降は再度のインストールは不要なので"#"を入れる
 4  #install.packages(c("tidyverse","estimatr","modelsummary",
 5  #"psych","tableone","openxlsx","tableone","sandwich"))
 6  
 7  library(tidyverse)
 8  # データ読み込み
 9  dataf <- readr::read_csv("rent-shonandai96-04.csv")
10  
11  # datafの中身を確認
12  dataf
13  glimpse(dataf)
14  glimpse(dataf$rent)
```

ファイルの読み込みは readr::read_csv() によりカンマ区切りの CSV ファイル
を読み込むことができます.

readr::read_csv("ファイル名")

　スクリプトの 9 行目は, "rent-shonandai96-04.csv" に含まれるデータを読み込んで
dataf というオブジェクトに格納するという作業を行っています. 1 行目に変数名が書
かれた CSV ファイルから読み込んだオブジェクトは, 各列を変数名で指定できる形式
になっており, これを**データフレーム**と呼びます. ここで "<-" は「**代入せよ**」という
意味です.

！注意

　tidyverse を library（tidyverse）で呼び出しておかないとエラーメッセージが出
ます. R の標準関数で read.csv という関数がありますが readr::read_csv のほうが,
機能性が高いため, こちらを紹介します.

　また, tidyverse を呼び出しておけば readr::read_csv の代わりに read_csv でも
関数が動きます. しかし, R のパッケージは様々なユーザーが開発しており, 異な
るパッケージに同じ名称の関数が含まれていることによりエラーが発生することが
あります. これを避けるために**本書では「パッケージ名 :: 関数名」のようにスクリ
プトを書くことを推奨**しています.

> **！注意　本書で使用するデータ形式**
>
> 　R は csv 形式のみならず，EXCEL や Stata の dta 形式など様々なファイル形式をサポートしています．ただ，本書では，エラーが発生しないシンプルな方法ということで csv 形式のファイルを使用します．EXCEL データ等の読み込み方については逆引き事典（P.303）で紹介します．また，ファイル名やファイル内に日本語が含まれていると，文字化けなどのトラブルが生じることあるので，皆さんが独自に用意したデータを利用する際も，**慣れるまでは CSV 形式のファイルで，ファイル名は半角英数字，ファイル内の変数名や数値も半角英数字のみのデータを使用する**ことをお勧めします．なお，本書の補論 C.4 で独自にデータを用意する際の注意事項を整理していますので必要に応じて参照してください．

1.6.3　読み込んだデータの確認方法

　データが読み込めたら中身を確認してみましょう．chapter1.R の 12 行目位以降は読み込んだデータを確認します．

　R でデータの内容を確認するにはいくつかの方法があります．

1．オブジェクト（データフレーム）名を入力
2．`glimpse()` を使う
3．Environment ペインのオブジェクト（データフレーム）名をクリック

　1 からみていきましょう．今回のデータフレーム dataf の中身をみるには，

```
# dataf の中身を確認
dataf
```

とスクリプトに書き込みます．Console ペインには以下のようにデータの一部（最初の 10 件）が表示されます．なお，冒頭に tibble: 124×8 とありますが，読み込んだデータが 124 行 8 列のデータであることを示します．

```
> dataf
# A tibble: 124 × 8
    rent service floor   age auto_lock  year  walk   bus
   <dbl>   <dbl> <dbl> <dbl> <chr>     <dbl> <dbl> <dbl>
 1  13.3    0.3   70.5  3.58 No         1996    10     0
 2  12.7    0.8   69.7  2.17 No         1996     1     0
 3  11      0     63.0  0    Yes        1996     5     5
 4  10.7    0.35  67.3  3.25 No         1996     5    15
 5  10.5    0.25  55.3  1    No         1996    10     0
 6  10.5    0.35  67.3  3.25 No         1996     5    15
 7  10.3    0.2   52.5  1.67 No         1996    10     0
 8  10.1    0.25  55.3  2.17 No         1996    15     0
 9  10      0.5   55.8  0    No         1996    10     0
10   9.9    0.25  55.2  0    No         1996     8     0
# i 114 more rows
```

2 の `glimpse()` は,

`glimpse(データフレーム名)`

でデータフレームの中身の一部が表示されます. データフレーム dataf の中身を確認する場合,

`glimpse(dataf)`

と入力します. こちらも以下のようにデータの一部が表示されます.

```
> glimpse(dataf)
Rows: 124
Columns: 8
$ rent      <dbl> 13.3, 12.7, 11.0, 10.7, 10.5, 10.5, 10.3, 10.1, 10.0…
$ service   <dbl> 0.30, 0.80, 0.00, 0.35, 0.25, 0.35, 0.20, 0.25, 0.50…
$ floor     <dbl> 70.500, 69.690, 63.010, 67.320, 55.270, 67.320, 52.5…
$ age       <dbl> 3.583333, 2.166667, 0.000000, 3.250000, 1.000000, 3.…
$ auto_lock <chr> "No", "No", "Yes", "No", "No", "No", "No", "No", "No…
$ year      <dbl> 1996, 1996, 1996, 1996, 1996, 1996, 1996, 1996, 1996…
$ walk      <dbl> 10, 1, 5, 5, 10, 5, 10, 15, 10, 8, 6, 10, 10, 1, 4, …
$ bus       <dbl> 0, 0, 5, 15, 0, 15, 0, 0, 0, 0, 7, 0, 0, 10, 10, 0, …
```

rent の横に *<dbl>*, auto_lock の隣には *<chr>* という記号が出てきますが, これは変数の種類を示しています. *<dbl>* だと数値, *<chr>* は文字情報であることを示します(詳しくは補論 C.1 参照).

また, dataf の中の特定の変数を見たい場合, たとえば上記の一番上にある rent のみを表示させてみましょう. このとき dataf の中の rent を指定するには,

`glimpse(dataf$rent)`

と入力します．以下の数値が上記の rent の値と一致していることを確認してください．

```
> glimpse(dataf$rent)
 num [1:124] 13.3 12.7 11 10.7 10.5 10.5 10.3 10.1 10 9.9 ...
```

オブジェクト（データフレーム）内の変数の指定 :$

　ここでオブジェクト（以下，データフレーム）内の変数を指定する方法について説明しておきます．データフレームとは，データを格納する「箱」のようなものですが，この中には読み込んだ複数の変数が含まれています．今の例では，読み込んだデータを "dataf" というデータフレームに格納していますが，このデータフレーム "dataf" の中の変数，たとえば **"rent" を呼び出す**には，**dataf$rent と書きます．**データフレーム名を指定し忘れるとエラーが出ます．

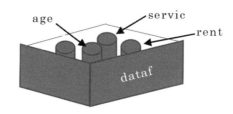

　$ でデータフレームの中の変数を指定する方法は度々出てきますので覚えておいてください．

---

　3 は以下の通り Environment ペインのデータフレーム名をクリックします．

　Source ペインのところにデータが表示されます．これは EXCEL のワークシートのようにスクロールすることでデータを概観することができます．

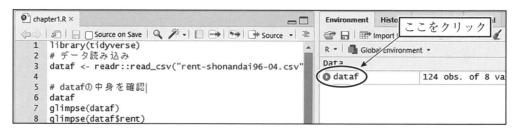

	rent	service	floor	age	auto_lock
1	13.30	0.30	70.500	3.583333	No
2	12.70	0.80	69.690	2.166667	No
3	11.00	0.00	63.010	0.000000	Yes
4	10.70	0.35	67.320	3.250000	No

　また，オブジェクト名の隣の青○の中の△印をクリックすると，Enviroment ペインにデータの一部を表示さえることもできます．

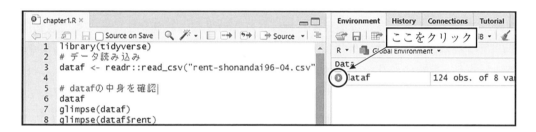

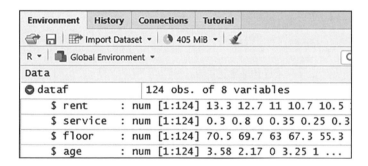

　青○の中の△印をクリックしてオブジェクトの中身を確認する作業が出てきますので覚えておいてください．

　データ操作の基本 ‥‥‥‥‥‥‥‥‥‥‥‥‥‥‥‥‥‥‥‥‥‥‥‥‥‥‥‥‥‥‥‥‥‥→

本章節では基本的なデータ操作の方法を紹介します．

1.7.1　変数を限定する：dplyr::select() 関数

　このデータには 8 の変数が含まれていますが，変数の数が多い時には glimplse()
関数などでは見てみたい変数がうまく表示されない場合があります．そんなときには
dplyr::select() を使います．dplyr::select 関数は本来，変数を選別する関数ですが，
単独で使うと特定の変数を表示させることができます．たとえば，データフレームに
X1 〜 X10 までの変数が含まれているときに，X4 と X8 を取り出したいときは，
dplyr::select(データフレーム名, X4, X8) と入力します．今，dataf に含まれる
rent と auto_lock を表示させるには，
dplyr::select(dataf, rent, auto_lock)
と入力します．

```
> #### 変数を限定する
> dplyr::select(dataf, rent, auto_lock)
# A tibble: 124 × 2
    rent auto_lock
   <dbl> <chr>
1  13.3  No
2  12.7  No
3  11    Yes
4  10.7  No
5  10.5  No
```

　なお，select(-X1) で「X1 以外の変数に限定する」の意になります．
　tidyverse パッケージを利用すると，"%>%" を使って以下のように書き換えることが
できます．"%>%" をパイプと呼びます．

```
dataf %>% dplyr::select(rent, auto_lock)
```

パイプ：%>%

　この %>% は，tidyverse パッケージを呼び出すことで利用できるパイプと呼ばれる記号で，「左のものを右の関数に入れろ」という意味になります．たとえば，mean(dataf$rent) と dataf$rent %>% mean() は同義になります．Windows では Control+Shift+M，Mac では Command+Shift+M でも入力できます．

　一方で，関数からオブジェクト（データフレーム）に変数を入れる場合は <-（代入）を使います．

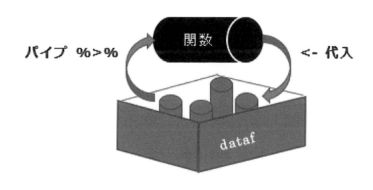

　なお，`dplyr::select()` と `<-` を組み合わせると，必要な変数に限定した新しいデータフレームを作成することができます．たとえば，rent, service, floor, age だけのデータフレームを作成したい場合は，

```
dataf2 <- dataf %>% dplyr::select(rent, service, floor, age)
```

とします．Enviroment ペインで新しいデータフレーム dataf2 を確認するとたしかに 4 つの変数しか含まれていないことが確認できます．

```
Environment   History   Connections   Tutorial

📥 💾 | ⬜ Import Dataset ▾ | 🔵 405 MiB ▾ | 🧹

R ▾ | 🌐 Global Environment ▾

Data
  ▶ dataf              124 obs. of 8 variables
  ⊖ dataf2             124 obs. of 4 variables
      $ rent    : num [1:124] 13.3 12.7 11 10.7 10.
      $ service : num [1:124] 0.3 0.8 0 0.35 0.25 
      $ floor   : num [1:124] 70.5 69.7 63 67.3 55.
      $ age     : num [1:124] 3.58 2.17 0 3.25 1 .
```

1.7.2　条件を満たすデータだけを取り出す：dplyr::filter() 関数

　ある条件を満たすデータだけを取り出したいときは `dplyr::filter()` 関数を使います．使い方は，

`dplyr::filter(条件式)`

となります．たとえば駅まで交通機関でバスを利用する物件（バス利用所要時間 bus>0）を抽出する場合は（）内に bus>0 という条件式を入れます．

```
> dataf %>% dplyr::filter(bus>0)
# A tibble: 63 × 8
    rent  service floor   age auto_lock  year  walk   bus
   <dbl>    <dbl> <dbl> <dbl> <chr>     <dbl> <dbl> <dbl>
1  11       0      63.0  0    Yes        1996     5     5
2  10.7     0.35   67.3  3.25 No         1996     5    15
3  10.5     0.35   67.3  3.25 No         1996     5    15
4   9.8     0      79.4  5.5  Yes        1996     6     7
5   9.2     0.8    58.4  0    Yes        1996     1    10
```

　たしかに bus=0 の賃貸物件情報が表示されなくなりました．なお，条件式は 2 つ以上並べることもできます．たとえば，バスを利用しかつ築年数 age が 10 年以上のもの（bus>0&age>10）に限定したい結果が以下です．

```
> dataf %>% dplyr::filter(bus>0&age>10)
# A tibble: 6 × 8
   rent service floor   age auto_lock  year  walk   bus
  <dbl>   <dbl> <dbl> <dbl> <chr>     <dbl> <dbl> <dbl>
1  7.95       0  50.7  10.3 No         2004     5    10
2  6.9        0  53.5  14.1 No         2004     5    10
3  6.8        0  56.7  15.0 No         2004     3    10
4  6.5        0  40.2  10.8 No         2004     3    10
5  5.9        0  40.1  14.4 No         2004     4    10
6  4.8        0  18.4  27.5 No         2004     5    15
```

age が 10 を超え，bus も 0 を超える物件に限定されていることが確認できます．1 行目に tibble: 6×8 と書いてありますが，この 2 つの条件を課すとデータは 6 件まで減ることが分かります．

条件式の書き方

- A と B は等しい，等しくない：A==B, A!=B
- A は B を超える，大きい，下回る，小さい：A>B, A>=B, A<B, A<=B
- A かつ B，A または B: A&B, A|B

のように書きます．「等しい」ときに "==" と等号を二つ書くことに注意してください．

1.7.3 データを並び替える：dplyr::arrange()

データを並び替えたいときに便利な関数 dplyr::arrange を紹介します．
`dplyr::arrange(変数)`
で変数 1 の小さいほうから並び替えができます．以下の例では，駅からの徒歩分数 walk が小さいほうから並べています．

```
> dataf %>% dplyr::arrange(walk)
# A tibble: 124 × 8
    rent service floor   age auto_lock  year  walk   bus
   <dbl>   <dbl> <dbl> <dbl> <chr>     <dbl> <dbl> <dbl>
 1  12.7     0.8  69.7  2.17 No         1996     1     0
 2   9.2     0.8  58.4  0    Yes        1996     1    10
 3   9       0.8  57.6  0    Yes        1996     1    10
 4   6.8     0.3  39.7  1.5  No         1996     1    10
 5  18       0    85.6  0    Yes        2004     1    15
 6  17       0    85.6  0    Yes        2004     1    15
```

大きいほうから並べる場合は,

`dplyr::arrange(-変数)`

と入力します. 以下の例では walk が大きいほうから並んでいることができます.

```
> dataf %>% dplyr::arrange(-walk)
# A tibble: 124 × 8
    rent service floor   age auto_lock  year  walk   bus
   <dbl>   <dbl> <dbl> <dbl> <chr>     <dbl> <dbl> <dbl>
 1   6.2    0.2   42     9.5  No         1996    18     0
 2   6.1    0.2   49    11.8  No         1996    18     0
 3  10.1    0.25  55.3   2.17 No         1996    15     0
 4   8      0.2   50     4.83 No         1996    15     0
 5   6.3    0.2   26.4   9.42 No         1996    15     0
 6   7.3    0     24.9   0    Yes        2004    13     0
```

さらに, 変数を 2 つ並べる,

`dplyr::arrange(変数 1, 変数 2)`

のように書くと, まず変数 1 で並び替え, 変数 1 が同じ値をとるものについては変数 2 で並び替える, という意味になります. 以下の例では, walk でまず並び替え, walk が同じ値の賃貸物件について床面積 floor が小さい順に並び替えています.

```
> dataf %>% dplyr::arrange(walk,floor)
# A tibble: 124 × 8
    rent service floor   age auto_lock  year  walk   bus
   <dbl>   <dbl> <dbl> <dbl> <chr>     <dbl> <dbl> <dbl>
1    6.6       0  23.2     0 No         2004     1     8
2    6.6       0  23.2     0 No         2004     1     8
3    6.6       0  23.2     0 No         2004     1     8
4    6.5       0  23.2     0 No         2004     1     8
5    6.3       0  23.2     0 No         2004     1     8
6    6.3       0  23.2     0 No         2004     1     8
```

1.7.4 新しい変数を作成する：dplyr::mutate()

　通常，賃貸物件の借り手は賃貸料（rent：単位1万円）と管理費（service：単位1万円）を支払うので，入居者が実質的に負担する金額はこの合計です．そこで，まずrent と service の合計した変数 rent_total を作成しましょう．新しい変数を作る方法は2つあります．第一の方法は dplyr::mutate()を使います．

`dplyr::mutate(新しい変数=計算式)`

のように書きます．今，データフレーム dataf の変数 rent，service を合計して，これを dataf に追加する場合，以下のように記載します．

`dataf <- dataf %>% dplyr::mutate(rent_total=rent+service)`

徒歩分数 walk とバス所要時間 bus を合計した時間距離 dist も作成します．

`dataf <- dataf %>% dplyr::mutate(dist=walk+bus)`

なお，新しい変数を複数作成する際は上記の2行は以下のように書くこともできます．

```
dataf <- dataf %>% dplyr::mutate(
              rent_total=rent+service,
              dist=walk+bus)
```

　もう1つの方法は，パイプ（%>%）や dplyr::mutate()関数を使わない方法で，

`データフレーム名$新しい変数名 <- 計算式`

で計算します．具体的には，新しい変数を rent_total2 とするとき

`dataf$rent_total2 <- dataf$rent+dataf$service`

で計算できます．

では，dplyr::select()関数で関心のある変数を絞り込んだうえで，新しい変数を確認しましょう．

1行目をみると，rent 13.3 +service 0.3 =rent_total 13.6，rent_total2 も 13.6 と正しく計算されていることがわかります．同様に 3 行目をみると

walk 5+ bus 5 =dist=10

とこちらも正しく計算されていることがわかります．

```
> dataf %>% dplyr::select(rent, service, rent_total, rent_total2,
walk, bus, dist)
# A tibble: 124 × 7
    rent service rent_total rent_total2  walk   bus  dist
   <dbl>   <dbl>      <dbl>       <dbl> <dbl> <dbl> <dbl>
1   13.3     0.3       13.6        13.6    10     0    10
2   12.7     0.8       13.5        13.5     1     0     1
3   11       0         11          11       5     5    10
4   10.7     0.35      11.0        11.0     5    15    20
```

> **データ加工・選択のための関数一覧**
>
> ここでデータを加工・選択するための関数を整理しておきます．いずれも tidyverse パッケージの利用時に使えます
>
> dplyr::mutate()：新しい変数を作成
>
> dplyr::select()：変数を選択
>
> dplyr::filter()：行を選択
>
> dplyr::arrange()：並び替える

1.8　Rのヘルプ機能について

Rのヘルプ機能は Plots ペインの "Help" タグからアクセス可能です．

また，RStudio を開発している Posit 社のサイトから関数の早見表，チートシート（Cheatsheets）が公開されています．一部ですが，日本語版も用意されています．

RStudio の上部の "Help" タグから "Cheat Sheets" を選択し，さらに Browse Cheat Sheets を選びます．すると Posit 社の Cheat Sheat のサイトが開きます．日本語版をみたいときは "Translation" を選んで日本語訳を探してください．

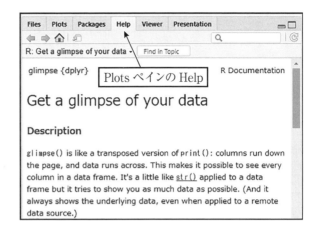

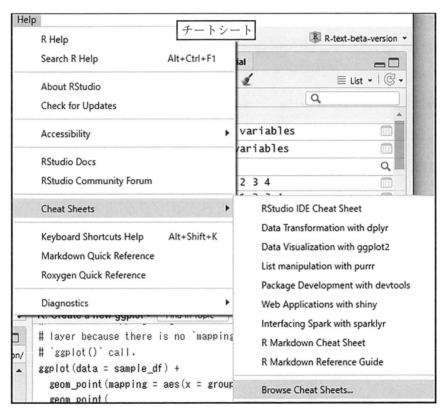

たとえば「日本語翻訳」のBaseR
を選ぶと以下のようなRの基本操作
についてまとめたチートシート（PDF
ファイル）にアクセスできます.

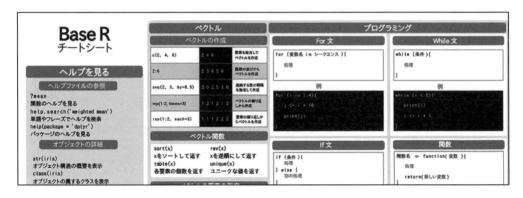

1.9 Rの終了

Rを終了するには右上の×をクリックするか，<File>から<Quit Session>を選んで
ください.「保存するか」尋ねられることもあるので，必要に応じて保存してください.
なお，読み込んだデータフレームや作成したオブジェクトなどはプロジェクトで指定し
たフォルダー内の".Rproj"ファイルに保存されます.次回起動時に前回使用したプロジ
ェクトを開くと，前回終了したところから作業を再開できます.

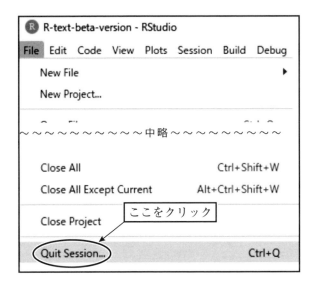

第 **2** 章　Rによる統計表の作成

第2章では，第1章で紹介した関数（新しい変数の作成 dplyr::mutate，変数の選択 dplyr::select，条件にあうデータの抽出 dplyr::filter）を使いながら，さまざまな統計表を作成する関数を学びます．

第2章で使用するデータ：rent-shonandai96-04.csv
パッケージ：tidyverse, psych, tableone
スクリプト例：chapter2.R

2.1　集計表の作成

　下準備として RStudio で chapter2.R を開いてください．このスクリプトでは `readr::read_csv()` で rent-shonandai96-04.csv を読み込み，`dplyr::mutate()` で rent_total と dist という変数を作成しています．このデータには auto_lock という変数があり，各々の物件にオートロックがあれば YES，なければ NO が入力されています（P.33参照）．

　まず，オートロック付き物件が何件あるか調べてみましょう．auto_lock は，属性情報を含む変数，すなわちカテゴリー変数ですが，table()関数とカテゴリー変数を組み合わせることで属性ごとの件数を整理できます（$ については，P.33-34 を参照）．

```
> table(dataf$auto_lock)

NO YES
86 38
```

さらに，カテゴリー変数を2つ並べるとクロス集計表を簡単に作成できます．たとえば，以下では1996年と2004年の2時点でオートロック付き物件の件数がどう変わったかをみています．1つ目の変数 auto_lock が行方向，2つ目の変数 year が列方向に並びます．オートロック付き物件が5件から33件に増えていることがわかります．

```
> table(dataf$auto_lock, dataf$year)

     1996 2004
  NO   33   53
  YES   5   33
```

> データの性質（所属グループ，順序など）を示す変数のことを**カテゴリー変数**（あるいは**離散変数**）と呼ぶのに対して，賃貸料や占有面積のような連続的な数値で構成される変数のことを**連続変数**といいます．

列方向，行方向の合計を追加するには addmargins，列方向に対する比率を計算するには prop.table() に margin=2 オプションを付けて使います．なお，行方向の比率を計算したいときは margin=1，全体の比率ならオプションなしに変更します．

```
> addmargins(table(dataf$auto_lock, dataf$year))

      1996  2004  Sum
  NO    33    53   86
  YES    5    33   38
  Sum   38    86  124
> prop.table(table(dataf$auto_lock, dataf$year),margin=2)
           1996      2004
  NO     0.8684    0.6162
  YES    0.1315    0.3837
```

ある条件を満たすデータの件数をカウントする方法にもふれておきます。合計値を計算する関数 sum() と条件式を組み合わせると「条件式を満たすサンプル数」を計算してくれます。たとえば bus を利用しない(bus==0)の物件数は以下の通り61件となります。

```
> sum(dataf$bus==0)
[1] 61
```

度数分布表：連続変数のカテゴリー変数化

次に，次のような賃貸料カテゴリー別の物件数を示す度数分布表を作成します．

表 2.1 度数分布表

賃貸料	3〜6万	6〜9万	9〜12万	12〜15万	15〜18万	18万以上
物件数	4	53	45	15	6	1

ここでは case_when() という関数を使って，賃貸料3万円刻みで5つの階級から構成されるカテゴリー変数（3〜6万円，6〜9万円，9〜12万円，12万円＝15万円，15万円以上）を作成して表にします．以下の例では r_category というカテゴリ変数を作成しています．

```
dataf <- dataf %>% dplyr::mutate(r_category=
case_when(
    rent_total>=3&rent_total<6 ~"03-06",
    rent_total>=6&rent_total<9 ~"06-09",
    rent_total>=9&rent_total<12 ~"09-12",
    rent_total>=12&rent_total<15~"12-15",
    rent_total>=15&rent_total<18~"15-18",
    rent_total>=18~"18-"))
```

ここで case_when() は，

case_when(条件1~A, 条件2~B) ＝条件1ならA，条件2ならBにする

のように使います．

条件式の書き方は P.39 で紹介していますがおさらいしておきましょう．

- AとBは等しい，等しくない：A==B, A!=B
- AはBを超える，大きい，下回る，小さい：A>B, A>=B, A<B, A<=B
- AかつB，AまたはB: A&B，A|B

table() 関数で r_category の件数を表にすると，以下の通り賃貸料6万円以上9万円以下の物件が一番多いことが分かります．これを度数分布表と呼びます．

```
> table(dataf$r_category)
03-06 06-09 09-12 12-15 15-18 18-
    4    53    45    15     6    1
```

この表から棒グラフを作成しましょう．barplot を使います（図 2.1）．

```
> barplot(table(dataf$r_category))
```

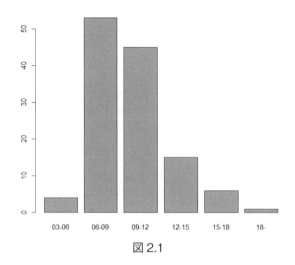

図 2.1

このように件数（度数）をグラフにしたものを**度数分布表**，あるいは**ヒストグラム**と呼びます．

次に 1996 年と 2004 年にデータを分けてグラフを作成してみましょう．データを絞り込んでグラフを作成するには，第 1 章でも紹介した dplyr::filter() 関数を使います．

```
data %>% dplyr:: filter ( 条件式 )
```

たとえば，以下では 1996 年の物件データに絞ったデータ dataf96 というデータフレームに格納し，ヒストグラムを作成します．

```
# 1996と2004年のデータに限定してヒストグラムを作成
dataf96 <-
  dataf %>% dplyr::filter(year==1996)
barplot(table(dataf96$r_category))
dataf04 <-
  dataf %>% dplyr::filter(year==2004)
barplot(table(dataf04$r_category))
```

図 2.2 は 1996 年，右は 2004 年のデータに限定して作成したヒストグラムです．

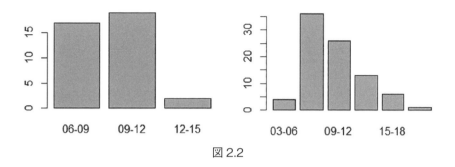

図2.2

　なお，補論 A.2.1 で紹介する ggplot2 というグラフ作成用パッケージでもヒストグラムは作成可能で，オプションをつけることでグラフのカスタマイズができます．

2.2　平均値・分散・標準偏差の算出

2.2.1　基本コンセプト

　データの散らばり具合やデータの中心を他のデータと比較し，それを言葉で伝達するにはヒストグラムはあまり適切とはいえません．このような場合は，データの特性を数値で表現するほうが客観的であり，望ましいといえるでしょう．ここでは平均値や分散・標準偏差などの要約統計量の算　出について説明します．

　まず，データの中心位置の指標である平均値とは，データの合計をデータ数で割ったものと定義されます．

　平均値（Mean）：$\overline{X} = \dfrac{1}{n} \sum_{i=1}^{n} X_i$

　一方，散らばり指標である分散は，平均からの乖離を2乗して合計し，データ数−1で割ったもの，標準偏差は分散の平方根を取ったものと定義されます．

分散（Variance）：$s^2 = \dfrac{1}{n-1} \sum (X_i - \overline{X})^2$

標準偏差（Standard Deviation）：$s = \sqrt{\dfrac{1}{n-1} \sum (X_i - \overline{X})^2}$

さらに，データを小さいほうから並べて，25%，50%，75% の位置にある値を，それぞれ第1四分位（1st Quantile），第2四分位（中位数），第3四分位（3rd Quantile）と呼びます．第2四分位は，中位数，中央値，メディアン（Median）と呼ばれることもあります．

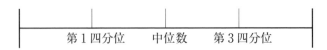

| 第1四分位 | 中位数 | 第3四分位 |

2.2.2 Rによる計算方法

これらの統計量を確認する関数を2つ紹介しましょう．第一は，summary()関数です．

summary(X)：最小値，第一四分位，中位数，平均値，第3四分位，最大値を出力

以下の例では，rent_total の統計量を出力しています．

```
> summary(dataf$rent_total)
   Min. 1st Qu.  Median    Mean 3rd Qu.    Max.
  4.800   6.975   9.000   9.346  10.775  18.000
```

複数の変数の統計量を並べるにはどうすればいいでしょうか？ summary の（）内にオブジェクト名を書くとオブジェクト内の変数1つずつについて統計量が出力されます．

```
> summary(dataf)
     rent           service            floor           age
 Min.   : 4.800   Min.   :0.00000   Min.   :18.41   Min.   : 0.000
 1st Qu.: 6.900   1st Qu.:0.00000   1st Qu.:24.96   1st Qu.: 0.000
 Median : 9.000   Median :0.00000   Median :55.24   Median : 1.583
 Mean   : 9.251   Mean   :0.09516   Mean   :51.37   Mean   : 5.755
 3rd Qu.:10.500   3rd Qu.:0.20000   3rd Qu.:65.51   3rd Qu.: 9.522
```

```
 Max.   :18.000   Max.   :1.00000   Max.   :85.59   Max.    :49.616
  auto_lock              year              walk              bus
 Length:124       Min.   :1996     Min.   : 1.000   Min.   : 0.000
 Class :character 1st Qu.:1996     1st Qu.: 1.000   1st Qu.: 0.000
 Mode  :character Median :2004     Median : 3.000   Median : 6.000
```

　ちょっと見にくい表になってしまいます．そんなときは psych パッケージに含まれる psych::describe() 関数が便利です．標本数（n）や平均（mean），標準偏差（sd），最大（max）・最小値（min）などの統計量を出力してくれます．

```
psych::describe(データフレーム名)
> psych::describe(dataf,skew=FALSE)
              vars   n   mean    sd    min      max range   se
rent            1 124   9.25  2.80   4.80    18.00 13.20 0.25
service         2 124   0.10  0.19   0.00     1.00  1.00 0.02
floor           3 124  51.37 20.85  18.41    85.59 67.18 1.87
age             4 124   5.75  8.49   0.00    49.62 49.62 0.76
(中略)
r_category*    11 124   2.75  0.94   1.00     6.00  5.00 0.08
```

　skew=FALSE というオプションがつけてありますが，これを付けない場合 12 種類の統計量が出力されます．この中には，ややマニアックな skewness や kurtosis（尖度と歪度，分布の厚みや偏りの指標）なども含まれるので，skew=FALSE オプションで非表示にして指標の数を減らしています．

結果の外部出力

　ここで作成した表を CSV 形式で出力する方法について説明しておきましょう．write.csv() 関数を使います．

```
write.csv("ファイル名")
```

　以下のようにコードを書くと結果表が result.csv が出力されます．write.csv は他の関数とも組み合わせることができます．実行したら CSV ファイルが出力されているか確認してください．

```
> psych::describe(dataf,skew=FALSE) %>%
  write.csv("result.csv")
```

グループごとの統計量

　次に紹介する `dplyr::group_by()` と `summarize()` 関数を組み合わせることでグループごとに統計量を計算し，表を作成することができます．summarize() 関数は，

`summarize( 関数名 ( 計算の対象となる変数名 ))`

と書きます．たとえば，

`summarize(mean(Y))`

と書くと「Y の平均値を計算せよ」の意味になります．また，

`summarize( 新しい変数名 = 関数名 ( 計算の対象となる変数名 ))`

とすることで計算結果を新しい変数に格納することもできます．たとえば，

`summarize(mean_Y=mean(Y))`

と書くと「mean_Y いう変数を作成し，Y の平均値を格納せよ」の意味になります．dplyr::group_by()はグループ分けするための関数で，今，X をカテゴリーを示す変数，Y は連続した数値（連続変数）とし，X のグループごとに Y の平均値を計算する場合は，

`dplyr::group_by(X) %>% summarize(mean(Y))`

のように記載します．たとえば，1996 年と 2004 年の賃貸料の平均値（mean）と標準偏差（sd）を比較する表を作成しましょう．

```
> dataf %>% dplyr::group_by(year) %>%
 summarize(mean(rent_total),sd(rent_total))
# A tibble: 2 × 3
   year `mean(rent_total)` `sd(rent_total)`
  <dbl>              <dbl>            <dbl>
1  1996               9.01             1.89
2  2004               9.49             3.12
```

　さて，年別，オートロックの有無別に賃貸料を比較したい場合はどうすればいいでしょうか？　その場合，`dplyr::group_by(X, Y)` のように2つの変数を指定します．以下の例では，`dplyr::group_by` 関数で年別（year），オートロックの有無別（auto_lock）でグルーピング，`summarize()` で rent_total の平均値を計算し，表を作成して

います.

```
dataf %>% dplyr::group_by(year, auto_lock) %>% summarise
(mean(rent_total))
# A tibble: 4 × 3
# Groups:   year [2]
   year auto_lock `mean(rent_total)`
   <dbl> <chr>              <dbl>
1  1996 No                  8.95
2  1996 Yes                 9.44
3  2004 No                  8.10
4  2004 Yes                11.7
```

　この表は年別，オートロック有無別の 2 × 2 のクロス表なので，行方向に年，列方向にオートロックの有無が並ぶ行列のほうが見やすいです．クロス表にするには以下のように tidyr::pivot_wider() 関数を組み合わせます．tidyr::pivot_wider() 関数は，tidyr::pivot_wider(names_from= 列方向の変数, values_from= 値) のように表頭項目と表示させる値を指定します．summarize() で rent_total の平均値を m_rent として定義していることにも注意してください．

```
dataf %>%
  group_by(year, auto_lock) %>%
  summarise(m_rent=mean(rent_total)) %>%
  tidyr::pivot_wider(names_from=auto_lock, values_from=m_rent)
# A tibble: 2 × 3
# Groups:   year [2]
   year    NO    YES
   <dbl> <dbl> <dbl>
1  1996  8.95  9.44
2  2004  8.10 11.7
```

　随分見やすくなりました.

グループ間の平均値の差の検定

Rでは tableone パッケージの `CreateTableOne()` 関数を利用することで，統計学で学習するグループ間における平均値の差の t 検定，あるいはカテゴリー変数の場合は割合に対するカイ二乗検定を実施することができます．

`tableone::CreateTableOne(vars="変数名", strata="グループ化する変数名", factorVars="変数名", data=データフレーム)`

vars には比較したい変数を並べます．2つ以上の変数があるときは c（"変数1"，"変数2"）のように並べます．グループ化する変数は，たとえば年（year）別に比較したいのであれば "year" を書きます．factorVars は vars で指定した変数のうちカテゴリーを示す変数があればここに書き，なければ省略してください．

たとえば 1996 年と 2004 年で，rent_total, floor, age, auto_lock を比較してみましょう．

```
> tableone::CreateTableOne(vars=c("rent_total","floor","age",
      "auto_lock"),strata="year",factorVars="auto_lock",data=dataf)
                      Stratified by year
                       1996           2004           p      test
 n                       38             86
 rent_total (mean (SD)) 9.01 (1.89)    9.49 (3.12)    0.381
 floor (mean (SD))     51.21 (13.89)  51.45 (23.35)   0.954
 age (mean (SD))        3.98 (3.70)    6.54 (9.82)    0.123
 auto_lock = Yes (%)      5 (13.2)      33 (38.4)     0.009
```

2列目と3列目はそれぞれ 1996 年と 2004 年の平均値，カッコ内は標準偏差です．4列目の p test の値は t 検定（カテゴリー変数の場合はカイ二乗検定）よる「平均値の差がゼロ（差はない）である」確率を示します．これが高くなれば「平均値に差はない」，低ければ「差がある」と判断します．具体的には p test の値（p値）は 10% 以下であることが求められます．これをみると，auto_lock 以外の p 値は 10% を上回っているので「1996 年と 2004 年の平均値は（統計的に有意な）差はない」と判断されます．一方，auto_lock の場合，カテゴリー変数なので割合（1996 年はオートロック付き物件が 13.2%，2004 年は 38.4%）に対するカイ二乗検定が行われます．p値は 0.9% ですので「1996 年から 2004 年にかけてオートロック付き物件の割合が（統計的に有意に）上昇した」と判断できます．

もう1つ，オートロックの有無で rent_total に差があるかどうかを見てみましょう．今回は変数が1つなので vasrs="rent_total" と書きます．また，この変数は連続変数でカテゴリー変数ではないので factorVars は不要です．

```
> CreateTableOne(vars="rent_total",strata="auto_lock",data=dataf)
                    Stratified by auto_lock
                     No          Yes          p        test
n                    86          38
rent_total (mean (SD)) 8.42 (1.85) 11.44 (3.43) <0.001
```

平均賃貸料は「オートロックなし」で 8.42 万円，「あり」で 11.44 万円，3.02 万円の差があります．そして p test は <0.001 とありますが，これは p 値は 0.1％未満ということで「平均値に差はない」という仮説が正しい確率は 0.1％未満，つまりオートロックの有無で平均賃貸料には**統計的に有意な差がある**と解釈できます．

2.3　変数間の関係性の把握

2.3.1　散布図・相関係数

表 2.1 は，ある地域の不動産賃貸物件 10 件の占有面積当たり賃貸料，築年数，駅からの所要時間です．

表 2.2

No.	面積あたり賃料	築年数	駅からの所要時間
1	0.37	13	6
2	0.31	40	8
3	0.32	47	10
4	0.26	82	8
5	0.25	74	10
6	0.29	78	13
7	0.33	60	15
8	0.25	97	14
9	0.23	142	16
10	0.29	96	16

単位：賃料：1万円，築年数：1ヶ月，所要時間：1分

　そして，2変数の関係を見る方法として**散布図**がよく用いられます．たとえば，面積当たり賃貸料と築年数の関係をみるためには，図 2.3 のように縦軸に面積当たり賃貸料，横軸に築年数，および所要時間をとった平面上にデータを配置した散布図が用いられます．ここから面積当たり賃貸料と築年数，および所要時間の間には右下がりの関係があることがわかります．物件が新しいほど，駅から近いほど，快適であり利便性が高いので賃貸料が高くなると考えられます．では，築年数と駅からの所要時間とでは，どちらのほうが，賃貸料との関係が強いと言えるのでしょうか？　なんとなく所要時間と面積あたり賃貸料のほうが，バラツキが大きいような気もします．しかし，ヒストグラムと同様，散布図では客観的かつ厳密な比較は困難です．やはり，何らかの数値を用いた指標を用いる必要があります．

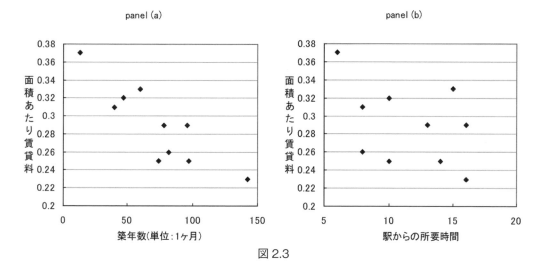

図 2.3

2 変数の関係を数値的に把握するには**共分散**や**相関係数**を用います.

最初の指標は**共分散**です.

$$\text{共分散} : s_{XY} = \frac{1}{N-1} \sum_{i=1}^{N} (X_i - \overline{X})(Y_i - \overline{Y})$$

共分散とは X と Y の偏差（平均値からの乖離）の積を合計し，それをデータ数 $N-1$ で割ったものです. X が増えると Y が増えるようなデータがあったとします. このとき，X が平均値よりも大きいとき（X の偏差がプラス）に Y も平均値より大きくなる（Y の偏差がプラス）なるので，X と Y の偏差を掛け算したもの（積）は正の大きな値になります. この偏差積がプラスになるものが多ければ共分散はプラスで大きな値になります. つまり，X とともに Y が増えるような X と Y の組み合わせであれば共分散はプラスになります.

ただし，共分散はデータの桁数に影響されます. そこで，標本数（データ数）や単位に影響されずに，二つの変数間の直線的な傾向を測る指標として相関係数が使われます.

相関係数は，共分散を 2 変数の標準偏差の積で割ったもので，以下のように定義されます.

$$r_{XY} = \frac{X \text{ と } Y \text{ の共分散}}{X \text{ の標準偏差} \times Y \text{ の標準偏差}} = \frac{S_{XY}}{S_X S_Y}$$

また，相関係数は，以下のような特徴を持ちます．

特徴Ⅰ. 相関係数は，X, Y の単位の取り方には無関係ですが，
$$-1 \leq r_{xy} \leq 1$$
という性質を持ちます．（証明は省略）

特徴Ⅱ. データの散布状況と相関係数の目安は以下の図のとおりです．
全ての点が右上がりの直線上にあるとき $r_{XY}=1$
全ての点が右下がりの直線上にあるとき $r_{XY}=-1$

特徴Ⅲ. X, Y が右上がりの関係にあるとき，$r_{XY} > 0$,
X, Y が右下がりの関係にあるとき，$r_{XY} < 0$

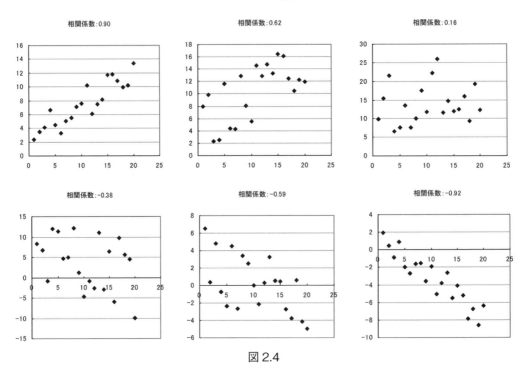

図2.4

さて，懸案だった，面積当たり賃貸料と築年数，面積当たり賃貸料と所要時間の関係のどちらが強いかという問題の答えを導きましょう．次の表2.3を見てください．この表は，列と行の変数の組み合わせごとに，相関係数を計算したものです．面積当たり賃貸料と築年数の相関は −0.87，面積当たり賃貸料と所要時間の相関係数は −0.43 と読みます．

表 2.3

	面積あたり賃料	築年数	駅からの所要時間
面積あたり	1		
築年数	− 0.870136	1	
駅からの所要時間	− 0.433365	0.754093	1

よって，相関係数から，築年数と面積当たり賃貸料の組み合わせのほうが，関係が強いと結論づけることができます．なお，表2.3のように各変数の総当りの相関係数を行列で表した表を相関係数行列と呼びます．

2.3.2 R による散布図と相関係数の計算

散布図

R には ggplot() 関数という優れたグラフ作成ツールが用意されており，様々なグラフが作成できます．書き方は以下の通りです．

```
ggplot(データフレーム名, 変数名等を指定) + グラフの種類(色の指定)
```

散布図の場合，グラフの種類のオプションとして geom_point() を指定します．

```
ggplot(data=データフレーム名, aes(x=横軸の変数, y=縦軸の変数))+
        geom_point()
```

データフレーム dataf に含まれる floor を横軸に rent_total を縦軸，また横軸に age 縦軸に rent_total を用いる散布図を作成するには，

```
ggplot(data=dataf, aes(x=age, y=rent_total))+
  geom_point()
```

```
ggplot(data=dataf, aes(x=floor, y=rent_total))+
  geom_point()
```

と書きます．次の図 2.5（a）（b）はそれぞれ age と floor を横軸にした散布図です．

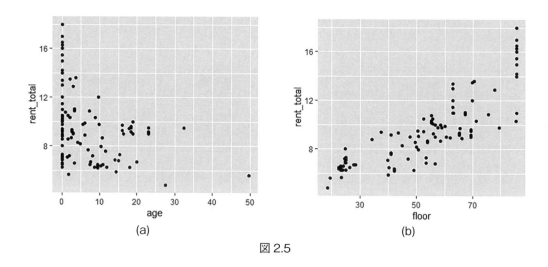

図 2.5

　作成したグラフを論文に張り付けるにはグラフを画像ファイルとして保存しておく必要があります．ここでは 2 つの方法を紹介します．第一の方法は，Plots ペインに画像が表示されている状態で，Export をクリックすると，"Save as Image"，"Save as PDF"，"Copy to Clipboard" と出てきますので，画像で保存する場合は "Save as Image" を選び，ファイル名や出力先フォルダーを指定すれば画像として保存できます．

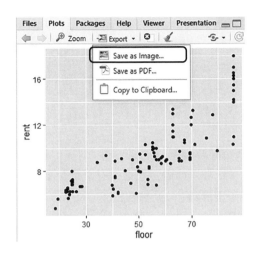
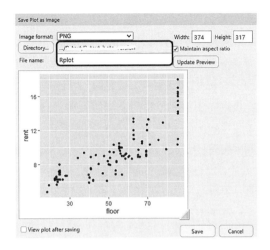

　もう1つの方法は関数を使ってファイル出力する方法です．画像ファイルのフォーマットの1つである png ファイルで出力するには，`png()` 関数を使います．この関数は `dev.off()` とセットで使うのがルールで，`png()` 関数と `dev.off()` の間に画像を作成します．書き方としては以下の通りです．

```
png(file="ファイル名 .png", width=幅を指定 , height=高さを指定 )
# ここに ggplot や barplot 関数で描画する
dev.off()
```

　スクリプト例では以下の関数で scatter.png ファイルにグラフを出力しています．

```
png(filename = "scatter.png",width=400,height=300)
ggplot(data=dataf, aes(x=floor, y=rent_total))+
  geom_point()
dev.off()
```

　巻末の逆引き事典の A2.1 では `ggplot()` 関数を使って様々なグラフを作成する方法について紹介していますので是非参照してください．

相関係数行列

　相関係数を計算するには，`cor()` 関数を使います．たとえば2変数の相関であれば，

```
cor ( データフレーム $ 変数 1, データフレーム $ 変数 2, use="pairwise.complete.
```

```
obs")
```
で計算します. rent_total と floor の相関であれば以下で計算できます.
```
> cor(dataf$rent_total,dataf$floor,use="pairwise.complete.obs")
[1] 0.8419619
```
　複数の変数間の相関を行列形式で表示したものを相関係数行列と呼びますが, 以下のように cor() にデータフレームを読み込ませます.
```
cor(データフレーム名, use="pairwise.complete.obs")
```
以下では, `dplyr::select()` 関数で必要な列（変数）に限定したデータが含まれるデータフレーム dataf_cor を作成した後, 相関係数を計算しています.
```
> dataf %>% dplyr::select(rent, dist, age, floor) -> dataf_cor
> cor(dataf_cor,use="pairwise.complete.obs")
            rent_total        dist         age       floor
rent_total   1.0000000   0.2421010  -0.2840757   0.8419619
dist         0.2421010   1.0000000  -0.4678259   0.1439099
age         -0.2840757  -0.4678259   1.0000000  -0.0377917
floor        0.8419619   0.1439099  -0.0377917   1.0000000
```
　オプションの use="pairwise.complete.obs" の意味については 3.4 節で説明しますが,「欠損値はその都度除外して相関係数を計算せよ」という意味になります.

第2章 練習問題

1 東京城南地区および川崎市の賃貸物件データ（rent-jonan-kawasaki.csv）を用いて以下の表を作成したい.

(1) 鉄道路線別オートロック付物件の比率

(2) 鉄道沿線別の平均賃貸料，平均築年数，平均占有面積

(3) 賃貸料を3万円刻みの度数分布表を作成し，また鉄道沿線別にヒストグラムを作成せよ.

(4) 東急沿線物件に限定し，賃貸料，1平方メートル当たり賃貸料と駅からの時間距離（徒歩分数とバス所要時間の合計），ターミナルからの所要時間の相関係数行列

なお，賃貸料は，賃貸料（rent）と管理費（service）の合計として再定義して計算すること.

rent-jonan-kawasaki.csv に含まれる変数

rent 賃貸料（単位：1万円）

service 管理費（単位：1 um 千円）

walk 徒歩分数

bus バスを利用する場合の最寄駅からの所要時間（単位：1分）

floor 占有面積（単位：m^2）

age 築年数（単位：年）

auto_lock オートロック付の物件の場合に1をとる変数

catv ケーブルテレビ付物件の場合に1をとる変数

station 最寄駅名

terminal 主要ターミナル（品川・渋谷等）から所要時間

express 急行停車駅の場合に1をとる変数

line 最寄り駅の鉄道路線（京浜急行 keikyu，JR，東急 tokyu）

2 　東京大学社会科学研究所附属社会調査・データアーカイブ研究センターは，東大社研若年者パネル調査を実施しているが，そのデータをもとにした疑似データを公開しています（非制限疑似データ）．東大社研若年者パネル調査は，2006 年 12 月末現在で 20 歳から 34 歳のいわゆる「若年層」を追跡した調査です．非制限疑似データは 2007 年の東大社研若年者パネル調査から 1,000 ケースを無作為抽出した上で，変数を大幅に減らし，回答には無作為にノイズを混入させて作成された教育演習用のデータです．このデータを使って以下の変数，および表を作成してみましょう．

(1) 調査票の学歴に関数する質問項目 ZQ23A と ZQ24 を参照して，大卒・大学院卒なら "univ"，それ以外なら "others" の変数，univ を作成せよ．また，支持政党に関する質問項目 ZQ42 を参照しながら自民党支持なら "LDP"，そうでなければ "others" をとる変数 LDP を作成せよ．また，大卒・院卒とそれ以外で，自民党を支持する人の比率を計算せよ．

(2) 「普段収入になる仕事している人」(ZQ03==1) かつ「既婚（配偶者）」(ZQ50==2) の「男性」(sex==1) に限定したデータフレームを作成し，大卒・院卒とそれ以外で家事をする人の比率を比べたい．家事については ZQ54A~ZQ54D に注目して「食事の用意」，「選択」，「家の掃除」，「日用品・食用品の買い物」を「毎日する」人とそれ以外の人に分けて，大卒・院卒×家事の実施の有無の比率の表を作成せよ．

　なおデータ・調査票は以下の URL からダウンロードするか，本書の WEB サポートの todai-shaken.csv，todai-shaken.pdf を使用してください．質問項目については調査票を参照して下さい．WEB サポートにはデータの解説もあります．

東大社研パネル非制限公開疑似データ
https://csrda.iss.u-tokyo.ac.jp/infrastructure/urd/

第3章 回帰分析

　第3章は経済・経営関連のデータ分析の中心的な分析手法である回帰分析を学びます．本章は3部構成になっており，3.1節は理論編，3.2節がRによる回帰分析の基礎編，3.3，3.4節が応用編，3.5節がやや発展的な内容として不均一分散の問題への対処法について説明してます．

第3章で使用するデータ

3.2節：rent-shonandai96-04.csv，3.3節：wage_census2019.csv，
gravity-g20asean.csv，3.4節：rent-kunitachi.csv，3.5節：educ-income.csv，
コラム：acemoglu2016.csv，事例紹介3：baseball-win-rate.csv，事例紹介4：
wage-census-ca.csv，事例紹介5：wage-census2019-professor.csv
パッケージ：tidyverse，psych，modelsummary，openxslx，estimtr
スクリプト例：chapter3-1.R，chapter3-2.R，chapter3-3.R，chapter3-4.R，
chapter3-5.R，chapter3-ex3.R，chapter3-ex4.R，chapter3-ex5.R

3.1 回帰分析の考え方 初

　！注意　3.1節では回帰分析の考え方について初心者向けの解説を行っています．Rの使い方のみを学びたい読者は，3.2節に進んでください．

（例）アパート・オーナーの A 氏は，所有するアパートの建て替えにあたりオートロックを設置すべきか迷っています．アパート周辺は治安に不安があり，オートロック設置により多少の家賃収入の上積みが期待できるかもしれないからです．では，どの程度の家賃収入の上積みが期待できるのでしょうか？

表 3.1 は，ある地域の賃貸不動産物件 10 件のデータです．このうち，オートロックがついている物件は 2 件のみです．この 2 件と残りの 8 件の平均賃貸料を比べると，8.25（万円）と 6.43（万円）でした．この差額 1.82（万円）をオートロック付物件のプレミアムとみなせるでしょうか？　データをみてみると，オートロック付物件とオートロック無し物件では，占有面積がかなり違います．つまり，「占有面積が同じ物件で，オートロックの有無で賃貸料がどの程度異なるか」を調べる必要があります．この 10 件の物件には，オートロック付物件と同じ面積のオートロック無し物件はありません．

表 3.1

No.	賃貸料 （万円）	占有面積 （m^2）	オートロック の有無	築年数	駅からの 所要時間
1	6.3	17	なし	96	6
2	6.2	20	なし	142	8
3	6.1	19	なし	97	10
4	6.5	25	なし	60	8
5	6.5	23	なし	78	10
6	7.5	27	なし	74	13
7	8	25	あり	82	15
8	6	23	なし	47	14
9	7.1	31	なし	40	16
10	8.5	29	あり	13	16

したがって，占有面積と賃貸料の関係を調べ，「もし，占有面積が同じ物件があったとすれば，賃貸料はどの程度になるか」を考える必要があります．そこで，まず手始めに，占有面積が 1 m^2 大きくなると，賃貸料はどの程度変化するか？を考えてみましょう．

図 3.1 は専有面積と賃貸料の散布図です．両者には正の相関があるように見えます．実際，相関係数 0.6978 でした．つまり，賃貸料と占有面積の間には強い正の相関があることが読み取れます．また，この散布図から，賃貸料と占有面積に何か直線的な関係が読み取れそうです．そこで，散布図に近似線を引いてみたのが図 3.1 の右の図 3.2 です．

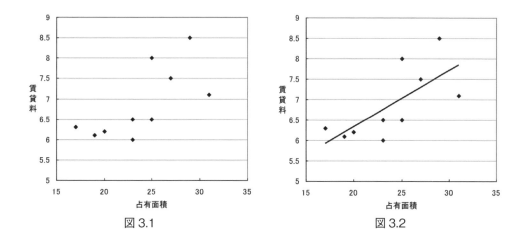

図 3.1　　　　　　　　　　　　　　　図 3.2

　今，占有面積と賃貸料の関係を調べたいわけですが，この近似線は，人々が心の中で抱いている占有面積と賃貸料に関する関係式を近似していると考えましょう．「人々が心の中で抱いている占有面積と賃貸料に関する関係式」というものは，あくまで理論上のものですが，これを，占有面積を X，賃貸料を Y，データの物件番号を添え字の i で表すと，以下のような数式で表すことができます．

$$Y_i = \alpha + \beta X_i + \epsilon_i$$

　これを**回帰方程式**と呼びます．そして，この Y は，**被説明変数（従属変数）**，X は**説明変数（独立変数）**と呼ばれます．ϵ は**誤差項**と呼ばれ，Y の変動のうち X で説明できなかった部分です．

　また，回帰方程式の切片と傾きである，α，β は，**回帰係数**と呼ばれます．α を特に定数項，β は傾きと呼ばれることもあります．この α，β が分かれば，ϵ をとりあえず無視して，占有面積 X に具体的な数値，たとえば，$25\,\mathrm{m}^2$ を代入することで，賃貸料（Y）がどの程度になるか計算できることになります．さて，α，β は，あくまで理論的なものですので，実際のデータを使って，推定することになります．

　以下では，この α, β の推定値の求め方（3.1.1 項），α, β の推定値に関する仮説検定（3.1.2 項）について考えます．

3.1.1 回帰分析と最小二乗法

　回帰係数の求め方にはさまざまな方法がありますが，最も一般的な方法は**最小2乗法**と呼ばれる方法です．以下で概要をみてみましょう．

最小2乗法の考え方

　まず，α，βの求めた方を考えましょう．図3.3は散布図に近似線を引いたものです．
　この図では何本もの近似線が引かれています．どの近似線を用いるのがよいのでしょうか？　このうち1つ近似度の良い直線を選ぶには何らかの客観的基準が必要になります．今，αとβに具体的な値，たとえば，$\alpha = 5$，$\beta = 0.1$を与えたとします．これを「推計値」という意味で$\hat{\alpha}$と$\hat{\beta}$と（アルファ・ハット，ベータ・ハットと読みます）としておきます．このときに与えられた直線$\hat{\alpha} + \hat{\beta}X_i$と被説明変数$Y_i$との乖離を$u_i$と表しましょう．これを**残差**と呼びます．

$$u_i = Y_i - (\hat{\alpha} + \hat{\beta}X_i)$$

散布図上で示すと，以下の図3.4のようになります．

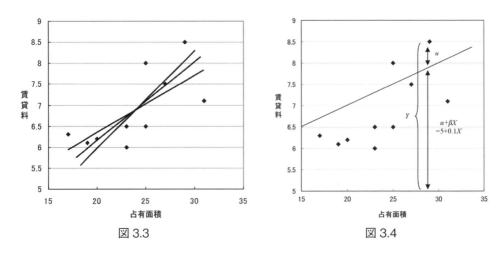

図3.3　　　　　　　　　　　　　　図3.4

　今，$\hat{\alpha}$と$\hat{\beta}$に，それぞれ5と0.1という数値を与えてグラフを書きましたが，$\hat{\alpha}$と$\hat{\beta}$の

組み合わせとしてもっと適切なものがあるかもしれません．つまり，何らかの基準を導入して検討する必要があります．1つの考え方は，直線 $\hat{\alpha} + \hat{\beta}X_i$ と被説明変数 Y_i との乖離である残差 u_i を極力小さくするような $\hat{\alpha}$ と $\hat{\beta}$ による近似線が望ましい，という考え方があります．この残差 u_i は，X と Y の組み合わせの数だけ（ここでは10個）だけあるので，10個の残差 u_i すべてが極力小さくなるような $\hat{\alpha}$ と $\hat{\beta}$ を求めることになります．これは言い換えれば，残差 u_i の合計，

$$\sum_{i=1}^{N} u_i = \sum_{i=1}^{N}(Y_i - \hat{\alpha} - \hat{\beta}X_i) \qquad (\text{ただし } N = 10)$$

が0に近くなるような $\hat{\alpha}$ と $\hat{\beta}$ を求めることとなります．ところが，まだ問題があります．この u_i は，正にも負にもなりうるということです．したがって，このままでは，正の u_i と負の u_i がうまく打ち消し合えば，個々の u_i が比較的大きな値をとっていても $\sum_{i=1}^{N} u_i$ はかなり小さい値になる可能性があります．そこで，u_i^2 とすることで，全て正の数に変換した上で，その合計値が最小になるように $\hat{\alpha}$ と $\hat{\beta}$ を求めましょう．つまり，残差の2乗和，

$$\sum_{i=1}^{N} u_i^2 = \sum_{i=1}^{N}(Y_i - \hat{\alpha} - \hat{\beta}X_i)^2$$

を最小にするような $\hat{\alpha}$ と $\hat{\beta}$ を求めればいいのです．この方法を**最小2乗法**（Ordinary Least Squares, **OLS**）と呼びます．

　次の表3.2は，$\hat{\alpha}$ と $\hat{\beta}$ にそれぞれ適当な数値を当てはめて，残差 u_i の合計（$\sum_{i=1}^{N} u_i$）と残差の2乗 u_i^2 の合計（$\sum_{i=1}^{N} u_i^2 = \sum_{i=1}^{N}(Y_i - \hat{\alpha} - \hat{\beta}X_i)^2$）を計算したものです．ケース1では，$\hat{\alpha} = 3$，$\hat{\beta} = 0.15$，ケース2では $\hat{\alpha} = 4$，$\hat{\beta} = 0.10$ を，それぞれ代入したものです．ケース1よりもケース2のほうが，残差の2乗の合計値が小さいので，より望ましい組み合わせといえます．

　残差の2乗の合計値を最小にする $\hat{\alpha}$ と $\hat{\beta}$ の組み合わせですが，ちょっとした計算で導くことができます．本書では，本節ではRを使いこなすための最小限の知識を身に付けることを前提としていますので，公式を示すのみに留めます．

表 3.2

No.	賃貸料	占有面積	ケース 1		ケース 2	
			u	u^2	u	u^2
1	6.3	17	0.75	0.56	0.10	0.01
2	6.2	20	0.20	0.04	−0.30	0.09
3	6.1	19	0.25	0.06	−0.30	0.09
4	6.5	25	−0.25	0.06	−0.50	0.25
5	6.5	23	0.05	0.00	−0.30	0.09
6	7.5	27	0.45	0.20	0.30	0.09
7	8	25	1.25	1.56	1.00	1.00
8	6	23	−0.45	0.20	−0.80	0.64
9	7.1	31	−0.55	0.30	−0.50	0.25
10	8.5	29	1.15	1.32	1.10	1.21
備考		合計	2.85	4.32	−0.20	3.72

ケース 1　$\hat{\alpha}=3,\ \hat{\beta}=0.15$
ケース 2　$\hat{\alpha}=4,\ \hat{\beta}=0.10$

最小 2 乗法による回帰係数の公式

　残差の 2 乗和,

$$\sum_{i=1}^{N} u_i^2 = \sum_{i=1}^{N} (Y_i - \hat{\alpha} - \hat{\beta} X_i)^2$$

を最小にするような回帰係数 $\hat{\alpha}$ と $\hat{\beta}$ は,以下の公式で計算することができます.

回帰係数の公式

$$\begin{cases} \hat{\beta} = \dfrac{\sum_{i=1}^{N} (X_i - \overline{X})(Y_i - \overline{Y})}{\sum_{i=1}^{N} (X_i - \overline{X})^2} = \dfrac{(X と Y の共分散)}{(X の分散)} \\[3mm] \hat{\alpha} = \overline{Y} - \hat{\beta}\overline{X} \end{cases}$$

> **！注意** より上級の分析手法をマスターするためには，この公式の導出などについても丁寧に確認しておく必要があります．本書で初めて回帰分析を学習する人は，参考図書などで学習することをお勧めします．

なお，ここで得られた $\hat{a}$ と $\hat{\beta}$ により描かれる回帰式は，$\hat{Y_i} = \hat{a} + \hat{\beta} X_i$ と表されます．$\hat{Y_i}$ は，ワイ・ハットと読みます．

表 3.1 のデータで，賃貸料を Y，占有面積を X として回帰係数の公式をあてはめると，

$$傾き：\hat{b} = \frac{\sum_{i=1}^{N}(X_i - \overline{X})(Y_i - \overline{Y})}{\sum_{i=1}^{N}(X_i - \overline{X})^2} = \frac{2.656}{19.656} = 0.1366...$$

となります．$\hat{\beta}$ がわかれば係数 $\hat{a}$ は簡単です．

定数項（切片）：$\hat{a} = \overline{Y} - \hat{\beta}\overline{X} = 6.87 - 0.1366 \times 23.9 = 3.605..$

$\hat{b}$ の値の意味を考えてみましょう．$\hat{\beta}$ は，回帰方程式 $Y_i = \alpha + \beta X_i + \epsilon_i$ の X の係数です．この式において β は，グラフにおける傾きですので，「X が 1 あがると Y が β 上がる」という関係を示します．今の問題の場合，X が占有面積で Y が賃貸料でした．$\hat{\beta}$ は，およそ 0.14 万円ですので，1 平方メートル占有面積が増えると，賃貸料は 1400 円上昇するという計算になります．

> **！注意** 3.1 節では，便宜上，10 個の観測値による分析例を紹介しますが，実際には，結果の信頼性を確保する上では，**最低でも 20 程度のデータ数（正確にはデータ数 —説明変数の数が 20 以上）が必要**だとされています．データ数が少ないと結果が不安定になる傾向にあり，上記の例でも No.10 の賃貸料 8.5 万円の物件を除外するだけで，回帰係数 β は 0.1366 から 0.10 に小さくなります．

回帰直線と予測

最小 2 乗法によって近似線の当てはめを行い，Y の変動を X で説明することを，3.3 節で説明するパラメータの統計的推測を含めて**回帰分析**といいます．この得られた直線のことを**回帰方程式**といいます．今の例の場合ですと，以下のようになります．

$$\hat{Y}_i = \hat{\alpha} + \hat{\beta} X_i$$

この $\hat{Y}$ は，回帰係数 α と β と，実際の X から計算された値で，これを Y の**理論値（予測値）**といいます．また，理論値 $\hat{Y}$ に対して，実際の Y の値は**実績値**と呼ばれることもあります．一方，残差 u は，以下のように定義されますから，

$$u_i = Y_i - (\hat{\alpha} + \hat{\beta} X_i)$$

残差 u_i と予測値 $\hat{Y}$，実績値 Y_i は，

$$Y_i = \hat{Y}_i + u_i = \hat{\alpha} + \hat{\beta} X_i + u_i$$

という関係にあります．

　この式を用いると，たとえば，占有面積が 25 平方メートルのときの賃貸料を「予測」できます．X に 25 を代入することで以下のように計算できます．

$$\hat{Y} = \hat{\alpha} + \hat{\beta} X = 3.6045 + 0.1366 * 25 = 7.020$$

よって，賃貸料はおよそ 7 万円となります．

3.1.2 回帰分析の結果の評価

　実際の分析に際しては，計算した回帰式がどの程度優れているのか評価したり，他のデータや他の変数を用いた回帰式と比較したりといった作業が必要となる場合があります．こういった回帰式の評価作業は，1）**決定係数**によるもの，2）**回帰係数に関する統計的推測**によるもの，の 2 種類あります．1）は直感的にも分かりやすいのですが，絶対的な基準がなく，残念ながら万能選手とはいえません．一方，2）は絶対的な評価も相対的な評価も可能なので，こちらのほうが重視される傾向にあります．まず 1）の決定係数から見ていきましょう．

決定係数

　さて，実績値，理論値（予測値），残差の間には以下のような関係がありました．

$$Y_i = \hat{Y}_i + u_i = \hat{\alpha} + \hat{\beta} X_i + u_i$$

ここで図 3.5 を見てください．

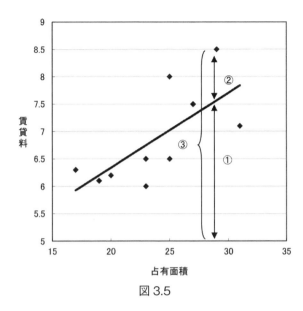

図 3.5

図中の①〜③は，①⋯$\hat{Y}$，②⋯u，③⋯Y に対応します．

　残差 u は，X で説明されない部分を，**理論値（予測値）** $\hat{Y}$ は X で説明された部分を表します．これらを用いて回帰方程式がどれぐらい説明力を持っているかを示す指標を作ることができます．

決定係数

$$R^2 = \frac{\sum_{i=1}^{N}(\hat{Y}_i - \overline{Y})^2}{\sum_{i=1}^{N}(Y_i - \overline{Y})^2}$$

- 必ず，$0 \leq R^2 \leq 1$ になり，決定係数が 1 に近いほど説明力が高い
- 決定係数が 0 に近いほど説明力がない
- 説明変数の数が増えると，決定係数は上昇する．

　さて，実際の分析に際しては，決定係数が特に重視されるケースとあまり重視されないケースがあります．これを少し具体的にみてみましょう．
　分析の目的が予測であれば，特に重視しなければなりません．ケースバイケースです

が，0.8〜0.9 程度求められる場合もあります．たとえば，賃貸料と占有面積に関する回帰分析結果から賃貸料を予測する場合，決定係数が極端に低い（すなわち，回帰直線と実績値が大きくかけ離れているものが多い）と，回帰直線上の点である予測値に注目する意義が薄れてしまいます．すなわち，決定係数が低いことは，予測自体の信頼性も低いことを示唆するからです．

　しかし，**仮説検定が目的の場合**，たとえば，賃貸料に占有面積は影響を与えているのか？　という命題の検証であれば，**決定係数は必ず 1 に近づけるべきとまではいえません**．学術誌に掲載される論文でも，決定係数が 0.001 を下回るような結果も「良い結果」として掲載されることもあります（P.85 も参照）．このような場合，決定係数は，例えば二つの推計式のうち相対的にどちらの説明力が高いか比較するために使われます．

（例 1）決定係数による回帰式の比較

　決定係数に注目して，以下のような 2 種類の回帰分析の結果を比較してみましょう．

① （賃貸料）＝ $\alpha + \beta *$（占有面積）＋ ε
② （賃貸料）＝ $\alpha + \beta *$（築年数）＋ ε

　図 3.6 では，表 3.1 に掲載されている数値から，散布図を作成し，さらに回帰係数と決定係数（R^2）を計算したものです．

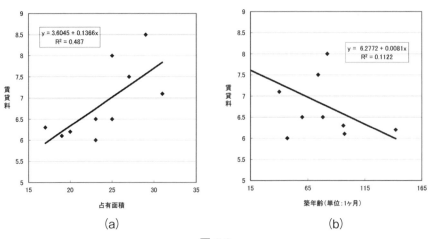

図 3.6

散布図上に描かれた回帰直線に注目してください．回帰式②（図 3.6(b)）よりも回帰式①（図 3.6(a)）のほうが，回帰直線の周りにデータが集中していて，賃貸料の散らばりをうまく説明している（フィットがよい）ことがわかります．散布図の四角い囲みの中に示された R^2 は決定係数です．

$$回帰式①：0.478$$
$$回帰式②：0.112$$

となっていますので，回帰式①のほうが，説明力が高いことがわかります．

回帰方程式の統計的推測

　前節では最小 2 乗法による回帰係数の求め方，および当てはまりの指標として決定係数について説明しました．しかし，決定係数は単にどの程度の説明力の高い（フィットの良い）近似線が得られたかを示すに過ぎず，絶対的に回帰式が優れているか否かの判断まではできません．

　また，説明変数が複数含まれている場合，どの変数が被説明変数を説明するにあたり決定的な役割を果たしているかどうかを考える際にも決定係数では十分ではありません．

　そこで，回帰方程式に確率分布を導入し，統計的推測の考え方を利用して，絶対的，相対的に回帰係数を評価する方法を考えます．まず，出発点として，以下の問いの答えを考えてみることにしましょう．

問題：得られた回帰係数について，**最も悪い状況は回帰係数がゼロになってしまう**ことであり，これは検討中の変数間の関係に全く関係が見られないことを意味する．この**「最悪の状況か，そうでないか」を検証**することで，回帰方程式が絶対的に優れているか否かの基準としよう．これを検証するにはどうしたらよいだろうか？

指針：これを検証する際，回帰方程式に確率分布を導入し，回帰係数を統計量と考えます．回帰係数が統計量であるならば，**「回帰係数はひょっとするとゼロかもしれない」**という仮説を検証することで，上記の問題を検証していきます．

問題に対する考え方

個々の係数がゼロである確率を計算する.

手順

① 係数と係数の標準誤差の比率である t 値を計算する

$$t = \frac{\text{係数}}{\text{係数の標準偏差}}$$

② t 分布表から，確率を求める（この確率は，R では，Pr(>|t|)，P 値として表示される）.

③ 確率 P 値が 5%（甘めに判断するなら 10%）よりも小さければ，**係数はゼロではない**と結論付ける.

④ その係数は，被説明変数に対して影響力をもつ変数であると考える.

※ t 値が概ね絶対値で 2（1.67）以上であれば，確率 P 値は 5%（10%）より小さくなることが知られています．2（1.67）を 1 つの目安とするといいでしょう.

t 値の直感的な意味

図 3.7 は，X と Y，Z と Y の関係を調べるために散布図に回帰直線を書き入れたものです．両者の定数項（切片）と傾きを良く見てください．傾きと定数項（切片）はほぼ同じになっています．しかし，Y の変動を説明するには，X と Z のいずれが優れているでしょうか？

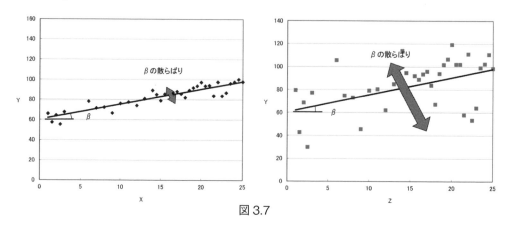

図 3.7

回帰分析の基本は,「回帰式が実際のデータの動きをうまく描写しているか」という点につきます. この観点からすると, 図 3.7 の左図のように傾き β の回帰直線の周りにデータが集中しているほうの説明力が高い, ということができます.

　回帰分析の際に, 回帰係数の t 値という指標が重視されますが, これは以下のように定義されます.

$$t = \frac{\hat{\beta}}{\beta\,\text{の散らばり (}\textbf{標準誤差}\text{)}}$$

「β の散らばり」が小さいほど説明力が高いわけですから, t 値は大きければ大きいほどいい, といえます. 具体的には,

---

t 値・p 値の解釈

t 値が絶対値で 2 (1.67) 以上あるとき, 係数が 0 である確率 P 値が 5% (10%) 未満となり, その回帰係数は十分な説明力を持つと解釈できる

と考えます. t 値と「係数がゼロである確率 (P 値)」の関係は, 統計学の教科書に付いている t 分布表で調べることができます. t 分布表によると, t 値は概ね 2 よりも大きければ,「『係数がゼロである』という仮説が支持される確率 (P 値) は, 5% 以下」ということを意味するので「その回帰係数は説得力をもつ」と解釈します. R では t 値と一緒に P 値も出力されますので, t 値ではなく, P 値をみて判断することも可能です. 慣習として, P 値が 0.05 (5%), あるいは, 甘めにみて 0.1 (10%) 以下とき,「回帰係数はゼロ」ではない, と判断します. つまり, **P 値が 0.05 (あるいは 0.1) よりも小さいとき, その回帰係数は説明力を持つ**と解釈されます.

　なお, t 値が 2 (1.67) よりも大きい, あるいは P 値が 0.05 (0.1) よりも小さいとき, その回帰係数は「十分な説明力を持つ」と判断しますが, これを**「回帰係数は統計的に有意である」**といいます.

　(例 2) 例 1 の回帰式について, 係数 b の t 値を計算してみました.

　① (賃貸料) $= 3.605 + 0.137^*$ (占有面積)
　　　　　　　　　　　[2.756]
　② (賃貸料) $= 6.277 + 0.008^*$ (築年数)
　　　　　　　　　　　[1.006]

［　］内の数値が t 値です．②の回帰式の係数 b の t 値は 2 を下回っていて，統計的な信頼性が低いということがわかります．言い換えると，②の係数 β は，ゼロである可能性が否定できない，といえます．一方，①の回帰式では，係数 β の t 値は 2 を上回っていますので，統計的な信頼性は十分に確保されていると考えます．

> **！注意**　最近は回帰分析の結果を示す際に，t 値ではなく，t 値の分母である標準誤差と P 値の水準を*で示す（たとえば***で P 値が 1％以下，**で 5％以下）ことが多くなっています．

　ここまでで，回帰分析を進めて行く上で最低限必要な用語を説明しました．以下では，実際に R を使って回帰分析を進めて行くテクニックを紹介して行きます．

3.2　R による回帰分析

> スクリプト例：chapter3-1.R
> 使用データ：rent-shonandai96-04.csv

3.2.1　lm() 関数による回帰分析

　本節では 1 章，2 章で使用した "rent-shonandai96-04.csv" を用いて，R で回帰分析を行います．chapter3-1.R では，1 章で説明した通り "rent-shonandai96-04.csv" を読み込み，以下のように賃貸料 "rent" と管理費 "service" を足した "rent_total" を作成して使用します．

```
dataf <- dataf %>% dplyr::mutate(rent_total = rent + service)
```

　またバス所要時間 bus と最寄り駅・バス停からの徒歩分数 walk の合計を駅からの時間距離 dist として定義しておきます．

```
dataf <- dataf %>%  dplyr::mutate(dist = bus + walk)
```

　まずは，説明変数が1つの単回帰分析の場合を考えましょう．Rで回帰分析を実施するには，lm()関数を使います．lm()はlinear modelingの略です．以下のように使います．

```
model_liniear <- lm(fomura＝被説明変数 ~ 説明変数 , data＝データフレーム名)
summary(model_linear)
```

lm()の直後のfomuraは省略可能です．たとえば，3.1節で扱ったように賃貸料（rent_total）と専有面積（floor）の関係であれば，以下の要領で計算できます．

```
Call:
lm(formula = rent_total ~ floor, data = dataf)

Residuals:
    Min      1Q  Median      3Q     Max
-3.1496 -1.0887  0.1461  0.7789  4.7789
Coefficients:
            Estimate Std. Error t value Pr(>|t|)
(Intercept)  3.52900    0.36403   9.694   <2e-16 ***
floor        0.11324    0.00657  17.237   <2e-16 ***
---
Signif. codes:  0 '***' 0.001 '**' 0.01 '*' 0.05 '.' 0.1 ' ' 1
Residual standard error: 1.519 on 122 degrees of freedom
Multiple R-squared:  0.7089,  Adjusted R-squared:  0.7065
F-statistic: 297.1 on 1 and 122 DF,  p-value: < 2.2e-16
```

　ここで "Estimate" が回帰係数，"Std.Error" が標準誤差，"t-value" が t 値，"Pr(>|t|)" は P 値を，Multiple R-squared が決定係数を示します．t 値は回帰係数を標準誤差で割ったものとして定義されますが，floor の場合，0.113（係数）を0.00657（標準誤差）で割ると確かに17.237（t 値）になります．floor の P 値は "< 2e-16" ですが，これは0.2×10のマイナス16乗，0.0000000000000002 ですので，ほぼ0となります．"< 2e-16"

の右隣の "***" の見方ですが，

```
Signif. codes:  0 '***' 0.001 '**' 0.01 '*' 0.05 '.' 0.1 ' ' 1
```

で示されているのですが，"***" は P 値が 0.001（0.1%）以下であることを示します．この結果は，いずれの係数も統計的に有意にゼロとは異なり，2 つの変数は rent_total に影響を与えていると解釈できます．これを数式で書くと以下の通りです．

rent_total = 3.529 + 0.11324floor　R2 = 0.7089

参考　パイプ（%>%）を使えば以下のように書くこともできます．
```
lm ( 被説明変数 ~ 説明変数 , data =データフレーム名 ) %>% summary()
```

3.2.2　説明力を上げるには？：重回帰分析

　3.1.2 項で説明したとおり，回帰分析を用いて予測を行う場合，ある程度の説明力を確保する，すなわち決定係数が高い結果でないといけません．3.2.1 項で紹介した例では，決定係数 0.7089 でしたが，さらに決定係数を 1 に近づける方法を考えてみましょう．

　回帰分析において説明力を上げる方法としては，複数の説明変数を用いる重回帰分析があります．重回帰モデルの回帰式は，以下のような関数で表されます．

$$Y = \alpha + \beta_1 X_1 + \beta_2 X_2 + \epsilon$$

このときの，回帰係数，たとえば，b_1 は，以下の数式から計算されます．

$$\widehat{\beta_1} = \frac{\sum (X_2 - \overline{X}_2)^2 \sum (X_1 - \overline{X}_1)(Y - \overline{Y}) - \sum (X_1 - \overline{X}_1)(X_2 - \overline{X}_2) \sum (X_2 - \overline{X}_2)(Y - \overline{Y})}{\sum (X_1 - \overline{X}_1)^2 \sum (X_2 - \overline{X}_2)^2 - \sum (X_1 - \overline{X}_1)(X_2 - \overline{X}_2)}$$

$$\hat{\alpha} = \overline{Y} - \widehat{\beta_1} \overline{X}_1 - \widehat{\beta_2} \overline{X}_2$$

実際には，コンピュータに計算を任せてしまいますので，これらの公式は，「まぁ，こんなもんだ」と思って置いてください．それでは，賃貸料の回帰方程式を以下のように拡張しましょう．

$$[賃貸料] = \alpha + \beta_1{}^*[専有面積] + \beta_2{}^*[築年数] + \varepsilon$$

回帰係数の意味を少し考えておきましょう．専有面積は，広くなるほど賃貸料が上がると考えられるので，係数 β_1 の符号はプラスになります．一方，築年数は，古くなる

ほど賃貸料は低くなると考えられるので，係数 β_2 の符号はマイナスになります．このように重回帰分析では，各説明変数の係数に関する予測を事前にまとめておくという手順をかならず踏んでください．

Rで2つ以上の説明変数を加えた重回帰分析の場合は，説明変数を複数並べていきます．書き方は，以下のように説明変数を＋で繋ぎます．

```
> model_linear <-lm( 被説明変数 ~ 説明変数 1 ＋説明変数 2,data ＝オブジェクト名 )
> summary(model_linear)
```

たとえば築年数 age を説明変数に追加する場合は，以下のように入力します．

```
> model_linear <-lm(rent_total~floor + age, data ＝ dataf)
> summary(model_linear)
```

以下のような結果が出力されます（一部省略）．

```
Coefficients:
            Estimate Std. Error t value Pr(>|t|)
(Intercept)  4.074957   0.336387  12.114  < 2e-16 ***
floor        0.111954   0.005834  19.189  < 2e-16 ***
age         -0.083411   0.014323  -5.823  4.85e-08 ***
---
Signif. codes:  0 '***' 0.001 '**' 0.01 '*' 0.05 '.' 0.1 ' ' 1
Residual standard error: 1.348 on 121 degrees of freedom
Multiple R-squared:  0.7726,   Adjusted R-squared:  0.7689
```

占有面積の係数はプラス，築年数の係数はマイナスで，それぞれ広ければ広いほど，新しければ新しいほど賃貸料は高くなることを意味します．t 値はいずれも2を上回っていますので，推定された回帰係数は十分信頼性があるといえます．また，築年数の係数から1年古くなると 0.083（万円）賃貸料が下がることがわかります．決定係数も 0.7089 → 0.7726 で上昇しているので説明力は向上しているようです．したがって，ここで提示した重回帰モデルで分析結果の改善に成功したといえます．

！注意　係数の大きさと説明変数の影響力

　floor と age の係数の大きさを絶対値で比較すると floor のほうが大きいですが，だからといって「floor のほうが，影響力が大きい」とは解釈できません．係数の

大きさは説明変数の単位の影響を受けますので，たとえば age を 1/12 して（age_rev）築何か月かを示す指標にすると次の結果のように age の係数は 12 倍になり，絶対値でみると age の係数（−1.000）のほうが大きくなります．この点は 3.2.5 項で再度議論します．

```
> dataf <- dataf %>% dplyr::mutate(age_rev = age/12)
> model_linear <- lm(rent_total~floor + age_rev, data = dataf)
> summary(model_linear)
Coefficients:Estimate Std. Error t value Pr(>|t|)
(Intercept)   4.074957    0.336387   12.114  < 2e-16 ***
floor         0.111954    0.005834   19.189  < 2e-16 ***
age_rev      -1.000927    0.171881   -5.823 4.85e-08 ***
```

ここで，重回帰モデルにおける分析結果の見方をまとめておきましょう．

回帰分析の結果の見方のポイント

(1) 符号条件：係数の符号が予想どおりか

(2) t 値：各係数の信頼性の指標，絶対値でおよそ 2（1.67）以上必要
P 値が 5%（あるいは 10%）以下である

(3) 決定係数は十分高いか

自由度調整済み決定係数

実は決定係数には，説明変数の数が増えると，たいして説明力が向上していなくても必ず決定係数が上がるという性質があります．したがって，説明変数の数が増えた場合，決定係数が上がったからといって説明力が上がったとはいえないかもしれません．具体例として，最寄り駅からの徒歩分数（駅からの所要時間），dist を説明変数に加えた以下の回帰分析（lm(rent_total~floor + age + dist)）の結果を見てください．

```
Coefficients:
            Estimate Std. Error t value Pr(>|t|)
(Intercept) 4.042521   0.451248   8.959 5.14e-15 ***
floor       0.111863   0.005919  18.899  < 2e-16 ***
```

```
age          -0.082586    0.016271   -5.076 1.43e-06 ***
dist          0.002878    0.026550    0.108    0.914
---
Signif. codes:  0 '***' 0.001 '**' 0.01 '*' 0.05 '.' 0.1 ' ' 1
Residual standard error: 1.354 on 120 degrees of freedom
Multiple R-squared:  0.7726,   Adjusted R-squared:  0.767
```

　時間距離 dist の係数の t 値は2を下回っており P 値は 0.914，つまり係数が0である確率が約90％なので，この係数には十分な信頼性がある（説明力を持っている）とはいえません．一方，決定係数は 0.7726 → 0.7726 と変化がないので，どちらが望ましいかは判別不能です（P.83 の結果と P.85 の結果の下線の R-squared に注目）．今回の例では決定係数に変化が見られませんでしたが，一般に決定係数には説明変数を増やしていくと，たとえ追加した変数が説明力を持たなくても上昇するという性質があります．そこで，この問題に対処するために考えられたのが，以下の自由度調整済み決定係数（**Adjusted R-squares**）です．

$$\text{自由度調整済み決定係数} \quad \overline{R^2} = 1 - (1 - R^2)\frac{n-1}{n-k}$$

　上の算式の n はデータ数，k は説明変数の数です．説明変数の数が増えると，分母が小さくなり第2項が絶対値で大きくなり，自由度調整済み決定係数にマイナスの力が働くことがわかります．説明変数の数が二つ以上あるときには，こちらを注目すると覚えておいてください．なお，決定係数は0～1の範囲の値をとりますが，自由度調整済み決定係数はマイナスになることもあります．

　P.83 の結果と P.85 の結果の自由度調整済み決定係数を比較してみましょう．例3では 0.7689 であるのに対して，例4では，0.767 に低下しています（二重下線部分の Adjusted R-squared に注目）．

事例紹介 1　　決定係数の意味

　たまに「決定係数が低いから，この結果はよくない」と評価する人がいますが，

予測値の計算が目的ではない限り，これは正しくありません．2つ事例を紹介します．最初の事例は国際経済学分野で高い評価を得ている査読付き学術誌 Journal of International Economics に掲載された Kruz and Senses（2016）です．彼らは「グローバル化で海外市場との結びつきが強くなると，雇用が不安定化するのか」を米国の企業レベルデータで分析しています．被説明変数 y は，各企業の過去 15 年間の雇用変化率の標準偏差，大量採用と大量リストラを繰り返している企業はこの値が大きくなります．説明変数には輸出対売上比率（*ExpInt*）と輸入対売上比率（*ImpInt*）の過去 15 年間の平均値，その他にも企業規模などの変数（X）が加えられてます．

$$y_{it} = 0.078\,ExpInt_{it} + 0.144\,ImpInt_{it} + \gamma X_{it} + u_{it}$$
$$(0.018)** \qquad (0.011)** \qquad R^2 = 0.04, \quad N = 331{,}874$$

カッコ内は標準誤差，$**$ は P 値が 5％ 以下であることを示します．輸出比率，輸入比率の係数はいずれもプラスなので，グローバル化している企業ほど採用とリストラを繰り返す傾向にあることがわかります．そして，決定係数（R^2）ですが，0.04 しかありません．しかし，この論文では特段問題視されていません．

もう 1 つの事例は Jensen and Murphy（1990）で米国の CEO の報酬の変化と時価総額の変化を分析した論文です．この論文は 5 大誌と呼ばれる権威ある学術誌の 1 つである Journal of Political Economy に掲載されています．彼らの研究では 1974 年から 1986 年までの米国の大企業 1049 社 1668 人の報酬のデータを収集しています．

$$\text{CDE の報酬の変化} = 31.7 + 0.0000135\,\text{時価総額の変化}$$
$$(8.0) \quad R^2 = 0.0082, \quad N = 7{,}750$$

ここでカッコ内は t 値で十分に大きな値なので係数は統計的に有意である，といえます．ただし，時価総額の変化の係数は非常に小さく，時価総額が 100 万ドル変化（各変数の単位は 1000 ドル）しても CEO の報酬は 13.5 ドルしか増えません．一方で，切片（定数項）が 31.7 なので時価総額の変化がゼロでも 31,700 ドルの報酬が支払われることが分かります．この論文でも，決定係数（R^2）は 0.0082 と著しく低いですが特に問題視されていません．

重回帰モデルによる予測値

　重回帰モデルにおいても予測値の計算方法は同じです.

$$\hat{Y} = \alpha + \beta_1 X_1 + \beta_2 X_2 + \beta_3 X_3$$

この $\hat{Y}$ は, 回帰係数 α, β と, 実際の X の値から計算された値で, これを Y の**理論値**（**予測値**）といいます. また, **理論値（予測値）** $\hat{Y}$ に対して, 実際の Y の値は**実績値**, $\hat{Y}$ と Y の差分を**残差**と呼ぶのは前述のとおりです.

　賃貸料の回帰式から「お買い得」物件を探してみましょう.「お買い得物件」とは, 理論価格に比べて実際の価格が大幅に安くなっているものです. よって, 残差が最も小さなものを探すことになります. 賃貸料関数の推計結果を用いて, その理論値（予測値）について検討してみましょう. さらに理論値と実績値の乖離（すなわち残差）を計算し, 乖離が最も大きい「お買い得物件」を探してみましょう. P.83 の推計結果を再掲します.

```
Coefficients:
            Estimate Std. Error t value Pr(>|t|)
(Intercept)  4.074957   0.336387  12.114  < 2e-16 ***
floor        0.111954   0.005834  19.189  < 2e-16 ***
age         -0.083411   0.014323  -5.823 4.85e-08 ***
```

　この係数から理論値と残差を計算しましょう. それぞれ以下のように定義されます.

理論値：$\hat{Y} = \alpha + \beta_1[専有面積(floor)] + \beta_2[築年数(age)]$

残差：$u = Y - (\hat{\alpha} + \beta_1[専有面積(floor)] + \beta_2[築年数(age)])$

　R で予測値と残差を系列として出力するには, predict() と residuals() を使います. ここでは, model_linear に格納した推計結果から predict() で予測値を, residuals() で残差を計算し, dplyr::mutate() で新しい変数 y_hat, res に格納しています.

```
model_linear <-lm(rent_total~floor + age, data = dataf)
summary(model_linear)
dataf <- dataf %>% dplyr::mutate(y_hat = predict(model_linear))
dataf <- dataf %>% dplyr::mutate(res = residuals(model_linear))
```

　さらに, 残差 res を小さいほうから並び替えます. 並び替えは, 第1章で紹介した dplyr::arrange() 関数を使います. 使い方をおさらいしておきましょう.

> dplyr::arrange（x）：x の小さい順に並び替え（昇順）
>
> dplyr::arrange（−x）：x の大きい順に並び替え（降順）
>
> dplyr::arrange（x, y）：まず x で並び替え，x が同じ値なら y で並び替え

そして，`dplyr::select()` で rent_total, y_hat を表示させます.

```
# 残差が小さいほうから並べて，実績値と予測値を表示させる
dataf %>% dplyr::arrange(res) %>% dplyr::select(rent_total, y_
    hat, floor, age)
# A tibble: 124 × 5
  rent_total y_hat    res floor    age
       <dbl> <dbl>  <dbl> <dbl>  <dbl>
1       10.3  13.6  -3.33  85.4    0
2       10.3  13.6  -3.33  85.4    0
3        9.8  12.5  -2.71  79.4  5.5
4       11    13.7  -2.66  85.6    0
5        6.8  9.17  -2.37  56.7 15.0
```

　ここから「お買い得物件」を探してみましょう.「お買い得物件」は，前述の通り残差が最も小さなものを探すことになります. この場合，残差の小さいものから順番に並び替えてありますので，最初の物件が−3.33 となっており,「およそ 3 万千 3300 円もお得！」といえます.

　この一番上の物件（No.1）の属性に注目すると，新築（築 0 年）で，占有面積（floor）が 85.4 m² もあることがわかります. ほぼ同じ専有面積で同じく新築である No.4 の物件と比べると，No.1 は 10.3 万円であるのに対して No.4 は 11 万円と 7000 円ほど割安になっていることが分かります. このように，回帰分析を使えば，属性が複数あって，比較が難しい場合に,「総合的」にみて，どの程度魅力的かどうかの判定が下せるのです.

事例紹介 2　　ゴミ処理場からの距離と賃貸料

　不動産賃貸料のような価格を被説明変数，そして物件属性（製品属性）を説明変

数とする回帰式のことを**ヘドニック関数**と呼びますが，地価や不動産賃貸料を用いたヘドニック関数は環境評価などでよく使われます．たとえば生活に必要だが住民から忌み嫌われる公共施設（英語では NIMBY, Not In My Backyard と呼ばれる），たとえば清掃工場や火葬場，廃棄物処理場などができると，近隣の地価や不動産賃貸料にどの程度影響があるか，また，その影響範囲はどの程度か，といったことを調べるためにヘドニック関数が用いられることがあります．ここで紹介する例は，東京都墨田区の墨田清掃工場周辺の賃貸物件の賃貸料を被説明変数に，説明変数に専有面積 floor や築年数 age, 最寄駅からの徒歩分数 walk などの物件属性に加えて，墨田清掃工場からの距離 distance（単位 km）を説明変数に加えた回帰式の推計結果です（スクリプト例とデータは WEB サポート参照）.

```
lm(formula = rent_total ~ floor + age + walk + distance,
    data = dataf)

            Estimate Std. Error t value Pr(>|t|)
(Intercept)  3.803099   0.298952  12.721   <2e-16 ***
floor        0.225254   0.004293  52.468   <2e-16 ***
age         -0.091634   0.003547 -25.835   <2e-16 ***
walk        -0.010015   0.015808  -0.634   0.5266
distance     0.551280   0.215893   2.553   0.0109 *
---
Signif. codes:  0 '***' 0.001 '**' 0.01 '*' 0.05 '.' 0.1 ' ' 1
```

distance の係数は 0.55 で * が 1 つ，5%で統計的に有意です．この結果は墨田清掃工場から 1 km 離れると賃貸料は 5500 円上がる，言い換えると墨田清掃工場周辺は 1 km 離れた地点と比べて 5500 円賃貸料が低いことを示します．

さて，今回紹介したデータは賃貸物件の住所情報を緯度経度に変換し墨田清掃工場からの距離を計算しています．最近，地理情報のデータ開示や分析システム（地理情報システム，GIS）の発展により，こうした地理情報の活用が進んでいます．本書の WEB サポートでは，この分析の背景や GIS の関連情報を紹介していますので是非参照してください.

3.2.3 複数の推計結果の取り纏め

　さて，複数の回帰分析の結果を比較するには次の表 3.3 のような形式で分析結果を出力すると便利です．こうした表を作成するには modelsummary というパッケージを使います．まず，install.packages（"modelsummary"）でパッケージをインストールします．そして使い方ですが，

```
msummry の使い方
新しいオブジェクト <-
        list(
                "モデル名 1" = lm(Y~X1,data =データフレーム),
                "モデル名 2" = lm(Y~X1 + X2,data =データフレーム)
        )
modelsummary::msummary(新しいオブジェクト, オプション)
```

のように記述します．モデル名は結果表の表頭のラベルになります．lm()関数を2つ並べていますが，最初の lm()関数の最後の）の後ろには"," を打っています．"," には「次に続く」という意味があるので，最後の lm()関数の）の後ろには"," は不要です．オプションについては後述します．では，例を見てみましょう．以下のスクリプトを使えば表 3.3 を再現できます．

```
# 結果の出力 modelsummary のインストールと library での呼び出しが必要
regs <-
  list(
    "model1" = lm(rent_total~floor,data = dataf),
    "model2" = lm(rent_total~floor + age,data = dataf),
    "model3" = lm(rent_total~floor + age + dist,data = dataf)
  )
modelsummary::msummary(regs, stars = TRUE , gof_omit =
```

```
'RMSE|AIC|BIC|Log.Lik.|F')
```

　まず results というオブジェクトに
model1-model3 の推計式の結果を list 関数
（補論 C-2 参照）で束ね，regs というオブ
ジェクトに格納します．**list()関数を使う
際，推計式のカッコの後ろにカンマを入れ
るのを忘れないようにしてください（最後
の推計式を除く）**．これを msummary()関
数で出力しています．上記の例では，
stars＝TRUE と gof_omit＝'AIC|BIC|Log.
Lik.|F' というオプションがついています．
前者は，統計的に有意な変数に＋や＊をつ
けるオプション，後者は AIC などの指標
を表示しないという意味です．これを実行
すると Plots ペインに表が出力されます．

　stars オプションは有意水準 10%，5%，
1% で，それぞれ＊，＊＊，＊＊＊に変更する
ことも可能で，stars＝TRUE の代わりに，
stars＝c("＊"＝.1，"＊＊"＝.05，"＊＊＊"＝.01）と記載します．

表 3.3

	model1	model2	model3
(Intercept)	3.529***	4.075***	4.043***
	(0.364)	(0.336)	(0.451)
floor	0.113***	0.112***	0.112***
	(0.007)	(0.006)	(0.006)
age		−0.083***	−0.083***
		(0.014)	(0.016)
dist			0.003
			(0.027)
Num.Obs.	124	124	124
R2	0.709	0.773	0.773
R2 Adj.	0.707	0.769	0.767

　結果は，Plots ペインに表示されます（表 3.3 参照）．ここでカッコ内は標準誤差なので，
t 値は係数／標準誤差から計算する必要がありますが，＊＊＊がついているところは P 値
が 0.1％未満であることを示しますので，t 値を計算しなくても＊＊＊が付いている係数
は統計的に有意であると判断できます．

　また，この表は WORD，EXCEL，CSV，Latex 形式での出力が可能です．WORD
と Latex の場合は，

```
msummary(regs, gof_omit = 'RMSE|AIC|BIC|Log.Lik.|F', 'results.doxc')
msummary(regs, gof_omit = 'RMSE|AIC|BIC|Log.Lik.|F', 'results.tex')
```

のように出力したいファイル名を直接書き込みます．CSV と EXCEL の場合はひと手
間が必要で，出力形式としてデータフレーム 'data.frame' を選び，これを適当なオブジ
ェクト（以下の例では results_tab）に格納します．その後，openxlsx::write.

`xlsx()` で出力します（openxlsx パッケージのインストールが必要）.

```
results_tab <- msummary(results, gof_omit = 'RMSE|AIC|BIC|Log.
    Lik.|F', 'data.frame')
openxlsx::write.xlsx(results_tab, 'results.xlsx')
```

　なお，オプションを付けかえると表がどのように代わるかについては Web サポートで紹介しています. 右の QR コードからもアクセス可能です.

事例紹介3　　**プロ野球球団の勝率の決定要因**

> **使用するデータ：baseball-win-rate.csv**
> **スクリプト例：chapter3-ex3.R**

　野球は一時期に比べ人気が衰えたと言われていますが，わが国のプロ・スポーツの中では，圧倒的な規模と根強い人気をもっています. プロ野球は，4月に開幕で11月の日本シリーズで幕を下ろしますが，11月以降も，新人選手の獲得のドラフト会議や戦力強化のための選手の交換（トレード）の話題で，しばし新聞・テレビは賑わいます. 野球チームの勝率は，打撃の強さである打率が高いほど，あるいは打者を抑える投手の防御率が低いほど，高くなります. そこで，各チームは，打者と投手をバランスよく育成・獲得していく必要があります. オフ・シーズンになると，野球チームの指揮官たちは，自身の経験や知識に基づきチーム・メンバーの構成を検討します. ところが，「どの程度の能力の打者と，どの程度の能力の投手が，チームの勝率に対して同じ貢献をもたらすか」と質問すると，意外と答えはまちまちになるそうです（詳しくは谷岡（1995）を参照）. ここでは，谷岡（1995）を参考に，プロ球団の勝率と戦力データを回帰分析にかけて，この問いについて分析してみましょう. データは1994年から2004年の各チームの戦力データ（チーム平均打率など）を用いています. データは，日本プロ野球機構の Web ページから採取しました. 回帰分析で用いる変数は，被説明変数が「勝率」（win_rate，%表示），説明変数は「防御率」（era，投手の成績，低いほど成績がよい，%表示），「打率」（batting，打者の成績，高いほどよい，%表示），ホームラン数（homerun）を用

いました．推計結果は以下のとおりです．

```
lm(formula = win_rate ~ era + batting + homerun, data = dataf)
            Estimate Std. Error t value Pr(>|t|)
(Intercept)  1.85247    7.07322   0.262    0.794
era         -9.54728    0.65867 -14.495  < 2e-16 ***
batting      2.95736    0.28629  10.330  < 2e-16 ***
homerun      0.05733    0.01045   5.487 2.11e-07 ***
---
Signif. codes:  0 '***' 0.001 '**' 0.01 '*' 0.05 '.' 0.1 ' ' 1
Multiple R-squared:  0.7114,  Adjusted R-squared:  0.7047
```

　得られた係数はいずれも統計的に有意で，防御率（era）が低いほど，かつ打率（batting），ホームラン数（homerun）が大きいほど勝率が高くなる，という予想通りの結果が得られています．この係数の意味を考察してみましょう．打率の係数がおよそ3になっていますが，これはチーム打率が1%上がると，勝率も3%上がることを示しています．またホームランの係数は0.057ですから，ホームランが20本増えると勝率が1%あがることがわかります．ここで少し思考実験をしてみましょう．野球の場合，良い選手をたくさん抱えていても試合に出られるのは9人までです．ホームランを量産する選手を1人獲得しても，誰かをメンバーからはずす必要があります．たとえば，打率3割ホームラン年間50本の打者を獲得して，代わりに打率3割ホームラン年間10本の選手をレギュラーからはずしたとします．ホームラン年間50本というのは，ホークスの元監督の王貞治氏の年間55本，ヤクルトの村上宗隆選手の2022年シーズンの年間56本に迫るものです．これほどまでのホームラン・バッターを獲得するとなると，かなりの資金が必要となると考えられます（ヤクルト村上選手の2022年の推定年俸は6億円）．その一方で，勝率への貢献は，チームのホームラン数の増加40本×0.057で2.28%となります．勝率+2%で6億円は高いでしょうか？　安いでしょうか？　なお，本書では，ごく簡単な例しか紹介していませんが，プロ野球についてはさまざまな分析が行われており，関連文献をWEBサポートで紹介してますので参照してください．

3.2.4 質的な情報を取り込むには：ダミー変数の基礎

　ここでは，賃貸物件の質的な属性，たとえばオートロックの有無やエアコンの有無といった物件の質的な属性の違いが賃貸料に及ぼす影響について分析する方法を考えます．図3.8は，湘南台近辺の賃貸物件の賃貸料と占有面積に関する散布図です．図中の◆と▲は，それぞれ，オートロック付物件とオートロック無しの物件を示します．この図から，オートロック付物件は，比較的占有面積が大きく，また同程度の占有面積の物件であっても，オートロック付物件のほうが，賃貸料が高いことが伺えます．

　ではオートロックの有無により，どの程度賃貸料は変わってくるのでしょうか？　単純にオートロックの有無で平均賃貸料を比較すると，オートロック付物件が10.9万円，オートロック無しの物件が7.6万円ですが，この差には，オートロック付物件が比較的，占有面積が広いために賃貸料が高いという要素が含まれています．すなわちわれわれが知りたいのは，同じ占有面積の物件において，オートロックの有無でどの程度，賃貸料が異なるかということです．

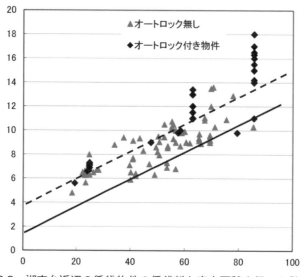

図3.8　湘南台近辺の賃貸物件の賃貸料と専有面積を扱った散布図

図 3.8 には，2 本の近似線が引かれています．点線は，オートロック付物件のみについて，賃貸料と占有面積の近似線を引いたものです．傾きはほぼ同じですが，定数項（切片）が高くなっています．このように，同一データセットに定数項（切片）が異なると考えられるグループが存在する場合，ダミー変数を用いることで分析が可能となります．推定式は以下のように定式化されます．

$$[賃貸料] = \alpha + \beta_1[占有面積] + \beta_2[築年数] + \gamma[オートロック付ダミー] + \epsilon$$

　ここで，［オートロック付ダミー］とは，

$$オートロック付ダミー = 1 \text{ if オートロック付}$$
$$= 0 \text{ if オートロック無}$$

という変数になります．ダミー変数は，一般に数量化できない変数を説明変数に加える場合用いられるもので，ここではオートロック付，オートロック無し，という賃貸物件の質的情報を示す変数となります．データセットには auto_lock という変数があり "YES" であれば「オートロック付き」，"NO" であれば「オートロック無し」を示します．この変数を参照しながらオートロックの有無を示すダミー変数を作成する方法ですが，3 つの方法を紹介します．第一の方法は，`dplyr::mutate()` 関数を使う方法です．以下のように `dplyr::mutate()` で 0 の値をとる新しい変数 d_autolock を作成します．ここで if_else() 関数は，条件が正しければ条件式直後の値を返し，正しくなければ 2 つ目の値を返す関数です．

`if_else ( 条件式 , 正しいとき , 正しくないとき )`

　今回の場合 auto_lock が "YES" なら（条件が正しければ）d_autolock に 1 を，正しくなければ 0 を代入します．

```
dataf <- dataf %>%
        dplyr::mutate(d_autolock=if_else(auto_lock=="YES",1,0))
```

文字列の取り扱い

　文字列は "" で囲います．また glimpse() などでデータを表示させると，以下のように文字列変数は *<chr>*（character の略）と表示されます．

```
> glimpse(dataf)
Rows: 124
Columns: 13
$ rent       <dbl> 4.80, 5.60, 5.65, 5.90, 6.30, 6.40, 6.50, 6.30, 6.3…
$ service    <dbl> 0, 0, 0, 0, 0, 0, 0, 0, 0, 0, 0, 0, 0, 0, 0, 0, 0, …
$ floor      <dbl> 18.41, 19.44, 23.44, 40.07, 24.97, 22.40, 40.15, 23…
$ age        <dbl> 27.515068, 49.616438, 1.835616, 14.424658, 18.09041…
$ auto_lock  <chr> "No", "Yes", "No", "No", "No", "No", "No", "No", "N…
$ year       <dbl> 2004, 2004, 2004, 2004, 2004, 2004, 2004, 2004, 200…
```

　第二の方法は，if_else()関数の代わりに，2.1節で紹介したcase_when()関数を使う方法です．方法1と比較のためd_autolock1という変数を作成します．

```
dataf <- dataf %>%
        dplyr::mutate(d_autolock1 =
                        case_when(auto_lock == "Yes"~1,
                        auto_lock == "No"~0))
```

　case_whenの使い方をおさらいしておくと，

case_when(条件1~A, 条件2~B)＝条件1ならA，条件2ならBにする

となります．

　第三の方法はパイプ（%>%）やdplyr::mutate()を使わない方法で，

データフレーム$新しい変数 <-0

データフレーム$新しい変数[条件式] <-1

でダミー変数を作る方法です．1行目では「新しい変数を作成して0を代入」し，2行目では「条件を満たすデータに1を代入」しています．具体的には，新しい変数をd_autolock2とするとき，

dataf$d_autolock2 <- 0

dataf$d_autolock2[dataf$auto_lock == "Yes"] <-1

でダミー変数を作成できます．

　うまく変数が作成されているかを確認するために，dplyr::select()関数で変数を限定したうえで画面表示させてみましょう．

```
> dataf %>% dplyr::select(rent_total,floor,auto_lock,d_autolock,d_autolock1,
d_autolock2)
# A tibble: 124 × 6
   rent_total floor auto_lock d_autolock d_autolock1 d_autolock2
        <dbl> <dbl> <chr>          <dbl>       <dbl>       <dbl>
1        13.6  70.5 No                 0           0           0
2        13.5  69.7 No                 0           0           0
3        11    63.0 Yes                1           1           1
4        11.0  67.3 No                 0           0           0
5        10.8  55.3 No                 0           0           0
```

auto_lock が Yes のところのみ，d_autolock，d_autolock1，d_autolock2 がともに 1 に
なっていることがわかります．

このデータを用いて，以下の回帰式を推定してみましょう．

$$[賃貸料] = \alpha + \beta_1[占有面積] + \beta_2[築年数] + \beta_3[駅からの時間距離]$$
$$+ \gamma[オートロック付ダミー] + \epsilon$$

推計結果は以下のようになります．

```
Coefficients:
              Estimate Std. Error t value Pr(>|t|)
(Intercept)   4.232298   0.404304  10.468  < 2e-16 ***
floor         0.104479   0.005446  19.185  < 2e-16 ***
age          -0.066139   0.014819  -4.463 1.85e-05 ***
dist         -0.029338   0.024389  -1.203    0.231
d_autolock    1.493179   0.265893   5.616 1.30e-07 ***
---
Multiple R-squared:  0.8203,   Adjusted R-squared:  0.8142
```

[auto_lock] の係数は，1.493 で，t 値は 5.616，P 値は 1.30e-07 です．t 値は絶対値で
十分に 2 よりも大きく，P 値はほぼ 0%ですので係数の推計値には十分な信頼性がある
と言えます．この係数が，1.493 ということは，占有面積と築年数を調整したうえで，
オートロック付物件はオートロック無し物件を基準にして，賃貸料が 14,930 円ほど高
いことを示します．

なお，auto_lock は文字情報が含まれる属性を示す変数ですので，実はこれをそのま
ま説明変数に追加するとダミー変数による回帰式を推定してくれます．以下の推定結果

の auto_lockYES という変数は auto_lock が YES になっていれば 1 をとるダミー変数の係数と同じであることが確認できます.

```
lm(formula = rent_total ~ floor + age + dist + auto_lock, data
    = dataf)
Coefficients:
            Estimate Std. Error t value Pr(>|t|)
(Intercept)  4.232298   0.404304  10.468  < 2e-16 ***
floor        0.104479   0.005446  19.185  < 2e-16 ***
age         -0.066139   0.014819  -4.463 1.85e-05 ***
dist        -0.029338   0.024389  -1.203   0.231
auto_lockYes 1.493179   0.265893   5.616 1.30e-07 ***
---
Multiple R-squared:  0.8203,      Adjusted R-squared:  0.8142
```

3.2.5 「他の要因をコントロール」する意義

ところで，重回帰モデルでオートロックの有無別の賃貸料の差を分析することの意義を考えてみましょう. ここで以下のように説明変数を 1 つずつ追加したときに auto_lock 係数がどのように変化していくかを見てみましょう.

(1) $rent\_total = \alpha + \gamma * auto\_lock + \epsilon$

(2) $rent\_total = \alpha + \gamma * auto\_lock + \beta_1 * floor + \epsilon$

(3) $rent\_total = \alpha + \gamma * auto\_lock + \beta_1 * floor + \beta_2 * age + \epsilon$

次の表は推計結果をまとめたもので，各列（model1-model3）が（1）～（3）の推計式に対応します.

model1 は auto_lock ダミーと定数項（切片）のみの回帰分析ですが, 係数の 3.014 は, 2.3.2 項の CreateTableOne で比較したオートロックの有無による賃貸料の平均値の差（P.57）に一致しています. model2-model3 では説明変数を 1 つずつ追加した際の結果で,

自由度調整済み決定係数が上昇するとともにオートロック・ダミーの係数が小さくなっていることが分かります．特に model2 で floor を追加した際に自由度調整済み決定係数が 0.241 から 0.786 と大きく上昇し，オートロックの係数が 3.014 から 1.785 と半分強になっています．これは，オートロック付き物件は比較的専有面積の大きな物件が多く，この要因を調整したことによりオートロックの有無による賃貸料の差は小さくなったと解釈できます．つまり，重回帰分析ではオートロックの有無と相関しうる他の要因を一定とした上での賃貸料の差を計算することができるのです．このように他の要因の影響を調整することを，**他の要因をコントロール**するといいます．また，model2 と model3 でそれぞれ専有面積 floor と築年数 age を追加しましたが，このときの**自由度調整済み決定係数の変化幅**をみると model1 → model2 で 0.545，model2 → model3 で 0.028 となっています．floor を入れたときの**自由度調整済み決定係数の上昇幅が最も大きい**ので，専有面積 floor の説明力が大きいと解釈することができます．

表 3.4

	model1	model2	model3
(Intercept)	8.423***	3.523***	3.910***
	(0.263)	(0.311)	(0.304)
auto_lockYes	3.014***	1.785***	1.418***
	(0.476)	(0.262)	(0.259)
floor		0.103***	0.104***
		(0.006)	(0.005)
age			−0.059***
			(0.014)
Num.Obs.	124	124	124
R2	0.248	0.790	0.818
R2 Adj.	0.241	0.786	0.814

+ p < 0.1, * p < 0.05, ** p < 0.01, *** p < 0.001

第3章

3.3 回帰式の定式化の様々

本節では回帰式の定式化に関するさまざまなテクニックを紹介します.

> スクリプト例：chapter3-2.R
> 使用するデータ：wage_census2022.csv

3.3.1 複数のダミー変数を導入する

　本節では，厚生労働省が発表する 2022 年の賃金構造基本調査を使って年齢と賃金の関係，いわいる年齢・賃金プロファイルを分析します．データ分析に進む前に，年齢・賃金プロファイルの特徴を整理しておきましょう．次の図 3.9(a) は，女性の学歴別にみた年齢・賃金プロファイル，図 3.9(b) は高卒労働者の男女別にみた年齢・賃金プロファイルです．ここから以下の 4 つの特徴が読み取れます.

1) 賃金水準は学歴によって差があり，高学歴ほど賃金水準が高い
2) 男女間でも賃金水準に差がある
3) 賃金は年齢とともに上昇するが，上昇のペース幅は男性労働者，あるいは高学歴労働者のほうが大きい
4) 年齢・賃金プロファイルは逆 U 字型，つまり，賃金水準は最初上昇するものの，40 台後半から 50 台にピークを迎え，その後減少する

　1) と 2) の学歴による賃金水準の違い，あるいは男女間の賃金の違いは，回帰分析の場合，定数項（切片）の違いとして表現することができます．3.3.1 項では，学歴間での賃金水準の違いを回帰式にダミー変数の導入することにより説明する方法を考えます．また，3) の学歴間，あるいは男女間で賃金の上昇幅が異なるという点は**係数ダミー**を導入することで分析できます．この点は次節（3.3.2 項）で扱います．4) の年齢・賃金プロファイルが逆 U 字型であるという点は 2 乗項の導入で対応可能で 3.3.3 項で紹介します.

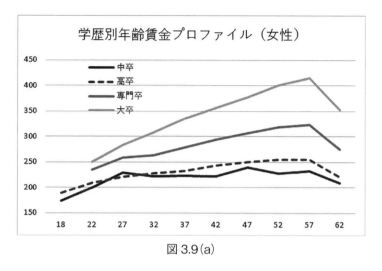

図 3.9(a)

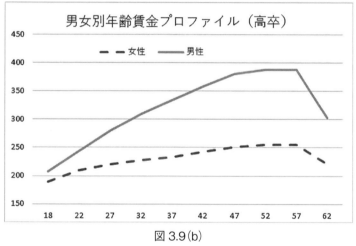

図 3.9(b)

　ダミー変数の使い方を詳しく見ていくために，学歴別年齢別男女別の賃金（決まって支給する現金給与額）の決定要因を分析してみましょう．まず，学歴間の賃金格差について考えてみましょう．図 3.9(a) でみた学歴別にみた平均賃金と年齢の関係を示す賃金—年齢プロファイルは中卒と高卒が 18 歳から，専門卒と大卒は 22 歳から始まっており，大卒の賃金—年齢プロファイルは他の労働者のそれよりもやや上位に位置しています．これは，大卒労働者の賃金が他の学歴の労働者よりも高いことを示唆していますが，

この差をダミー変数でみてみましょう．では，スクリプト chapter3-2.R をみていきます．

使用するデータは wage_census2022.csv で，readr::read_csv()で読み込みます．

```
> dataf <- readr::read_csv("wage_census2022.csv")
```

まずはデータを確認してみましょう．このデータには年齢階層(age)別，男女別(male, 男性なら1)学歴別（education, 1：中卒, 2：高卒, 3：専門・短大, 4：大卒以上）の賃金（所定内月額給与，wage）が含まれています．tenure は平均勤続年数です．1行目は，18歳の年齢階級で女性（male＝＝0），中卒（education＝＝1）の人の賃金（単位：千円）が17万3300円で，平均勤続年数は1.1年であることを示しています．年齢が18歳の階級には中卒・高卒の人しかいませんので education には1また2の値のみが入っています．22歳の階級から，3：専門・短大, 4：大卒以上のグループが登場します．

	age	wage	tenure	male	education
1	18	173.3000	1.100000	0	1
2	18	189.0000	0.900000	0	2
3	18	177.3000	1.400000	1	1
4	18	207.9000	1.000000	1	2
5	22	199.6000	2.600000	0	1
6	22	209.3000	3.200000	0	2
7	22	234.5155	1.918697	0	3
8	22	250.6319	1.291972	0	4

最初に，賃金水準が学歴間でどの程度異なるかを，学歴ダミーを導入することで分析してみましょう．手始めに，学歴ごとの4つのダミー変数（edu1, edu2, edu3, edu4）を作成します．

```
# 学歴ダミー
dataf <- dataf %>%
  dplyr::mutate(edu1 = if_else(education == 1,1,0))
dataf <- dataf %>%
  dplyr::mutate(edu2 = if_else(education == 2,1,0))
```

```
dataf <- dataf %>%
  dplyr::mutate(edu3 = if_else(education == 3,1,0))
dataf <- dataf %>%
  dplyr::mutate(edu4 = if_else(education == 4,1,0))
```

　でき上がった学歴ダミーを確認しておきましょう．dplyr::select 関数で変数を限定した上で，Console ペインにデータを表示させてみたのが以下です．たとえば 8 行目をみると，education が 4（大卒）になっており，edu4 が 1 になっていることがわかります．

```
> dataf %>% dplyr::select(age, male, education,edu1,edu2,edu3,edu4)
# A tibble: 76 × 7
      age male education  edu1  edu2  edu3  edu4
    <dbl> <dbl>     <dbl> <dbl> <dbl> <dbl> <dbl>
 1    18     0         1     1     0     0     0
 2    18     0         2     0     1     0     0
 3    18     1         1     1     0     0     0
 4    18     1         2     0     1     0     0
 5    22     0         1     1     0     0     0
 6    22     0         2     0     1     0     0
 7    22     0         3     0     0     1     0
 8    22     0         4     0     0     0     1
 9    22     1         1     1     0     0     0
10    22     1         2     0     1     0     0
```

　これらの学歴ダミーを回帰分析の説明変数に加えます．ただし，4 つのダミー変数を同時に入れると問題が生じます．というのは，ダミー変数は，ある基準のグループと比べて被説明変数がどの程度異なるかを示すものなので，基準となるグループのダミー変数は説明変数に加えてはいけません．たとえば，中卒を基準とする場合，中卒ダミーedu1 以外の 3 つの学歴ダミー変数を加えます．

```
lm(formula = wage ~ age + male + edu2 + edu3 + edu4, data = dataf)
Coefficients:
            Estimate Std. Error t value Pr(>|t|)
(Intercept) 116.5651    17.1913   6.780 3.13e-09 ***
```

```
age                 2.6341          0.3468      7.595 1.02e-10 ***
male               80.3920          9.4391      8.517 2.04e-12 ***
edu2               13.7600         13.0109      1.058 0.293886
edu3               47.1908         13.3933      3.523 0.000755 ***
edu4              115.9678         13.3933      8.659 1.12e-12 ***
---
Multiple R-squared:  0.7666,     Adjusted R-squared:     0.75
```

　edu2, edu3, edu4 は，高卒ダミー，専門卒ダミー，大卒ダミーですが，それぞれ係数はプラスで，中卒労働者より高卒・専門卒・大卒の方が，賃金が高いことを示します．p 値をみると1%を下回る（t 値が2を上回る）のは専門卒と大卒であり，これらのグループは中卒労働者と比べて統計的に有意に賃金が高いと読めます．大卒労働者の場合は，係数が116で，賃金の単位が1000円なので，大卒労働者は中卒労働者に比べて11.6万円高いと読めます．age や male の係数にも注目すると，age の係数は2.6で年齢が1増えると2600円賃金が上昇する，male は男性ダミーで係数が80ですので男性のほうが，8万円賃金が高いと読めます．これらの2つの係数はいずれも p 値は1%未満で，t 値が2以上で統計的に有意になっています．

　以下の図 3.10 は，今回の推計結果から女性の学歴別賃金の理論値と年齢の関係をグラフにしたものです．傾きは2.634で共通ですが，定数項（切片）が学歴ごとに異なることがわかります．大卒ダミーは中卒労働者の切片との差を示しています．

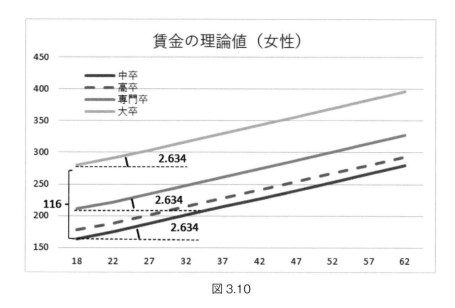

図 3.10

　参考までに，edu1-edu4 を同時に説明変数にいれるとどうなるかを見ておきましょう．以下の通り，edu4 が自動的に除外されています．この場合 R が勝手に edu4 を除去し，大卒労働者を基準としてたダミー変数回帰を行っています．このようにダミー変数すべて導入しても，R はダミー変数を 1 つ除去して推計を行ってくれますが，どのダミー変数が除去されるかは事前にはわからないので，ダミー変数の入れ方には注意が必要です．

```
Coefficients: (1 not defined because of singularities)
            Estimate Std. Error t value Pr(>|t|)
(Intercept) 232.5330    18.1246  12.830  < 2e-16 ***
age           2.6341     0.3468   7.595 1.02e-10 ***
male         80.3920     9.4391   8.517 2.04e-12 ***
edu1       -115.9678    13.3933  -8.659 1.12e-12 ***
edu2       -102.2078    13.3933  -7.631 8.72e-11 ***
edu3        -68.7770    13.7147  -5.015 3.85e-06 ***
edu4             NA         NA      NA       NA
---
Multiple R-squared:  0.7666,   Adjusted R-squared:    0.75
```

もう1つのダミー変数の入れ方として factor() 関数を組み合わせる方法があります．学歴ダミーの代わりに factor(education) を説明変数に入れると自動でダミー変数を作成して説明変数に加えてくれます．

```
lm(formula = wage ~ age + male + factor(education), data = dataf)
Coefficients:

                     Estimate Std. Error t value Pr(>|t|)
(Intercept)          116.5651    17.1913   6.780 3.13e-09 ***
age                    2.6341     0.3468   7.595 1.02e-10 ***
male                  80.3920     9.4391   8.517 2.04e-12 ***
factor(education)2    13.7600    13.0109   1.058 0.293886
factor(education)3    47.1908    13.3933   3.523 0.000755 ***
factor(education)4   115.9678    13.3933   8.659 1.12e-12 ***
---
Signif. codes:  0 '***' 0.001 '**' 0.01 '*' 0.05 '.' 0.1 ' ' 1
Multiple R-squared: 0.7666,    Adjusted R-squared:   0.75
```

この factor() 関数は連続的な数値を P.36 の auto_lock のようにカテゴリーを示す変数に変換する関数です．factor() 関数を説明変数に加えた場合の基準グループは R が自動的に指定しますが，変更することも可能です．詳しくは補論 C.1 を参照してください．

3.3.2 係数の変化に関するダミー変数（交差項）の導入

これまでの分析では，グループ間で定数項が異なるという仮説を下に，ダミー変数を追加する方法について説明してきました．しかし事例によっては，定数項よりも，むしろ係数がグループ間で異なるというような状況も考えられます．

前述の図 3.9(b) では，年齢とともに賃金がどのように変化するかを示す賃金−年齢プロファイルを男女間で比較したものです．男性の場合，年齢とともに賃金が上昇しているのに対して，女性では，さほど大きな変化はありません．このような場合に，年齢と賃金に関する回帰分析を実施する際には，定数項（切片）のみならず賃金に対する年齢

の影響を示す係数が男女間で異なると考えられます．このような仮説を検証する場合，男性ダミー（male）と年齢（age）の積（これを**交差項**と呼びます）を説明変数に追加します．具体的には，以下のような式を推定します．

$$wage = \alpha + \beta_1{}^{*}age + \beta_2{}^{*}male + \beta_3{}^{*}age{}^{*}male + \epsilon$$

　この式の意味を考えておきましょう．男性の場合は male＝1，女性の場合は male＝0 となりますので，

$$女性：wage = \alpha + \beta_1{}^{*}age + \epsilon$$
$$男性：wage = \alpha + \beta_1{}^{*}age + \beta_2 + \beta_3{}^{*}age + \epsilon$$
$$= (\alpha + \beta_2) + (\beta_1 + \beta_3){}^{*}age + \epsilon$$

となります．β_2 は男女間の切片（定数項）の差，β_3 は男女間の age の係数の差を意味します．仮に，α，β_1，β_2，β_3 がすべてプラスの場合，男性の女性の賃金は図 3.11 のように示せます．

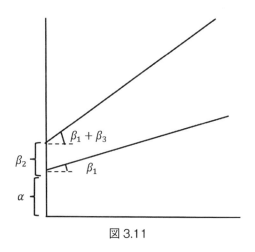

図 3.11

　では，R で女性・年齢の交差項を作成する方法を見ていきましょう．まず，mutate() 関数で男性ダミー・年齢の交差項（age_male）を男性ダミーと年齢の掛け算したものとして定義します．

```
dataf <- dataf %>% dlpyr::mutate(age_male = age*male)
```
　そして，この変数を用いて，以下の賃金関数を推計してみましょう．

$$wage = \alpha + \beta_1 {}^* age + \beta_2 {}^* male + \beta_3 \, age\_male + \epsilon$$

推計結果は以下のとおりです.

```
lm(formula = wage ~ age + male + age_male, data = dataf)
Coefficients:
            Estimate Std. Error t value Pr(>|t|)
(Intercept) 190.4211    30.2611   6.293 2.16e-08 ***
age           1.8585     0.7043   2.639   0.0102 *
male         -2.3055    42.7956  -0.054   0.9572
age_male      2.0300     0.9960   2.038   0.0452 *
---
Multiple R-squared:  0.5012,   Adjusted R-squared:  0.4805
```

男性ダミー male の係数の t 値（-0.054）は 2 を下回り，P 値は 0.957 と大きな値なので，係数は統計的に有意でない，と判断されます．一方，男性ダミーと年齢の交差項の係数は 2.03，t 値は 2.038，P 値は 0.0452 と 10％を下回っていることから，統計的に有意な係数が得られたと言えます．

さて，この係数は 2.03 ですが，これは何を意味するのでしょうか？　交差項 age_male の係数は，基準である女性の年齢と賃金の係数に比べて，男性の年齢と賃金の係数がどの程度異なるかを示します．今，age の係数は 1.859 なので男性の年齢の係数は，$1.859 + 2.03 = 3.889$ であると考えられます．整理すると，

女性の賃金と年齢の関係 $wage = 190.4 + 1.859 {}^* age$

性の賃金と年齢の関係 $wage = 190.4 + 3.889 (= 1.859 + 2.03) {}^* age$

のように考えることができます．

以下の図 3.12 は上記の男女の賃金と年齢の関係式を図示したものです．男性については，年齢とともに賃金が大きく上昇するのに対して，女性では上昇幅が小さくなっています．上記の回帰分析の結果は，男女の賃金－年齢プロファイルに対応していることがわかります．このようにダミー変数は，定数項のみならず，係数がグループ間で異なるかどうかという分析にも利用することが可能です．

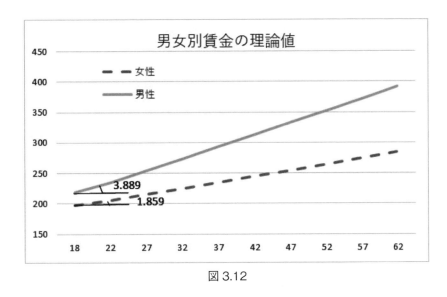

図3.12

参考：交差項の作成方法の様々

　なお，係数ダミー（交差項）は，新しい変数を作成しなくても推計することができます．“:”で相互作用，つまり“age:male”で“age_male”の代わりに，“*”で単体と相互作用，つまり，“age*male”は“age＋male＋age_male”の代わりになります．

```
> lm(wage ~ age + male + age:male, data = dataf)
> lm(wage ~ age * male, data = dataf)
```

事例紹介 4　　キャビン・アテンダントの賃金構造の変化

> スクリプト例：chapter3-ex4.R
> 使用するデータ：wage-census-ca.R

　キャビン・アテンダントは，かつては，「ステータス」の極めて高い，女性の憧れの職業の1つでした．その魅力は，外国語を操り，個人では滅多に出かけられない海外に足しげく飛んで，しかも給与などの待遇が一般企業のOLに比べて破格に

よかったからとされています[1]．しかし，航空産業は，ローコスト・キャリア（LCC）の台頭など厳しい国際競争にさらされ，待遇も悪化していると言われています．本コラムでは，キャビン・アテンダントの賃金データを用いて，賃金構造がどのように変化したかを，回帰分析を用いて調べてみましょう．使用するデータは2004，2009，2014，2019年の厚生労働省「賃金構造基本調査」第3巻で，職種別，年齢階層別，企業規模別の賃金データ（従業員規模99人以下の企業は除く）です．このデータから年齢階層別・企業規模別の平均年収（income，「きまって支給する現金給与額」×12＋年間賞与）を計算し，これを被説明変数とします．説明変数は年齢（age），中小企業ダミー（sme，従業員数100〜999人なら1をとるダミー変数，離島を結ぶ航空会社等）と年ダミーを説明変数とする回帰モデルを推定します．また，年々，航空業界の競争が激しくなっていることから，年齢の係数が各年で異なるか検証します．具体的には，年ダミーと年齢の交差項（age*factor（year））を説明変数に追加します．

$$Income = \alpha + \beta age + \Sigma \gamma_t \, age * 年ダミー + 中小企業ダミー + 年ダミー + \epsilon$$

今回の推計ではfactor()関数を使ってダミー変数を導入しています．推計結果は次のページです．中小企業ダミー，smeは−84でP値も小さいことから統計的に有意であることがわかります．年齢ageの係数は31.6なので1歳年齢が上がると31万円年収があがると読めます．一方，年ダミーと年齢の交差項（age:factor（year）2009-2019）の係数はすべてマイナスになっています．今，2004年が基準となっているので交差項の意味するところは，たとえば2009年の場合，年齢の係数が2004年に比べては12.9小さい，すなわち2009年の年齢の係数は，18.7（＝31.6−12.9）に低下していることを示しています．つまり2004年時点では年齢が高い人ほど高い給与を得ていたが，その傾向が2000年代に大きく崩れたことが読み取れます．一方で年ダミー（factor（year））の係数はすべてプラスとなりました．

---

[1] バブル期真っ只中の1989年の賃金構造基本調査（労働省，現・厚生労働省）によると，キャビン・アテンダントの平均年収（現金給与額＋年間賞与）は25〜29歳で790万円，30〜34歳で1048万円でした．当時の大学生の人気業種だった大手銀行（銀行・信託業の従業員1000人以上の企業）の大卒男性社員の場合，25〜29歳で450万円，30〜34歳で702万円なので，キャビン・アテンダントが破格の待遇だったかがわかります．

```
lm(formula = income ~ age + age * factor(year) + factor(sme),
    data = dataf)

                     Estimate Std. Error t value Pr(>|t|)
(Intercept)          -418.249     63.394  -6.598 6.84e-08 ***
age                    31.637      1.741  18.167  < 2e-16 ***
factor(year)2009      308.110     91.059   3.384  0.00161 **
factor(year)2014      369.840     82.809   4.466 6.37e-05 ***
factor(year)2019      443.410     77.597   5.714 1.19e-06 ***
factor(sme)1          -83.981     14.858  -5.652 1.46e-06 ***
age:factor(year)2009  -12.943      2.608  -4.962 1.34e-05 ***
age:factor(year)2014  -14.974      2.275  -6.583 7.17e-08 ***
age:factor(year)2019  -15.877      2.086  -7.613 2.67e-09 ***
---
Multiple R-squared:  0.9587, Adjusted R-squared:  0.9505
```

さて，この結果をわかりやすくするために得られた係数から，大企業に勤務する年齢 25, 30, 35, 40, 45, 50 歳の従業員の平均年収を計算してみましょう．計算は，2009 年の年齢 25 歳の従業者の給与であれば，定数項（Intercept）＋2009 年ダミーの係数＋（age の係数＋age と 2009 年ダミーの交差項の係数）×25 という具合に計算します．これをグラフにしたのが次の図 3.13 です[2]．この図から 2004 年から 2009 年にかけて年齢−賃金プロファイルが緩やかになり，その後は安定していることがわかります．一方，25 歳の年収は 2004-2014 年の間はほぼ変化がなく，2019 年に少し上昇していることがわかります．2019 年と言えば東京オリンピックの前年でこの時期，航空会社各社がスタッフの採用を拡大していたことと関連付けられそうです．

---

[2] この図は ggplot2 パッケージで作成しました．詳しくは逆引き事典 A.2.1, および WEB サポートを参照してください．

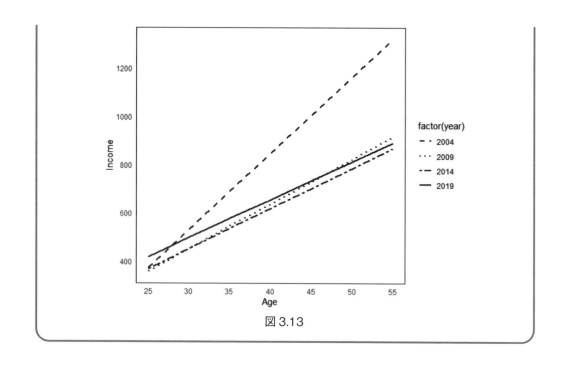

図 3.13

3.3.3 非線形モデル：二次関数

　さて，図 3.9(a)，あるいは（b）の年齢・賃金プロファイルをみると，年齢と賃金の関係は直線的ではなく，一定の年齢に達するとむしろ低下することがうかがえます．このように被説明変数と説明変数が非線形の関係にあるような場合，どう対処すればいいでしょうか？　1つの方法は，二次関数による近似です．たとえば，$y = \alpha + \beta_1 X + \beta_2 X^2$という関数の場合，$\beta_2$の係数がプラスかマイナスかで関数の形状が変わってきます．つまり，係数がプラスの場合下に向かって凸型であるのに対して，係数がマイナスの場合，上に凸型のグラフになります．

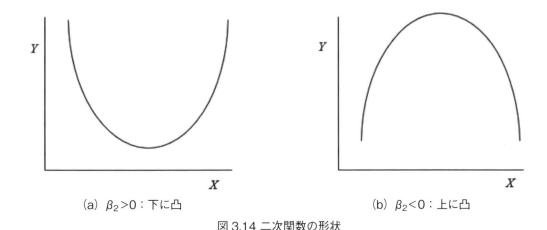

| (a) $\beta_2 > 0$：下に凸 | (b) $\beta_2 < 0$：上に凸 |

図 3.14 二次関数の形状

今回の賃金と年齢の関係は図 3.14(b) のようになっていますので，年齢の二乗値を説明変数に追加するとその係数はマイナスになることが期待されます．R では年齢の二乗は以下のように計算します．

```
> dataf <- dataf %>% dplyr::mutate(age2 = age^2)
```

そして，次の二つの回帰式を推計しましょう．

$$wage = \alpha + \beta_1 {}^* age + \epsilon \qquad (1)$$
$$wage = \alpha + \beta_1 {}^* age + \beta_2 {}^* age^2 + \epsilon \qquad (2)$$

まず，二乗項無しの上記(1)の推計結果です．

```
lm(formula = wage ~ age + male, data = dataf)
Coefficients:
            Estimate Std. Error t value Pr(>|t|)
(Intercept) 149.0723    22.9332   6.500 8.67e-09 ***
age           2.8736     0.5087   5.649 2.92e-07 ***
male         80.3920    13.8973   5.785 1.69e-07 ***
---
Multiple R-squared:  0.4725,    Adjusted R-squared:  0.458
```

次の結果は年齢の二乗項を含む(2)式の推計結果です．

```
lm(formula = wage ~ age + male + age2, data = dataf)
Coefficients:
```

```
              Estimate Std. Error t value Pr(>|t|)
(Intercept) -92.43772   58.95547  -1.568    0.121
age          16.25326    3.09540   5.251 1.47e-06 ***
male         80.39202   12.44055   6.462 1.07e-08 ***
age2         -0.16442    0.03762  -4.370 4.10e-05 ***
---
Multiple R-squared:  0.583,    Adjusted R-squared:  0.5657
```

　賃金の二乗値（age2）の係数はマイナスですので，賃金と年齢の関係は図3.14(b)のように上に凸型の形状になっていることが確認できます．図3.15は男性の賃金の理論値と年齢の関係をグラフにしたものです．図3.9でも確認した通り，賃金水準は50歳台ピークを迎え，その後低下することが分かります．

　二次関数は，微分することでその頂点を求めることができます．$y = \alpha + \beta_1 X + \beta_2 X^2$であれば，$X$の変化が$y$をこれ以上変化させない点を以下から計算できます．

$$\frac{dy}{dX} = \beta_1 + 2\beta_2 X = 0 \rightarrow X = -\frac{\beta_1}{2\beta_2}$$

　今，$\beta_1 = 16.25$，$\beta_2 = -0.16$ より，$X = 50.78$ を得ます．これは二次関数の頂点は50.78（歳），つまり賃金水準は50.78歳で最大となり，その後低下傾向になることを示しています．

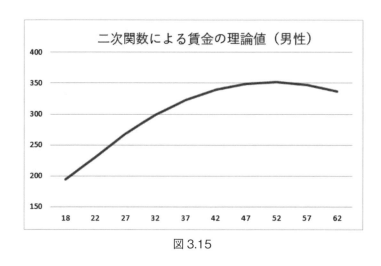

図3.15

(1)式と(2)式の推計結果の自由度調整済み決定係数に注目すると，(1)式では 0.458 でしたが，age2 を追加した(2)式の推計結果では 0.5657 まで上昇していることが確認できます．

なお，新しい変数を作成せずとも I(age^2) で二乗値を導入することもできます．以下で同じ結果が得られることが確認できます．

```
lm(formula = wage ~ age + male + I(age^2), data = dataf)
Coefficients:
            Estimate Std. Error t value Pr(>|t|)
(Intercept) -92.43772   58.95547  -1.568    0.121
age          16.25326    3.09540   5.251 1.47e-06 ***
male         80.39202   12.44055   6.462 1.07e-08 ***
I(age^2)     -0.16442    0.03762  -4.370 4.10e-05 ***
---
Multiple R-squared:  0.583,    Adjusted R-squared:  0.56575
```

| 事例紹介 5 | 大学教授の賃金関数 |

> スクリプト例：chapter3-ex5.R
> 使用するデータ：wage-census2019-professor.csv

　大学生の読者の皆さんにとって，大学教員の給与はちょっと気になるけど直接聞くのは躊躇されるものの 1 つではないでしょう．賃金構造基本調査（厚生労働省）には職種別の年齢別企業規模別賃金が掲載されており，職種の 1 つとして大学教授・准教授・講師の賃金が掲載されています．ここでは 2019 年の調査結果を使って，同じ年齢で教授・准教授・講師でどの程度年収が異なるかを調べ，講師が准教授に，准教授が教授に昇進すると年収がどの程度上がるのかみてみましょう．推計式は，被説明変数が年収 income（決まって支給する現金給与額（月額）×12＋年間賞与，単位 1 万円），説明変数は年齢 age と年齢の 2 乗値，職位ダミー（pos，カテゴリー変数で講師 AI，准教授 AO，教授 F），大学規模ダミー（従業員 1000 人以上 large，999 人以下 small）です．

```
lm(formula = income ~ age + I(age^2) + factor(pos) + factor
    (size), data = dataf)
Coefficients:

                   Estimate Std. Error t value Pr(>|t|)
(Intercept)       -1.349e+03  2.208e+02  -6.109 1.84e-07 ***
age                8.580e+01  9.168e+00   9.359 2.60e-12 ***
I(age^2)          -8.072e-01  9.118e-02  -8.852 1.41e-11 ***
factor(pos)AO      8.853e+01  3.292e+01   2.690  0.00987 **
factor(pos)F       1.881e+02  3.401e+01   5.530 1.37e-06 ***
factor(size)small -1.187e+02  2.708e+01  -4.382 6.56e-05 ***
---
Signif. codes:  0 '***' 0.001 '**' 0.01 '*' 0.05 '.' 0.1 ' ' 1
Multiple R-squared:  0.7775,      Adjusted R-squared:  0.7538
```

　係数に e+01 や e−01 が付いていますが，これは e+01 であれば $10^1 = 10$，e−01 であれば 10^{-1}，つまり 1/10 を意味します．よって age の係数は 85.8，age の 2 乗の係数は −0.8072 となります．AO（准教授）と F（教授）の係数はそれぞれ 88.53 と 188.1 ですが，これは A1（講師）とどの程度年収が異なるかを示します．単位が 1 万円なので講師と准教授の差が約 90 万円，准教授と教授の差は約 100 万円とかなりの差になることがわかります．また，二次関数の頂点を求めると，85.8/(2×0.8072)=54.5 歳となります．P.114 では二次関数の頂点から賃金がピークを迎えるのは 50 歳でしたが，大学教員の場合 5 年ほど遅いことがわかります．

3.3.4 多重共線性

　賃金の決定要因に関する事例をもう 1 つ見ておきましょう．日本企業では，年齢とともに賃金があがることが知られていますが，中途採用の人もいることを踏まえると，同じ会社で何年働いたかのほうが重要であると考えることもできます．そこで，賃金（wage）の決定要因として年齢（age）と勤続年数（tenure）のどちらが強い影響をも

っているかを調べてみましょう．具体的には，wage-census2022.csv を用いて次の式を推定します．

$$wage = \alpha + \beta_1\, age + \beta_2\, tenure + \beta_3\, male + \epsilon$$

male は男性ダミーです．実際に推計した結果が以下に示されています．

```
lm(formula = wage ~ age + tenure + male, data = dataf)
Coefficients:
            Estimate Std. Error t value Pr(>|t|)
(Intercept)  331.162     32.306  10.251 1.03e-15 ***
age           -6.475      1.433  -4.518 2.39e-05 ***
tenure        21.458      3.159   6.792 2.66e-09 ***
male          19.065     14.173   1.345    0.183
---
Multiple R-squared:  0.6785,   Adjusted R-squared:  0.6651
```

　自由度調整済み決定係数が高く係数はどれも統計的に有意で，一見結果は良好に見えます．たしかに，勤続年数 tenure の係数はプラス，男性ダミーの係数がマイナスになっていて期待通りの結果といえますが，年齢の係数はマイナスになっており，解釈しにくい結果といえます．なぜこのような結果になったのでしょうか．

　年齢の係数がマイナスになってしまったのは**多重共線性**という問題が発生しているから，と考えられます．年齢と勤続年数はどちらも時間の経過とともに増加していきます．中高年労働者ほど転職が少ないとすれば，両者の間には強い相関がみられることが予想されます．実際，相関係数を計算すると，0.936 と強い正の相関があることがわかります．

```
> cor(dataf$age, dataf$tenure, use="pairwise.complete.obs")
[1] 0.9357486
```

　このように強い相関がある2つの変数を同時に説明変数に加えると多重共線性という問題が発生しますは，主な症状としては，以下のようなものがあげられます．

- 係数の符号が理論と合わない
- 決定係数が大きいのに t 値が小さい

- 観測値を増やすと係数が変動する
- 説明変数を減らすと，係数が変動する

多重共線性について，もう少し考察しておきましょう．少し抽象的になりますが，計算による説明をしていきます．次のような回帰式を考えましょう．

$$Y = \alpha + \beta_1 X_1 + \beta_2 X_2 + \beta_3 X_3 + \epsilon$$

ここで，X_{2i} と X_{3i} の間に以下の数式で示されるように比例関係があるとしましょう．

$$X_3 = \delta X_2$$

これを最初の回帰式に代入すると，

$$
\begin{aligned}
Y &= \alpha + \beta_1 X_1 + \beta_2 X_2 + \beta_3 \delta X_2 + \epsilon \\
&= \alpha + \beta_1 X_1 + (\beta_2 + \beta_3 \delta) X_2 + \epsilon \\
&= \alpha + \beta_1 X_1 + \eta X_2 + \epsilon
\end{aligned}
$$

ここで $\eta = \beta_2 + \beta_3 \delta$ です．ここで推計されるのは β_1 と η となり，最初の回帰式の β_2 と β_3 を得ることはできません．これは X_2 と X_3 が完全相関するというかなり極端な例ですが，そうでなくとも説明変数間の相関が強くなるほど，係数はうまく推定ができなくなる可能性が高まっていきます．

では，どのように対処すればいいのでしょうか．およそ三つの対処法が考えられます．

1) 何もしない
2) 相関のある2つの変数のうち1つを除く
3) サンプル数を増やす，定式化を変更する

「何もしない」，とはどう意味でしょうか．説明変数の間に相関があると「多重共線性が」と心配する人がいますが，分析の中心的な変数ではなく，また，深刻な症状が出ていなければそのまま放置しても構いません．しかし，最も関心のある説明変数で多重共線性の症状が出ている時には悠長なことは言っていられません．そこで，相関のある2つの変数のうち1つを除くという方法がより現実的かもしれません．上記の例であれば，年齢 age と勤続年数 tenure は「経験豊富な従業員」という共通の情報を含んでいると考えられます．よって，片方の変数を除去することで多重共線性の問題を回避できます．

次の推計結果は年齢 age を説明変数から除去した推定結果です.

```
lm(formula = wage ~ +tenure + male, data = dataf)
Coefficients:
            Estimate Std. Error t value Pr(>|t|)
(Intercept) 194.3271    12.6450  15.368  < 2e-16 ***
tenure        7.7523     0.9916   7.818 3.09e-11 ***
male         58.2363    12.6138   4.617 1.63e-05 ***
---
Multiple R-squared:  0.5873,   Adjusted R-squared:  0.576
```

　最後の 3）サンプル数を増やす，定式化を変更する，ですが，今回の例では男女別，学歴別（4 種類）年齢階級（10 階級）別の賃金で観測数 76（専門学校・短大卒・大卒の男女の 18-19 歳の賃金がないため，2×4×10−4）のデータでした．これをもっと大きなデータ，たとえば産業別，または複数年次のデータ，あるいは個人レベルのデータを用意すれば結果が改善することがあります．次の例は，Mincer and Higuchi（1988）によって推計された 1979 年の「就業構造基本調査」（総務省）による個人レベルのデータによる賃金関数の推計結果です．サンプル数は 21,140 あります．説明変数には就学年数(E)，年齢の代わりに就業経験年数(X)と同一企業内の勤続年数(T)，そして，それぞれの二乗項が加えられていますが，いずれも X と T そのものの係数がプラス，二次項はマイナスで上に凸の二次関数になっていることが分かります．

$$ln(wage) = 4.414 + 0.4491E - 0.0114E^2 + 0.0390X - 0.0007X^2 + 0.0629T - 0.0008T^2$$
$$\quad\quad\quad (10.15) \quad\quad (-6.51) \quad\quad (8.87) \quad\quad (-6.85) \quad\quad (14.80) \quad\quad (-5.89)$$

$R^2 : 0.129$　注：カッコ内は t 値

3.3.5 対数変換した回帰式の係数の意味

> スクリプト例：chapter3-3.R
> 使用データ：gravity-g20asean.csv

　実際の回帰分析では，変数をそのまま用いるのではなく，自然対数をとった変数を説明変数や被説明変数に利用する場合があります．たとえば，次の(1)～(3)式では，係数 b の意味が変わってきます．

(1)　$Y = \alpha + \beta X + \epsilon$

(2)　$lnY = \alpha + \beta lnX + \epsilon$

(3)　$lnY = \alpha + \beta X + \epsilon$

　(1)は，今まで何度も出てきた通常の回帰モデルです．この場合，「X が1増えると Y は β 増える」と考えます．一方，(2)のように，両辺を対数変換した変数を用いる場合（**両対数モデル**）は，係数 β は変化率を表すと考えることができます．つまり，「X が1%増えると Y は β %増える」と解釈します．(3)の場合は，**片対数モデル**と呼ばれることもあるのですが，「X が1増えると Y は（$\beta \times 100$）%増える」と読みます．なお，「X が1%変化したときに Y は何%変化するか」を示す指標を弾力性と呼ぶことから，(2)式の回帰係数は「弾力性」とか「弾性値」と呼ばれることがあります．

参考　対数モデルの係数の意味

　成長率と対数差分は変化幅が小さければ近似的に等しくなる，という性質を使います．

$$lnZ_1 - lnZ_0 = \ln\left(\frac{Z_1}{Z_0}\right) \approx \frac{Z_1 - Z_0}{Z_0}$$

　(2)の両対数モデルで，第1時点（$lnY_1 = \alpha + \beta lnX_1 + u_1$）と第0時点（$lnY_0 = a + \beta lnX_0 + u_0$）の差を計算すると，

$$lnY_1 - lnY_0 = \beta(lnX_1 - lnX_0) + u_1 - u_0$$

左辺は $lnY_1 - lnY_0 = \ln\left(\dfrac{Y_1}{Y_0}\right) \approx \dfrac{Y_1 - Y_0}{Y_0}$, 右辺は $lnX_1 - lnX_0 = \ln\left(\dfrac{X_1}{X_0}\right) \approx \dfrac{X_1 - X_0}{X_0}$

なので，たとえば b が2であれば，X が1％（0.01）増えると Y は2％（0.02）増えると解釈できます．

同様に，(3) の片対数モデルで，第1時点（$lnY_1 = \alpha + \beta X_1 + u_1$）と第0時点（$lnY_0 = \alpha + \beta X_0 + u_0$）の差を計算すると，

$$lnY_1 - lnY_0 = \alpha + \beta(X_1 - X_0) + u_1 - u_0$$

左辺は，$lnY_1 - lnY_0 = \ln\left(\dfrac{Y_1}{Y_0}\right) \approx \dfrac{Y_1 - Y_0}{Y_0}$ なので，パーセント表示するためには

両辺を100倍し，X が1増えると，Y は（$\beta \times 100$）％増えると解釈できます．なお，この近似は Y の変化幅が微小のときにのみ成立します．ダミー変数が0から1に変化したときの影響を評価する際などは注意が必要です．詳しくは P.126 の発展を参照して下さい．

第3章

(2) と (3) の例として，二国間貿易額のデータを使った自由貿易協定（Free Trade Agreement，以下FTA）の貿易創出効果に関する事例を考えてみましょう．FTA は日豪自由貿易協定のような二国間協定もあれば，一時大きな議論をよんだ環太平洋経済連携協定（TPP）のような複数の国が参加する地域貿易協定があります．自由貿易協定が締結されると関税等の貿易障壁が取り除かれ，日本からの輸出が拡大し輸出企業が潤う一方で輸入が増えることにより輸入競合品の生産者の利潤が減少する可能性があり，その締結をめぐっては政治的な争点になることもあるので，メディア等で取り上げられる機会も増えています．

では，FTA の締結でどの程度貿易額が増加するのでしょうか．実際のデータで分析する方法について考えてみましょう．今，i 国と j 国間の貿易額（$Trade$）は i 国と j 国の経済規模と i 国 j 国間の距離で決まると考えます．被説明変数は貿易額の対数値（$lnTrade_{ij}$），説明変数は輸出国の GDP（$lnGDP_{ex,i}$）と輸入国の GDP の対数値（$lnGDP_{im,j}$），これらの変数に加えて，二国間で FTA が締結されていれば1，そうでなければ0という FTA ダミーを追加します．ここで FTA ダミーは対数値ではないのでこの係数は片対数モデルとして解釈します．

$$lnTrade_{ij} = \beta_1 lnGDP_{ex,i} + \beta_2 lnGDP_{im,j} + \gamma lnDistance_{ij} + \eta FTA_{ij} + \epsilon_{ij}$$

さて，このような二国間の貿易額を二国の経済規模と貿易コスト（距離）で分析するモデルのことを**重力モデル**と呼びます．本書の第5章でも登場しますが詳しい背景や使用されるデータについては以下のQRコードからアクセスできるWEBサポートを参照してください．

chapter3-3.R をみていきましょう．ここで利用するデータは2015年におけるG20とASEAN諸国の二国間貿易額，距離やGDP等のデータ（gravity-g20asean.csv）です．二国間貿易額はIMFのDirection of Trade，輸出国，輸入国のGDPはWorld BankのWorld Development

Indicatorから，二国間の距離はCEPII Gravity Databaseから取得されています．推計結果に進む前に，以下に示されるデータの構造を確認しておきましょう．たとえば，2行目はアルゼンチン（Importer）のブラジル（Exporter）からの輸入で，GDPexは輸出国であるブラジルのGDP，GDPimは輸入国アルゼンチンのGDP，distanceはアルゼンチンとブラジルの距離を示します．この2国はメルコスールという関税同盟に参加しており自由貿易協定が結ばれているのでFTAダミーが1になっています．一方，5行目のArgentinaとFranceのTradeはアルゼンチンのフランスからの輸入額ですが，この二国間にFTAは存在しないのでFTAダミーはゼロになっています．

```
> dataf <- readr::read_csv ("gravity-g20asean.csv")
> dataf %>% dplyr::select (Importer, Exporter, Trade, GDPex, GDPim,
      distance, FTA)
# A tibble: 342 × 7
   Importer  Exporter               Trade  GDPex    GDPim distance   FTA
   <chr>     <chr>                  <dbl>  <dbl>    <dbl>    <dbl> <dbl>
 1 Argentina Australia              268.  1.34e12 583169000000   12045.     0
 2 Argentina Brazil               13100.  1.77e12 583169000000    2392.     1
 3 Argentina Canada                 462.  1.55e12 583169000000    9391.     0
 4 Argentina China, P.R.: Mainland 11743. 1.10e13 583169000000   19110.     0
 5 Argentina France                1450.  2.42e12 583169000000   10932.     0
 6 Argentina United Kingdom         558.  2.86e12 583169000000   11137.     0
 7 Argentina Indonesia              314.  8.62e11 583169000000   15582.     0
 8 Argentina India                  724.  2.10e12 583169000000   15676.     0
```

Rによる推計方法ですが，lm()関数で変数を対数値にする場合はlog(Trade) のように記述すれば**自然対数**に変換した値を使って回帰分析ができます．次の推計結果は2015年のG20参加国（主要先進7か国とEU，主要新興12か国）にASEAN加盟国を加えた国々の二国間貿易額とGDPや国家間距離を用いた重力モデルの推計結果です．

スクリプト例は，

```
model_linear <-
  lm(log(Trade)~log(GDPex) + log(GDPim) + log(distance) + FTA,data
    = dataf)
summary(model_linear)
```

であり，出力された結果は以下の通りです．

```
Coefficients:
              Estimate Std. Error t value Pr(>|t|)
(Intercept)  -29.08031    2.00685  -14.491  < 2e-16 ***
log(GDPex)     0.79255    0.04444   17.834  < 2e-16 ***
log(GDPim)     0.80247    0.04444   18.058  < 2e-16 ***
log(distance) -0.82095    0.08426   -9.743  < 2e-16 ***
FTA            0.51228    0.12888    3.975 8.62e-05 ***
---
Multiple R-squared:  0.7091,  Adjusted R-squared:  0.7057
```

輸出国と輸入国のGDPの係数は0.8となりました．この係数は(2)の両対数モデルの係数として解釈できますので，輸出国，あるいは輸入国のGDPが1%増えると貿易額は0.8%増えると解釈できます．一方，FTAの係数は0.51となっています．今，被説明変数が対数値になっていますので前述(3)の片対数モデルの係数の解釈のとおり，Xが1増えるとYはb×100%増えると解釈します．つまり，この係数は二国間で自由貿易協定が締結されていると貿易額が51%大きいということを示します．

! 注意

1）lm(log(Y)~log(X), data＝データフレーム名）でエラーが出て結果が出力されない場合，本書のWEBサポートの解説記事を参照してみてください．

2) 片対数モデルで説明変数がダミー変数の場合で，かつ係数が比較的大きい値の場合，「ダミー変数が0から1になるとYは係数×100％増える」という解釈はあまり正確ではありません．この点についてはP.126の発展を参照してください．

この点についてはP.126の発展を参照してください．

事例紹介6　国境コストの推定

　国際貿易を阻害する要素には様々なものがあります．代表格は関税ですが，それ以外にも国境における税関を通過する際の通関手続きに伴う書類作成コスト，あるいは時間的なコスト，外国の衛生基準や安全基準を調整するためのコストなどがあります．こうした様々なコストによりどの程度取引は阻害されているのでしょうか．言い換えると，こうした国境コスト（Border cost）が一切除去されると国際貿易はどの程度増加するのでしょうか．この問いに対して，カナダの国内取引とアメリカ向け貿易額のデータを使って分析したカナダ・ロイヤル銀行のマッカラム氏の研究を紹介しましょう（McCallum, 1995，肩書は論文執筆時点のもの）．

　通常，国際貿易データというと国家間の取引額が記録されたデータを指しますが，McCallum（1995）では，カナダの州間取引とカナダ各州のアメリカ各州との取引額についてのデータを用い，国内取引と国際貿易を比較することで国境のコストを計測しています．分析のアイデアとしては，カナダのある州から同じ距離にある2つの州，1つは

カナダ国内の州，もう1つは米国内の州，各々の2つの州間の貿易額を比べます．もし，カナダ国内の州との取引よりも国境を跨ぐ米国内の州との取引が少なければ，それは国境を跨ぐことに伴うコストであると考えます．具体的には，カナダの東海岸のケベック州と西海岸の2地域，カナダ・ブリティッシュ・コロンビア州と米国ワシントン州まので距離はともに4,000kmほど離れていますが，ワシントン州と

の取引がブリティッシュ・コロンビア州との取引に比べてどの程度少ないかを調べることで国境のコストを計測しようというものです.

　分析に使うのは重量モデルです.

$$lnTrade_{ij} = \alpha + \beta_1 GDP_i + \beta_2 GDP_j + \beta_3 lnDistance + \gamma \delta + \epsilon_{ij}$$

$lnTrade_{ij}$ はカナダ国内, あるいはカナダ―アメリカの州の間の貿易額, GDP は州別 GDP, Distance は距離です. δ はカナダ国内の取引であれば 1 をとるダミー変数で, その係数は国内取引と国際貿易の差を示します.

　推計結果は表 3.5 のとおりです.（1)列目は米加自由貿易協定締結直前の 1988 年のデータによるもの,（2)列目は Feenstra (2002) によって推計された 1993 年のデータによるものです. GDP の係数がプラスで Distance の係数がマイナスであることから, GDP は貿易額を増やす一方で距離が離れれば離れるほど貿易額が少なくなることを示しています. 国内取引と国際貿易の差を示す δ の係数はプラスで統計的に有意になっていますから, 同じ距離・同じ経済規模の取引相手であっても, 国境を跨ぐ取引（国際貿易）よりも

表 3.5

	(1)	(2)
$lnGDP_i$	1.21	0.122
	(0.03)	(0.04)
$lnGDP_j$	1.06	0.98
	(0.03)	(0.03)
$lnDistance_{ij}$	-1.42	-1.35
	(0.06)	(0.07)
δ	3.09	2.8
	(0.13)	(0.12)
R^2	0.81	0.76
サンプル数	683	679

注）カッコ内は標準誤差

国内取引のほうが, 取引額が大きいと解釈できます. δ の係数は 1988 年のデータに基づく推計結果では 3.09 でしたが, 米加自由貿易協定締結後である 1993 年では係数は 2.8 にまで低下しています. この分析結果は陸続きの米加国境の取引であっても国境コストは貿易取引に大きな影響を及ぼしていることを示唆します.

　なお, ダミー変数が 0 から 1 になると被説明変数 Y である貿易額がどの程度増えるかですが, 係数がやや大きな値をとっているので「Y は係数×100%増える」と解釈するのは問題があります. ややテクニカルですが, 以下の発展で紹介しています.

　なお, 国境効果の推計値については, その後, さまざまな検討が行われています. その概要はフィンストラ (2021) の P.190-195 で紹介されています. また本書の WEB サポートでもう少し詳しい補足説明がありますので適宜参照してください.

発展 対数モデルにおけるダミー変数の係数の解釈

　対数モデルにおいてダミー変数の影響，すなわちダミー変数が 0 から 1 に変化したときの被説明変数 Y への影響を評価する場合には，係数×100 ％ではなく(exp(係数)−1)×100 ％で計算するのが正しい方法になります．ややテクニカルな説明になりますが，以下でその理由を説明します．今，以下のモデルを推定したとしましょう．

$$ln Y_i = a + \beta_1 ln X_i + \beta_2 D_i + \epsilon_i$$

　このとき，D＝0 ときの $ln Y_i$ の予測値($ln Y_i'$)と D＝1 ときの $ln Y_i$ の予測値($ln Y_i''$)はそれぞれ，

　1) $ln Y_i' = a + \beta_1 ln X_i$
　2) $ln Y_i'' = a + \beta_1 ln X_i + \beta_2$

となります．2)から1)をひくと，$ln Y_i'' - ln Y_i' = \beta_2$ になります．Y の変化幅が微小である場合は，対数差分 $ln Y_i'' - ln Y_i'$ は，Y の変化率，$(Y_i'' - Y_i')/Y_i'$ の近似値になります．しかし，関心のある説明変数がダミー変数で，かつ，ダミー変数の係数が大きくダミー変数が 0 から 1 に変化した際の Y の変化幅が大きいとき，対数差分は変化率の近似として適切でない場合があります．

　これを詳しく見るために，$ln Y_i'' - ln Y_i' = ln(Y_i''/Y_i')$，$\exp(ln Y) = Y$ である（exp については後述）ことを利用すると，

$$\exp(ln(Y_i''/Y_i')) = \exp(\beta_2)$$
$$Y_i''/Y_i' = \exp(\beta_2)$$
$$Y_i''/Y_i' - 1 = (Y_i'' - Y_i')/Y_i' = \exp(\beta_2) - 1$$

となり，ダミー変数の影響は（exp(係数)−1)×100 ％と解釈する（あるいは Y'' は Y' の exp(係数)倍と解釈する）のが正しいことがわかります．

　なお，ダミー変数の係数（β_2）が小さいときは，Y の変化率への影響を係数×100 ％でみても，exp(係数)−1 でみてもあまり変わりませんが，係数が大きくなるとその乖離幅が大きくなります．たとえば，$\beta_2 = 0.01$ のときは，$\exp(\beta_2) - 1 = 0.01005$ ですが，$\beta_2 = 1$ のときは，$\exp(\beta_2) - 1 = 1.7$ と係数×100 ％と（exp(係数)−1)×100 ％の乖離幅が大きくなります．このような場合，係数×100 ％を Y の変化率の近似値として使うのはあまり適切ではありません．

なお, exp() は指数関数で, 以下のような性質があります.

$$e^X = \exp(X)$$

$$\exp(lnX) = X$$

$$\exp(0) = 1, \ \exp(1) = 2.718$$

指数関数 exp() は, 差し当たり「対数値を元の値に戻す関数」と覚えておけばよいでしょう.

さて, McCallum（1995）の国境効果の δ の貿易額への影響を計算すると, 1988 年では 22 倍（= Y''/Y' = exp(3.09)）, 米加自由貿易協定が締結された後の 1993 年では 16.4 倍（= exp(2.80)）となります. これは 1988 年では, カナダ国内の州同士の貿易額はカナダと米国の国境を跨ぐ取引の 22 倍, 自由貿易協定締結後である 1993 年では少し下がるものの 16 倍に相当することを示します.

3.4 実データによる回帰分析のための下準備

スクリプト例：chapter3-4.R
使用データ：rent-kunitachi.csv

ここまでで一通り回帰分析に関するテクニックを紹介しました. これまでに使用したのはクリーンなデータセットでしたが, 実際のデータにはノイズが含まれていることもあるので, 回帰分析の前の下処理, つまり**前処理**が不可欠です. ここでは, 外れ値, 欠損値の処理方法について紹介します. ここで使用するデータは rent-kunitachi.csv であり, 東京の多摩地域, 立川と国分寺の間に位置する JR 中央線国立駅を最寄りとする賃貸物件のデータです.

chapter3-4.R をみていきます. まずデータを読み込んで, 中身を確認します. glimpse() はデータの一部を表示する関数（1.6.3 節参照）で, psych::describe は記述統計量一覧を表示する関数（2.3.2 節参照）を使います.

```
dataf <- readr::read_csv("rent-kunitachi.csv")
```

```
# データを確認
glimpse(dataf)
dataf %>% psych::describe(skew = FALSE)
```

結果は以下の通りです.

```
> glimpse(dataf)
Rows: 133
Columns: 9
$ rent      <dbl> 3.9, 6.8, 11.3, 12.0, 7.0, 4.0, 6.6, 5.8, 6.6, 22.7…
$ service   <dbl> 3000, 4000, 6000, 0, 2000, 0, 2000, 5000, 5000…
$ floor     <dbl> NA, 24.84, 73.50, 65.40, 35.00, 19.99, 24.94, 19.87,…
$ walk      <dbl> 6, 16, 16, 20, 15, 10, 6, 13, 16, 14, 14, 3, 2, 4…
$ bus       <dbl> 1, NA, NA, NA, NA, NA, NA, NA, NA, NA, NA, NA, NA…
$ city      <chr> "kunitachi_city", "kokubunji_city"…
$ n_room    <dbl> 1, 2, 5, 5, 3, 2, 2, 1, 2, 5, 3, 2, 2, 2, 2, 2, 2…
$ age       <dbl> 34, 6, 33, 31, 36, 34, 11, 18, 8, 19, 46, 34, 6…
$ apartment <dbl> 1, 1, 0, 0, 1, 0, 1, 1, 1, 0, 0, 0, 0, 0, 0, 1, 0…
> dataf %>%
+     psych::describe(skew = FALSE)
```

	vars	n	mean	sd	min	max	range	se
rent	1	133	232.21	2600.75	3.20	30000.00	29996.80	225.51
service	2	133	2378.20	2462.70	0.00	10000.00	10000.00	213.54
floor	3	131	30.76	17.10	12.56	97.25	84.69	1.49
walk	4	133	11.45	5.81	1.00	38.00	37.00	0.50
bus	5	3	3.00	3.46	1.00	7.00	6.00	2.00
city*	6	133	1.66	0.51	1.00	3.00	2.00	0.04
n_room	7	133	2.33	1.04	1.00	6.00	5.00	0.09
age	8	133	30.00	11.82	2.00	56.00	54.00	1.02
apartment	9	133	0.53	0.50	0.00	1.00	1.00	0.04

ここから以下の点に気づくかと思います.

1. bus（駅からのバス利用の所要時間）がNAに，floorの1件目もNAに，cityが文

字列 <chr> になっている.

2. rent（賃貸料）の単位と service（管理費）の単位が異なる（rent は 1 万円，管理費の単位は円）

3. rent の最大値が 30000（3 億円！）

1 つずつ見ていきましょう．1 の bus が NA になっているのは元の CSV ファイルで空欄になっている箇所を示しています．つまり，この変数には駅からバスを利用する物件のみバスの所要時間が含まれており，バスを利用しない物件は空欄，これを欠損値といいます．describe による記述統計量をみると，bus のサンプル数（n）は 3 件になっています．また，floor と bus の相関係数を計算すると

```
> cor(dataf$floor,dataf$bus, use = "pairwise.complete.obs")
[1] 1
```

相関係数は 1 となりますが，これは bus に数値の入っている 3 件の物件について bus と floor の相関係数を計算しているため不自然な結果が出ています．そこで，bus については，バスを利用しない＝バス所要時間 0 分と考えて欠損値 NA にゼロを代入します．欠損値を特定する関数として is.na() があります．この関数は「条件式」で，「カッコ内に変数の値が欠損値である」という意味で if_else などと組み合わせて使います.

```
is.na(変数)
```

具体的には以下のように欠損値ならゼロ，そうでなければ bus の元の値を代入します.

```
dataf <-dataf %>% dplyr::mutate(bus = if_else(is.na(bus),0,bus))
glimpse(dataf$bus)
psych::describe(dataf$bus,skew = FALSE)
```

glimpse() と psych::describe() で変数 bus の中身を確認すると NA が 0 に置き換わっていることが分かります.

```
> glimpse(dataf$bus)
 num [1:133] 0 0 0 0 0 0 0 0 0 0 ...
> psych::describe(dataf$bus,skew = FALSE)
    vars   n mean   sd min max range   se
X1    1 133 0.07 0.62   0   7     7 0.05
```

また改めて相関係数を計算すると,

```
> cor(dataf$floor,dataf$bus, use = "pairwise.complete.obs")
```

```
[1] 0.136354
```

今度は，bus を利用する物件＝駅から離れている物件ほど広いということで弱いながらも正の相関があることがわかります．

> !注意　欠損値と相関係数
>
> cor 関数で相関係数を計算する際に use＝"pairwise.complete.obs" オプションを使わない場合，欠損値 NA を含む変数は相関係数が計算できません．たとえば，欠損値処理前のデータで，オプションを付けずに cor で相関係数行列を計算すると以下のように floor と bus の相関係数が計算されません．
>
> ```
> > dataf %>% dplyr::select(rent,service,floor,walk,bus,n_room) %>% cor()
>                   rent      service floor          walk bus     n_room
> rent      1.000000000 -0.01287357    NA -0.006759663  NA -0.1106553
> service  -0.012873566  1.00000000    NA -0.153468421  NA  0.1713299
> floor              NA          NA     1           NA  NA         NA
> walk     -0.006759663 -0.15346842    NA  1.000000000  NA  0.2803373
> bus                NA          NA    NA           NA   1         NA
> n_room   -0.110655265  0.17132990    NA  0.280337276  NA  1.0000000
> ```

floor の欠損値 NA はどう対処すればいいでしょうか．describe の結果をみると N は 131 件で NA は 2 つあるようです．floor は床面積なので欠損値をゼロであると考えるのは不自然です．そこで，これについては放置することにします．

次に 2 の問題について，単位をそろえつつ，rent_total を作成しましょう．何度か紹介した dplyr::mutate() 関数で作成できます．

```
# rent は 1 万円単位なので，単位をそろえる
dataf <- dataf %>% dplyr::mutate(rent_total = rent + service/10000)
```

最後に 3 の rent の最大値が 30000（3 億円！）になっている問題ですが，これは入力ミスで外れ値となっている可能性があります．そこで rent の値で大きい順（降順）に並び替えて表示してみましょう．3.2.2 で説明した通り，`dplyr::arrange(x)` で並び替えができますが，今，大きい順（降順）で並び替えたいので，カッコ内に -x を入れて降順で並び替えます．

```
> dataf %>% arrange(-rent)
# A tibble: 133 × 9
      rent service floor  walk  bus city       n_room   age apartment
     <dbl>   <dbl> <dbl> <dbl> <dbl> <chr>       <dbl> <dbl>     <dbl>
1 30000     2000  14.4    11     0 kunitach…       1    36         0
2    22.7  10000  88.5    14     0 kunitach…       5    19         0
3    20    10000  85.6     7     0 kunitach…       6    29         0
4    19        0  97.2     9     0 kunitach…       4    34         0
5    15     5000  81.7    17     0 kokubunj…       5    36         0
(以下省略)
```

　一番賃貸料の高い物件は床面積 floor が 14.4 m², 築年数 36 年と狭くて古い物件でやはり外れ値であると考えるのが自然です. そこで, このデータを dplyr::filter() 関数で除外したオブジェクト dataf2 を作って, これで回帰分析を実施します.

```
dataf2 <- dataf %>% dplyr::filter(dataf$rent<30000)
regs <-
  list(
  "model1" = lm(rent_total~floor + age + dist + kunitachi_city ,data
     = dataf),
  "model2" = lm(rent_total~floor + age + dist + kunitachi_city ,data
     = dataf2)
  )
msummary(regs, stars = TRUE , gof_omit = 'RMSE|AIC|BIC|Log.Lik.|F')
```

　上記のスクリプト例では, dplyr::filter() で dataf のうち rent が 30000 未満のデータに限定し, 次に, 外れ値の有無で結果を比較するため元のデータ dataf と新しいオブジェクト dataf2 で回帰分析を実施しています.

　rent が 30000 の物件を処理法として, この物件の rent_total を NA に変換してしまう方法もあります. ダミー変数のところでも説明しましたが以下で条件を満たすデータに NA が代入されます (P.96 の第三の方法参照).

データフレーム $ 変数 [条件式] <- NA

以下では dataf$rent==30000 の条件を満たす物件の rent_total に NA を代入します.

```
> dataf$rent_total[dataf$rent == 30000] <-NA
> dataf %>% dplyr::arrange(-rent) %>% dplyr::select(rent_total, rent)
# A tibble: 133 × 2
    rent_total      rent
1          NA     30000
2        23.7      22.7
```

前頁の結果を次の表 3.6 にまとめました.
model1 は dataf に基づく結果,model2 は外
れ値を排除したデータである dataf2 に基づ
く結果です.サンプル数（Num.Obs.）は
floor の 2 件が欠損値になっていて 131 しか
ないので model1 のサンプル数は 131 に,
model2 のほうは rent が 3 億円の物件を除外
したのでサンプル数は 1 つ少なく 130 件にな
っています.外れ値を含むデータに基づく
model1 では*が 1 つも付いておらず,統計
的に有意な結果が得られなかったことがわか
ります.決定係数も 0.012,自由度調整済み
決定係数は−0.019 とかなり小さな値になっ
ています.一方,model2 では全ての変数が
***が付いていることから統計的に有意な
結果が得られました.自由度調整済み決定係
数も 0.892 と高い値になりました.この結果
から適切に外れ値を処理しないと結果に大き
な歪が生じることが分かります.

表 3.6

	model1	model2
(Intercept)	34.941	3.590***
	(917.379)	(0.390)
floor	−11.769	0.188***
	(14.024)	(0.006)
age	10.399	−0.069***
	(19.913)	(0.008)
dist	4.917	−0.074***
	(42.931)	(0.018)
kunitachi_city	310.212	0.781***
	(489.055)	(0.208)
Num.Obs.	131	130
R2	0.012	0.895
R2 Adj.	−0.019	0.892

+ p < 0.1, * p < 0.05, ** p < 0.01, *** p < 0.001

> !注意　欠損値処理について

　ここでは floor が NA になっているデータを特に処理せずそのまま使いました.
この場合, `lm()` による回帰分析は欠損値がないデータのみで処理されます. しか
し, 欠損値のないデータにそろえた上で分析したい, というニーズもあるかと思い
ます. そのような場合は, `dplyr::filter()` 関数で「欠損値のないデータ」に
限定するか, または `tidyr::drop_na()` という関数で欠損値を削除したデータ
フレームを作成して分析するとよいでしょう. 具体的には,

`dataf3 <- dataf %>% dplyr::filter(!is.na(floor))`

　あるいは

`dataf3 <- dataf %>% tidyr::drop_na(floor)`

で floor に欠損値のないデータに限定できます. "`is.na(floor)`" が「floor が欠損
値」という条件ですが, ここに "!" をつけることで「floor が欠損値でない」という
条件式になります. describe 関数で基本統計量を出力すると, 以下の通り全ての変
数が floor に欠損値のない 131 件のデータになっていることが確認できます.

```
> dataf3 %>% psych::describe(skew = FALSE)
          vars   n     mean      sd    min      max     range      se
rent         1 131   235.70 2620.52   3.20 30000.00  29996.80  228.96
service      2 131  2383.97 2478.02   0.00 10000.00  10000.00  216.51
floor        3 131    30.76   17.10  12.56    97.25     84.69    1.49
walk         4 131    11.37    5.67   1.00    38.00     37.00    0.50
（省略）
```

　欠損値処理の関数の一覧や Tips などを本書 WEB サポートで紹
介していますので, こちらもチェックしてみてください.

3.5 頑健な標準誤差 発展

> **必要なパッケージ**：sandwich,estimatr
> **スクリプト例**：chapter3-5.R，**使用データ**：educ-income.csv

3.5.1 最小二乗法における誤差項に関する仮定

　回帰式 $Y = \alpha + \beta X + \epsilon$ を最小二乗法で推計し X が Y に与える影響（β）を正確に計測する際に誤差項が満たすべき条件がいくつかあります．本節では「誤差項が均一（均一分散）である」という仮定について紹介します．この仮定は言い換えれば「誤差項に規則性」がないという仮定です．たとえば，2015 年の 47 都道府県の所得（income）と教育支出（educ）の関係を分析（educ-income.csv）するために以下の回帰式，

$$educ_i = \alpha + \beta \, income_i + \epsilon_i$$

を推計したとします．すると，47 の残差を得ます．最小二乗法では誤差項に規則性がないことが仮定されているので，残差にも規則性がないことが望ましいと言えます．しかし，この回帰式の場合，所得で説明できない教育支出の散らばりはすべて残差に含まれるので，所得以外の何らかの変数と残差の散らばりが相関をもつことが考えられます．図 3.16 は上記の回帰式の残差の二乗と 2015 年の国勢調査による人口を散布図にしたものです．残差はプラスにもマイナスにもなりますので，絶対値で大きくなっているかをみるために二乗値を使っています．両者の間には緩やかな右上がりの相関がありそうです．なぜ，教育支出を所得で説明する回帰式の残差の二乗と人口の間に相関がみられるのでしょうか？　これは，たとえば人口が多い地域では受験競争が激しく，同じ所得水準の都道府県であっても，人口が多い地域ほど多様な世帯が居住しており，教育支出の散らばりが大きくなっていると考えられます．この図で示された残差の二乗と人口が相関は，誤差項に何らかの規則性が存在する可能性を示唆するものです．このように「誤

差項が規則性を持たない」という前提条件が満たされない状態のことを**不均一分散**と呼びます．ここでは，詳しい理論的な背景は割愛しますが，このような場合，**標準誤差が過小評価され，係数と標準誤差の比率で定義される t 値が過大評価される場合がある**ことが知られています．つまり，不均一分散であることを無視して分析すると，本来，「統計的に有意ではない」のに，誤って「有意な関係である」と判定してしまうことになる可能性があります．

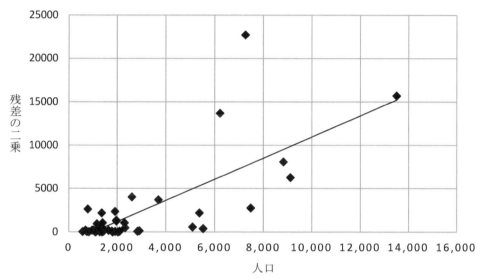

図 3.16 残差の二乗と都道府県の人口

　では不均一分散にはどのように対処すればいいのでしょうか？　ここでは 2 つの方法を紹介しますが，結論から言うと最近は 2 つ目の**頑健な標準誤差が標準的な方法**となりつつあります．

3.5.2 加重最小二乗法

　第一の方法は，加重最小二乗法です．上記の所得（income）と教育支出（educ）の

関係のように残差の二乗が人口と相関していると考えられる場合，人口をウエイトとして最小二乗法を行うことで標準誤差が過小評価（そして t 値が過大評価）されることを回避する方法があります．今，誤差項の分散が人口に依存する $\mathrm{Var}(\epsilon_i) = \sigma_i^2 = \delta POP_i$，つまり $\dfrac{\sigma_i^2}{POP_i} = \delta$ と仮定します．このとき，

$$\frac{educ_i}{\sqrt{pop_i}} = \alpha \frac{1}{\sqrt{pop_i}} + \beta \frac{income_i}{\sqrt{pop_i}} + \frac{\epsilon_i}{\sqrt{pop_i}}$$

のように被説明変数，説明変数を $\sqrt{pop_i}$ で割る（つまり，$1/\sqrt{pop_i}$ をウエイトとする）と，誤差項の分散は，

$$Var\left(\frac{\epsilon_i}{\sqrt{pop_i}}\right) = \frac{\sigma_i^2}{pop_i} = \delta$$

のように一定（δ）になります．

　なお，R の lm 関数の場合，Z をウエイトとすると，
`lm(y~x1 + x2 + x3, data = dataf, weights = Z)`
と記入することで以下のモデルを推計できます．

$$\sqrt{Z_i}\, Y_i = \alpha \sqrt{Z_i} + \beta \sqrt{Z_i} X_i + \sqrt{Z_i}\, u_i$$

　上記の分散が人口に比例するような場合は，$Z = 1/pop_i$ として推計を行います．なお，より複雑なウエイトを置く最小二乗法のことを一般化最小二乗法（Generalized Least Squares, GLS）と呼びますが，加重最小二乗法はその一形態と言えます．

3.5.3 頑健な標準誤差

　第二の方法は，頑健な標準誤差の利用です．この方法は，標準誤差を計算するときに，説明変数の散らばり具合（平均からの偏差の二乗）をウエイトにすることで，標準誤差の計算を補正する方法です．以下の左式は均一分散のときの標準誤差の計算式，右式が頑健な標準誤差ですが，$(x_i - \bar{x})^2$ というウエイトがついていることがわかります．

$$\text{均一分散の標準誤差} \qquad \text{頑健な標準誤差（Robust standard Error）}$$

$$s_\beta = \frac{\left(\dfrac{1}{n-2}\right)\sum_{i=1}^{n} u_i^2}{\sum_{i=1}^{n} (x_i - \bar{x})^2} \qquad s_{\beta,robust} = \frac{\sum_{i=1}^{n} (x_i - \bar{x})^2 u_i^2}{\left[\sum_{i=1}^{n} (x_i - \bar{x})^2\right]}$$

R では，estimatr パッケージをインストールすることで利用できる lm_robust() 関数で推計が可能です．

```
install.packages(estimatr)
library("estimatr")
estimatr::lm_robust(y~x1 + x2 + x3,data = dataf)
```

では，chapter3-5.R をみながら，educ を被説明変数，説明変数を income とし，(1) 最小二乗法，(2)加重最小二乗法，(3)頑健な標準誤差，の 3 つの推定結果を比較してみましょう．

```
# 不均一分散
library(estimatr)
dataf <- readr::read_csv("educ-income.csv")
# 最小二乗法
model_linear <-lm(educ~income,data = dataf)
summary(model_linear)
# 頑健な標準誤差
model_linear <-estimatr::lm_robust(educ~income,data = dataf)
summary(model_linear)
# 加重最小二乗法
model_linear <-lm(educ~income,data = dataf,weights = 1/pop)
summary(model_linear)
```

結果を見てみましょう．

最小二乗法

```
lm(formula = educ ~ income, data = dataf)
```

```
Coefficients:
             Estimate Std. Error t value Pr(>|t|)
(Intercept) 1.1415438  8.4961351   0.134   0.894
income      0.0109293 (0.0004187  26.106) <2e-16 ***
---
Multiple R-squared: 0.9381,  Adjusted R-squared: 0.9367
```

加重最小二乗法

```
lm(formula = educ ~ income, data = dataf, weights = 1/pop)
Coefficients:
             Estimate Std. Error t value Pr(>|t|)
(Intercept) -5.4381179  5.3788474  -1.011   0.317
income       0.0112971 (0.0005773  19.570) <2e-16 ***
---
Multiple R-squared: 0.8949,  Adjusted R-squared: 0.8925
```

頑健な標準誤差

```
lm_robust (formula = educ ~ income, data = dataf)
Standard error type:  HC2
Coefficients:
             Estimate Std. Error t value  Pr(>|t|)   CI Lower CI Upper DF
(Intercept) 1.14154  13.888806 0.08219 9.349e-01 -26.831948 29.11504 45
income      0.01093 (0.001483 7.36915)2.898e-09   0.007942  0.01392 45
Multiple R-squared: 0.9381 ,  Adjusted R-squared:  0.9367
```

　最小二乗法の場合，income の標準誤差（Std. Err.）が 0.0004187，t 値は 26.11 です．一方，加重最小二乗法の場合は，0.0005773，t 値は 19.57，頑健な標準誤差の場合は 0.001483，t 値が 7.37 になっており，最小二乗法による標準誤差が小さく t 値が大きくなっていることが確認できます．

　では，加重最小二乗法と頑健な標準誤差のどちらを使うのが望ましいのでしょうか．

加重最小二乗法には1つ問題があります．今回の場合，残差の二乗が人口と比例することを前提に議論を進めましたが，現実には，残差の二乗がどんな変数と相関を持っており，どのようなウエイトを用いればいいかがわかっているケースはほとんどありません．均一分散かどうかをチェックする検定もあります．たとえば，通常の回帰分析で推定し，その残差をいろいろな変数に回帰して均一分散かどうかをチェックする Breusch-Pagan テストなどがあります．しかし，この検定は二つの理由で使われなくなっています．第一の理由は，この検定を実施する際に，残差と相関しそうな変数を分析者が選択する必要があり，どうしても恣意性が入る上に，検定の結果から，どのようにウエイトを作るべきかについて明瞭な答えが導かれるわけではないという問題があります．そして第二に，実際の経済関連の観察データでは均一分散のケースのほうが稀なので，最初から不均一分散を前提としたほうが無難で，そうするとわざわざ検定する必要はないからです．

　こうした問題も踏まえ，最近では，学術誌に掲載される論文，そして教科書において，**頑健な標準誤差がスタンダードな方法**として紹介されるようになってきています．本章のここまでの分析例では，通常の標準誤差による結果を紹介してきましたが，**今後は原則的に頑健な標準誤差による結果を紹介**していきます．

　最後に分析結果を取り纏め＆ファイル出力する modelsummary で頑健な標準誤差を表示させる方法を紹介しておきます．以下のように msummary() の vcov オプションににをつけると頑健な標準誤差を出力してくれます．estimatr::lm_robust と同じ標準誤差を計算するには vcov = "HC2" というオプションをつけます．これを付ければ lm() 関数で推定しても頑健な標準誤差を表示してくれます（なお estimatr::lm_robust() で推計し vcov オプション無し，でも同じ結果が得られます）．

```
modelsummary::msummary(オブジェクト名, vcov = "HC2")
```

　たとえば，賃貸物件の賃貸料を被説明変数とする P.91 の結果を vcov = "HC2" の有無でどう結果が変わるかを比較してみましょう．以下の表 3.7(a)は表 3.3 を再掲したもの，表 3.7(b)は vcov = "HC2" オプションをつけたものです．コードは以下の通りで，lm 関数を使っています．なおこのオプションを付ける場合，事前に sandwich パッケージをインストールしておく必要があります（ただし modelsummary を library で呼び出していれば library(sandwich) は不要）．

```
regs <-
  list(
```

```
    "model1" = lm(rent_total~floor,data = dataf),
    "model2" = lm(rent_total~floor + age,data = dataf),
    "model3" = lm(rent_total~floor + age + dist,data = dataf)
  )
modelsummary::msummary(regs, stars = TRUE,
gof_omit = 'RMSE|AIC|BIC|Log.Lik.|F',vcov = "HC2")
```

　右の表では，Std.Erros という行が追加され，HC2 と表示されています．そしてカッコ内の標準誤差は，多くの場合で左の表より右の表で大きくなっていることが確認できます．model3 の age は標準誤差が大きくなり*の数が少なくなっていることがわかります．

表 3.7

(a)	model1	model2	model3
(Intercept)	3.529***	4.075***	4.043***
	(0.364)	(0.336)	(0.451)
floor	0.113***	0.112***	0.112***
	(0.007)	(0.006)	(0.006)
age		−0.083***	−0.083***
		(0.014)	(0.016)
dist			0.003
			(0.027)
Num.Obs.	124	124	124
R2	0.709	0.773	0.773
R2 Adj.	0.707	0.769	0.767

+ p < 0.1, * p < 0.05, ** p < 0.01, *** p < 0.001

(b)	model1	model2	model3
(Intercept)	3.529***	4.075***	4.043***
	(0.308)	(0.247)	(0.441)
floor	0.113***	0.112***	0.112***
	(0.007)	(0.007)	(0.007)
age		-0.083***	-0.083**
		(0.023)	(0.029)
dist			0.003
			(0.030)
Num.Obs.	124	124	124
R2	0.709	0.773	0.773
R2 Adj.	0.707	0.769	0.767
Std.Errors	HC2	HC2	HC2

+ p < 0.1, * p < 0.05, ** p < 0.01, *** p < 0.001

発展 クラスター標準誤差

スクリプト例：chapter3-5.R
使用データ：acemoglu2016.csv

「不均一分散が疑われる場合には頑健な標準誤差を使うべき」という説明をしたところですが，最近では「**頑健な標準誤差を発展させたクラスター標準誤差を使うべき**という議論が主流になりつつあります．ここでは技術的な議論に立ち入ることは避けつつ，クラスター標準誤差とは何か，そして R ではどう使えばいいかを簡単に説明します．

ここでは Acemoglu et al. (2016) らによる中国からの輸入増加が米国の雇用に及ぼす影響についての分析を例にします．彼らの研究は，米国の産業別（392 産業）データ用いて，1991 年から 2011 年の間の中国からの製品輸入の変化（$dIMP$）が米国製造業の雇用者数の変化（dL）に及ぼす影響を分析しています．この事例の詳細は第 6 章で説明します．具体な推計式は以下の通りです．

$$dL_{it} = \alpha + \beta^* dIMP_{it} + \epsilon_{it}$$

今，392 業種と非常に細かい産業レベルのデータで分析が行われています．産業分類には 1 桁（農業，製造業など），2 桁（中分類，食品製造業，情報通信機器製造業など），3 桁（小分類，電子計算機製造業，自動車・同付属品製造業など），4 桁（細分類，パーソナルコンピュータ製造業，外部記憶装置製造業，自動車車体製造業，自動車部品製造業など）があり，Acemoglu らの研究は 4 桁分類のデータで分析が行われています．説明変数は中国からの製品輸入の変化のみですので，この説明変数で捉えられない観察できない雇用に影響を及ぼすショックはすべて誤差項に含まれます．この観察できない雇用ショックがランダムに発生している場合は，何もオプションをつけないシンプルな標準誤差でよいのですが，観察できない雇用ショックに伴う誤差変動に産業間で何らかのパターンがみられる場合は，「頑健な標準誤差」の説明で紹介したとおり，不均一分散が生じる可能性があり通常の最小二乗法では標準誤差が過小評価されてしまう可能性があります．

頑健な標準誤差では，不均一分散の根源である，観察できない雇用ショックの発生パターンについて分析者の恣意性を排除して機械的に処理していました．一方で，

上記の例では分析者が観察できない雇用ショックの発生パターンにある程度予想を立てることが可能です．たとえば1991～2011年の間には，情報通信機器製造業ではハードウェア主体のものづくりからソフトウェア主体のものづくりに製品技術が変化したと言われています．自動車製造業では自動車の電子制御化が進み電子部品メーカーが自動車部品をてがけるようになりました．こうした技術革新は当然各産業の雇用に影響を及ぼすと考えられます．ポイントはこうした技術革新はある程度関連のある産業に共通して影響する可能性があるということです．たとえば自動車の電子制御化であれば，自動車車体製造業にも自動車部品製造業にも影響を与えます．よって，技術革新は類似性の高い業種グループ（クラスター）に共通の影響をもたらし，その結果として誤差項はグループ内で相関が発生する可能性が高いと考えます．クラスター標準誤差は，この例では「類似する産業グループごとに誤差項が相関することを想定した頑健な標準誤差」になります．

　Rではlm_robust関数を利用して推計が可能で，たとえば以下のようにclusters＝グループIDをつけます．

```
lm_robust(y~x1 + x2 + x3, data = dataf, clusters =グループID)
```

　グループIDには上記の例の場合，類似する産業グループということで3桁分類の業種コード（sic3）を使います．以下は，クラスター標準を指定した推計結果です．

```
lm_robust(formula = dL ~ dIMP, data = dataf, clusters = sic3)
Coefficients:
            Estimate Std. Error t value  Pr(>|t|) CI Lower CI Upper
(Intercept)  -2.283     0.2697   -8.464 1.548e-12   -2.820  -1.7454
dIMP         -1.132     0.1538   -7.360 3.107e-05   -1.477  -0.7874

Multiple R-squared:  0.1122 ,  Adjusted R-squared:  0.1099
```

　より詳しく知りたい人は関連文献を参照してほしいのですが，本書執筆時点で筆者の知る限り，日本語の教科書でクラスター標準誤差について詳細な説明があるのは，上級者向けの説明になりますがアングリスト・ピスケ（2013）の第8章のみです．英語のテキストであれば行列表記を伴う教科書になってしまいますが，Hansen（2021）の4.23節の説明が比較的コンパクトにまとまっています．

　地震による被害を抑制するためには建築物の耐震性を高めることが重要です．そのため，これまでに様々な耐震性に関する関連法令の見直しが行われてきました．特に 1981 年には耐震設計基準が大幅に改定されました．こうした基準改定が行われると，旧耐震基準に基づいた建築物については建て替えや改修を促していく必要があります．家主による耐震化投資を促すにあたっては，耐震化投資が収益的かどうか，また収益的でない場合はどの程度補助が必要かを検討することが重要です．日本大学の中川雅之氏らのグループは，1981 年の建築基準法の改正による耐震基準改定に注目し，新耐震基準導入の有無による家賃の比較を行っています（Nakagawa, et al. 2007，あるいは同一データを用いた山鹿, 2002 も参照）．サンプルは，リクルート社によって収集された 2002 年 1 月における東京都 23 区の賃貸物件情報です．分析に当たっては，1998 年に公表されたハザード・マップから得られた町丁目ごとの地震危険度（5 段階評価で数値が大きいほど危険度が高い）の影響についても考察されています．

　推定式は P.88 でも紹介した**ヘドニック・モデル**で，被説明変数が賃貸料，説明変数に物件属性や東京駅までの所要時間，地震危険度，新耐震基準ダミー（1981 年以降に建てられた物件なら 1 をちるダミー変数），マンション・アパートの別（前者は耐火構造の共同住宅，後者は準耐火構造の共同住宅），鉄骨・鉄筋鉄骨・木造（鉄筋鉄骨がもっと耐久性・耐震性に優れ，鉄骨，木造がそれに続く）などの建物構造の違いなども考慮されています．推定結果は以下の表に示されています．

　表 3.8 の推定結果から，2) の新耐震基準ダミーの係数がプラスで有意であることから，新耐震基準の物件は賃貸料が高くなっていることが分かります．地震危険度には鉄骨・鉄筋鉄骨・木造ダミーが掛け合わせられています（3)〜5)）が，係数はいずれもマイナスで，地震危険度が高くなるほど賃貸料が低くなることがわかります．係数の大きさに注目すると耐久性・耐震性に劣る 5) 木造物件で特にその影響は大きくなっていることがわかります．

　さらに，新耐震基準ダミーと地震危険度・建物構造ダミーの 3 つの変数の交差項が加えられています（6)〜8)）が，この係数は新耐震基準の導入により地震危険度の賃貸料に対するマイナスの影響が緩和されるかどうかを示しています．つまり，

表 3.8

1)	マンション・ダミー	0.070 ***	(0.0023)
2)	新耐震基準ダミー	0.071 ***	(0.0045)
3)	地震危険度×鉄骨ダミー	-0.030 ***	(0.0027)
4)	地震危険度×鉄筋鉄骨ダミー	-0.018 ***	(0.0020)
5)	地震危険度×木造ダミー	-0.037 ***	(0.0023)
6)	新耐震基準ダミー×地震危険度×鉄骨ダミー	0.010 ***	(0.0027)
7)	新耐震基準ダミー×地震危険度×鉄筋鉄骨ダミー	0.011 ***	(0.0020)
8)	新耐震基準ダミー×地震危険度×木造ダミー	0.046 ***	(0.0023)
	決定係数	0.900	
	サンプル数	82,410	

注）カッコ内は頑健な標準誤差, ***は1%水準で統計的に有意であることを示す.
　　その他の説明変数には床面積や築年数等の物件属性等の変数を含む.
出所）Nakagawa et al.（2007）Table2 より.

建物構造別の新耐震基準導入後の地震危険度の影響は, それぞれ 3) +6), 4) +7), 5) +8) の係数の和になります. 以下の図 3.17 は新耐震基準導入前後の地震危険度の係数を建物構造別に示したものです. 耐震基準導入により地震危険度の違いの賃貸料への影響度合いが小さくなっていることがわかります.

　また, 推計された係数から, 旧耐震基準の物件（1981 年以前の物件）を新耐震基準に改装した場合の賃貸料の予測値を計算することもできます. 次の表 3.8 は, 東京都墨田区の地震危険度 5 の地域に立地する木造アパートの 1 階の物件の築年数ごとの予測賃貸料です.

　実際には, 1980 年以前, つまり築 22 年以上の新耐震基準物件は存在しないわけですが, ここでは各説明変数に設定した数値を新耐震基準ダミーには 1 を代入し, 推計された係数を用いて, もし築 22 年以上の物件が新耐震基準であれば賃貸料はどの程度になるかについての予測値を計算しています. この表から旧耐震基準の物件が耐震化投資により 35%（84/62.3 − 1 ≒ 0.35）ほど賃貸料の上昇することが分かります. さらに Nakagawa et al.（2007）では, 耐震化投資の費用便益分析を行い耐震化補助事業の評価についても言及しています.

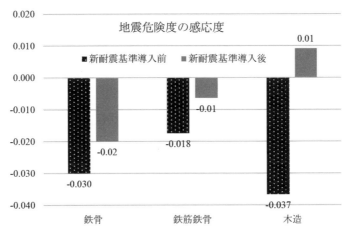

出所）Nakagawa et al.（2007）Table2 より著者作成

図 3.17

表 3.8

築年数	1	5	10	21	22	30	40	50
新耐震基準	94.0	88.7	86.5	84.2	84.0	83.1	82.2	81.6
旧耐震基準					62.3	61.6	60.9	60.4

注）賃貸料の予測値の計算には，最寄り駅からの徒歩分数を 9 分，東京駅からの所要
　　時間を 30 分，床面積 30 m² を想定している．単位：1000 円
出所：Nakagawa et al.（2007）Table 3 より著者作成

第3章　練習問題

1 東京城南地区および川崎市の賃貸物件データ（rent-jonan-kawasaki.csv）を用いて，以下の回帰分析を実施せよ．なお賃貸料は，賃貸料と管理費の合計（rent_total）として再定義してから分析を始めること．

(1) 賃貸料（rent_total）を被説明変数として，①占有面積（floor），築年数（age），駅からの時間距離（walk と bus の合計，dist）の3つを説明変数とする回帰式，②①にオートロックの有無（auto_lock）を追加，③②にケーブルテレビの有無（catv）を追加した推計式を推定し，オートロックとケーブルテレビのどちらを追加したときに説明力がより大きく上昇するかを調べよ．結果は msummary で表にまとめること．

(2) (1) で得られた回帰式を用いて，賃貸料の理論値を計算し，大森駅（station＝＝omori）を最寄り駅とする物件の中で，実際の賃貸料よりも賃貸料の理論値が最も大きく上回る物件（お買い得物件）を探せ．

(3) 鉄道路線ダミー（JR 線ダミーと東急ダミー）を作成し，東急沿線の物件の家賃が割高であるかどうか検討したい．回帰式には，賃貸料（rent_total）を被説明変数とし，鉄道路線ダミーと占有面積（floor），築年数（age），駅からの時間距離（dist），ターミナルからの時間距離（terminal）を説明変数とする回帰式を推定せよ．

(4) 駅から徒歩圏内にある物件に比べて，バスを利用する物件は不便なので賃貸料が低くなると考えられる．そこで，バスを利用する物件（bus>0 の物件）であれば1をとるダミー変数（d_bus）を作成し，(3) で得られた回帰式に説明変数として追加せよ．得られた係数が期待される符号になっているか，統計的に有意かを検討せよ．

2 wage-census2022-by-ind.csv は，厚生労働省「賃金センサス」（2022）の年齢階級別，学歴別，企業規模別，産業別の所定内給与額である．これを使って以下の問いに答

えよ.

(1) 被説明変数を賃金そのものとする回帰式と賃金の対数値とする回帰式を推定せよ. 説明変数は, 年齢, 企業規模ダミー, 教育水準ダミー, 産業ダミーとする. また, 各々回帰式の年齢の係数の意味を説明せよ.

(2) 産業によって年齢と賃金の関係がどのように異なるかを調べたい. 被説明変数を賃金そのもの, 説明変数には 1) の変数に年齢の 2 乗値, 年齢と産業ダミーの交差項, 年齢の 2 乗値と産業ダミーの交差項を加えた回帰式を推定せよ. 製造業 (ind:1), 卸小売業 (ind:2), 金融・保険業 (ind:3) で, 賃金が最大となる年齢, その年齢における賃金を計算せよ.

wage-census2022-by-ind.csv に含まれる変数

 wage きまって支給する現金給与額 (月額, 単位千円)

 lwage wage の対数値

 age 年齢 (年齢階級内の労働者の平均年齢)

 tenure 勤続年数 (年齢階級内の労働者の平均勤続年数)

 size 企業規模 (1：従業員数 1000 人以上, 2：100 ～ 999 人以下, 3：99 人以下)

 education 学歴 (1：中学, 2：高校, 3：専門学校, 4：高専・短大, 5：大学, 6：大学院)

 male 男性ダミー

 ind 業種 (1：製造業, 2：卸小売, 3：金融・保険)

3 早生まれは不利か？

1 ～ 3 月生まれの人のことを「早生まれ」といいますが, 幼稚園・保育園や小学校低学年では「早生まれ」の子供は運動能力や認知能力で劣っているといわれている. こうした「早生まれ」の損失は成人後も続くものなのでしょうか. これを, 第 2 章の練習問題 (P.66) でも使用した東大社研若年者パネル非制限公開データ (todai-shaken.csv) を用います. このデータはアンケートの回答がそのまま記録されているので, まず分析目的に沿った変数を作成し回帰分析を実施します.

(1) 次の変数を作成せよ.

 educ (教育年数), born_early (早生まれダミー, 1 月～ 3 月生まれなら 1 を

それ以外は0のダミー変数），educ_pa（父親の教育年数），n_siblings（兄弟姉妹の数）

・教育年数は中卒は9年，高卒は12年，専門・短大・高卒は14年，大卒・院卒はそれぞれ16年，18年とし，卒業した人のみで計算せよ．

・兄弟姉妹の数に関連する項目ZQ14_1A~Dは欠損値の場合99が入っているので，たとえばdataf\$ZQ14_1A［ZQ14_1A＝＝99］<-NAのように99をNAに変換しておくこと．

(2) 次の2つの回帰式を推定して，born_earlyの係数が有意になるか確認せよ．

$educ = \alpha + \beta_1\, born\_early + \varepsilon$

$educ = \alpha + \beta_1\, born\_early + \beta_2\, educ\_pa + \beta_3\, n\_siblings + \varepsilon$

※「早生まれ」の影響については数多くの研究がある．日本のデータを使用したものとしてはKawaguchi（2011）を参照のこと．

第4章 離散選択モデル：質的データの分析

第3章では，質的な情報を回帰分析の説明変数に取り入れる際に，質的情報を0/1の値に置き換えたダミー変数を利用する方法を説明しました．第4章では，ダミー変数を被説明変数として分析する場合に生じる諸問題と対処方法について説明します．

最初に0/1のダミー変数を被説明変数とする場合のモデル（2値選択モデル）であるプロビット，ロジット・モデルを，次に，打ち切りデータで利用するトービット・モデルの関数を紹介します．被説明変数が3つ以上のカテゴリー変数の場合に使われる多項選択モデル等についてはWEBサポートで紹介しています．

第
4
章

第4章で使用するデータ

4.1 節：mroz.csv

パッケージ：tidyverse, wooldridge, DescTools, modelsummary, openexcel,
　　　　　　censReg, mfx

スクリプト例：chapter4.R

4.1 二値選択のモデル：プロビット，ロジット・モデル

4.1.1 質的変数を被説明変数にすることの問題点

　ここでは既婚女性の就業の有無を示すダミー変数を被説明変数にする分析を例に考えていきます．図4.1(a)(b)は，Y＝既婚女性の就業の有無（働いていれば1をとるダミー変数）とX＝女性の教育年数の関係を示すグラフです．学歴が高い（教育年数が長い）女性ほど結婚後も就業を続けると予想されるので両者には右上がりの関係があると解釈できそうです．この2つの変数の関係を最小二乗法で分析しようとすると，図4.1(a)の①のような近似直線を当てはめることになります．この場合，領域（1）や領域（2）に示されるように，予測値（理論値）が0から1の範囲を逸脱する領域が出てきてしまうため正確な予測ができないという問題が生じます．

(a) 線形モデル

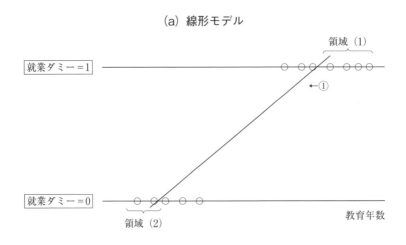

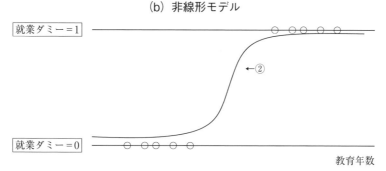

（b）非線形モデル

図4.1 質的変数を被説明変数とするときの回帰分析

　そこで，非線形の近似曲線をあてはめる方法が採用されます．たとえば，図4.1(b)の②のような近似曲線をあてはめた場合，予測値（理論値）が0から1の範囲に収まります．この非線形の近似曲線として，ロジスティック曲線をあてはめたものをロジット・モデル，正規分布の分布関数（累積密度関数）をあてはめたものをプロビット・モデルと呼びます．

4.1.2 ロジット，プロビット・モデルの考え方

　ロジット・モデルやプロビット・モデルでは，潜在変数モデルと呼ばれる選択行動モデルを理論背景として考えます．たとえば，Y^*を就業によって得られる潜在的な利益とし，教育年数（X）との関係を以下のような線形関数で表します．

$$Y^* = \alpha + \beta X + \epsilon$$

　そして，潜在変数Y^*が0を超えると，Yが1になり，Y^*が0を下回るときYは0になるとします．つまり，既婚女性が就業する（$Y=1$）ときの条件は，

$$Y^* > 0 \Leftrightarrow \alpha + \beta X + \epsilon > 0$$
$$Y^* > 0 \Leftrightarrow \epsilon > -(\alpha + \beta X)$$

Yが1をとる確率を$P(Y=1)$とすると，

$$P(Y=1) = P(Y^* > 0) = P(\epsilon > -(\alpha + \beta X))$$

ある変数が一定の条件を満たす確率は，適当な確率分布を当てはめることにより，その分布関数（累積密度関数）から計算することができます．この確率分布として，ロジスティック分布を適用したものがロジット・モデル，標準正規分布をあてはめたものがプロビット・モデルです．推定については，最尤法と呼ばれる推定法が用いられ，大抵の統計パッケージには関数が用意されています．

発展 **ロジスティック関数と標準正規分布の分布関数**

ロジスティック曲線とは，以下のように表されます．

$$Y = \frac{\alpha}{1 + \beta \ exp(\gamma X)}$$

たとえば，$\alpha = 1$，$\beta = 1$，$\gamma = 1$ のとき，X を -4 から $+4$ まで変化させると Y は図4.2（a）のグラフのように変化します．

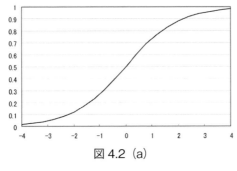

図4.2（a）

標準正規分布の分布関数（累積密度関数）も，ロジスティック曲線と似た形状をしています．

図4.2（b）は標準正規分布の密度関数で，たとえば，$-\infty < x \leqq -1$ の確率は図中のグレーの面積として表されます．

図4.2（c）の分布関数は，各々の $-\infty < x \leqq X$ に対応する確率を示します．

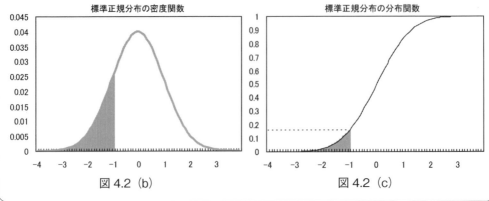

図4.2（b）　　　　　　　　図4.2（c）

なお，ここでの係数 β は，X と Y^* の関係を示すものであって，「X が 1 増えたとき」に「Y が 1 をとる確率 $P(Y=1)$」がどの程度変化するかを表しているわけではないということに注意が必要です．X が変化したときに確率がどの程度変化するかを知りたいときには，係数とデータから計算される**限界効果**に注目します．限界効果については以下のコラムを参照してください．なお，プロビット・ロジット・モデルでは，推計式は，X と Y の間に非線形の関係があることを考慮して，

$$Y_i = \Phi(\alpha + \beta X_i) + \epsilon_i$$

のように記述することがあります．

発展 **限界効果について**

　Y^* を就業によって得られる潜在的な所得（潜在変数）とし，既婚女性の属性 (X) との関係を以下のような線形関数で表します．

$$Y^* = \alpha + \beta X + \epsilon$$

そして，潜在変数 Y^* が 0 を超えると，Y が 1 になり，Y^* が 0 を下回るとき Y は 0 になるとします．つまり，既婚女性が就業する $(Y=1)$ ときの条件は，

$$Y^* > 0 \Leftrightarrow \alpha + \beta X + \epsilon > 0$$
$$Y^* > 0 \Leftrightarrow \epsilon > -(\alpha + \beta X)$$

Y が 1 をとる確率を $P(Y=1)$ とすると，

$$P(Y=1) = P(Y^* > 0) = P(\epsilon > -(\alpha + \beta X)) = 1 - F(-\alpha - \beta X) \quad (※1)$$
$$P(Y=0) = P(Y^* \leq 0) = P(\epsilon \leq -(\alpha + \beta X)) = F(-\alpha - \beta X) \quad (※2)$$

と表せます．ここで，F は分布関数（累積密度関数）で，$F(Z)$ と標記するとき，z が $\infty \leq z \leq Z$ の範囲をとるときの確率，$P(\infty \leq z \leq Z)$ を示します．

　ここで，X が 1 増えたときに確率がどの程度変化するかは，（※1）を X で微分することで求められます．分布関数（累積密度関数）は，密度関数 f を積分したものであることに注意すると，

$$\frac{dP(Y=1)}{dX} = \frac{d(1 - F(-\alpha - \beta X))}{dX} = \beta f(-\alpha - \beta X)$$

となります．確率 P と X の関係を知るためには，密度関数 f で $(-\alpha - \beta X)$ を変換した上で，係数 β をかける必要があることがわかります．なお，R では簡単に限界効果を出力できるようになっています．

通常の回帰分析ではモデルの説明力指標として決定係数や自由度調整済み決定係数が使われますが，プロビット・ロジット・モデルでは非線形モデルであるため決定係数・自由度調整済み決定係数の代わりに疑似決定係数（McFadden's Pseudo R^2）が使われます．考え方は同じで説明力が高いほど1に近くなります．

参考　疑似決定係数の考え方と計算方法

疑似決定係数の計算には対数尤度という指標を使います．詳細は省略しますが，対数尤度は常に負の値をとり，説明力が高いほど0に近い値を取ります．そして，疑似決定係数は，推定したモデルの対数尤度 lnL_1 と，定数項（切片）のみの推定式の対数尤度 lnL_0 の比率から1を引いたものとして定義されます．

$$\text{疑似決定係数 } Pseudo\ R^2 = 1 - \frac{lnL_1}{lnL_0}$$

なぜ，この指標が説明力の指標になるのかを考えてみましょう．lnL_0 は，説明変数が一切入っていない定数項（切片）のみのモデル，つまり最も説明力の低いモデルの説明力指標であり，それに対して，今推定した推定式の対数尤度 lnL_1 の説明力が高ければ，lnL_0 に比べて lnL_1 は絶対値で小さな値になります．つまり推定したモデルの説明力が高ければ lnL_1/lnL_0 は小さな値になります．そして，対数尤度は0を最大値とした負の値になりますので，lnL_1/lnL_0 の最大値は1，最小値は0になります．よって，1から lnL_1/lnL_0 を引いた疑似決定係数は最小値が0で1に近いほど説明力が高い指標となります．

4.1.3　Rによるロジット，プロビット・モデルの推定方法

chapter4.R を説明していきます．ここでは，Wooldridge（2010）の演習用データとしてネット上で配布されている 753 人の既婚女性のデータ "mroz" を用いてプロビット，ロジット・モデルを推定する関数を紹介します．データの読み込みは，まずパッケージ wooldridge をインストールしてください．スクリプトには，以下のように記載します．

```
data(mroz, package='wooldridge')
```

うまくいかない場合は同じデータを "mroz.csv" として本書の WEB サポートに用意していますので, こちらを `readr::read_csv()` で読み込んでください.

　プロビット, ロジットの推計は, 以下の glm 関数を使います. y を被説明変数で 0/1 のダミー変数, x1, x2, x3 を説明変数とするとき,

```
model_logit <-glm(y~x1+x2+x3,family=binomial(link="logit"),data=
      データフレーム名)
```

　プロビット・モデルの場合は, "logit" を "probit" に変更します. 疑似決定係数は, パッケージ DescTools をインストールして呼び出したうえで PseudoR2() 関数で計算できます.

```
library(DescTools)
DescTools::PseudoR2(model_probit)
```

で計算できます.

　ここでは, どんな既婚女性が就業していかを分析するためのモデルを推計します. 被説明変数は inlf (in the labor force の意味) で既婚女性が就業していれば 1, そうでなければ 0 のダミー変数です. 説明変数には, 年齢 age, 教育年数 educ, 6 歳未満の子供の数 kidslt6, 6 歳以上の子供の数 kidsge6 を入れてみましょう. chapter4.R では, データを読み込んだのち, まず, 2.2 節で紹介した table 関数で就業している既婚女性の数を算出しています. 以下の通り, table 関数から就業している既婚女性数は 428, 残りの 325 人は就業していないことがわかります.

```
> table(mroz$inlf)

  0   1
325 428
```

最小二乗法による推定結果と予測値

　まず, 最小二乗法で予測値がどうなるかを確認してみましょう.

```
> result0 <- lm(inlf~age+educ+kidslt6+kidsge6,data=mroz)
> summary(result0)
Coefficients:
            Estimate Std. Error t value Pr(>|t|)
(Intercept)  0.712156  0.162026   4.395 1.27e-05 ***
age         -0.013274  0.002550  -5.206 2.50e-07 ***
```

```
educ           0.042142    0.007556    5.577  3.42e-08 ***
kidslt6       -0.307132    0.036177   -8.490  < 2e-16 ***
kidsge6       -0.017652    0.014087   -1.253    0.211
---
Signif. codes:  0 '***' 0.001 '**' 0.01 '*' 0.05 '.' 0.1 ' ' 1
Multiple R-squared:  0.1232,   Adjusted R-squared:  0.1186
```

　年齢 age の係数はマイナス，教育年数 educ の係数はプラスで統計的に有意になりました．年齢が低いほど，高学歴ほど就業している既婚女性が多いと解釈できます．一方，子どもの数に関する 2 つの変数の係数はいずれもマイナスですが 6 歳未満の子供の数 kidslt6 は有意ですが，6 歳以上の子供の数は非有意となりました．6 歳未満の子供は未就学児ですので手のかかる小さな子供が多いと就業を控える（諦める）既婚女性が多いが，年齢の高い子供がいてもその影響はない，と解釈できそうです．

　次に，予測値を計算してみましょう．予測値の計算は 3.2.3 で紹介した通り dplyr::mutate() 関数と predict() 関数を組み合わせ，y_hat という変数に格納しています．summary() で予測値の最大値・最小値を計算しています．

```
> # 予測値の計算
> mroz <- mroz %>% mutate(y_hat=predict(result0))
> summary(mroz$y_hat)
   Min. 1st Qu.  Median    Mean 3rd Qu.    Max.
-0.2055  0.4816  0.5791  0.5684  0.6805  1.0303
```

　被説明変数は最小値 0，最大値は 1 ですが，予測値 y_hat の最小値はマイナス，最大値は 1 を超えるので不自然な結果になっています．

ロジット，プロビット・モデルの推定結果と予測値

　次にロジット・モデルの推計結果を見てみましょう．

```
>result1<- glm(inlf~age+educ+kidslt6+kidsge6,
                      family=binomial(link=logit),data=mroz)
> summary(result1)
Coefficients:
         Estimate Std. Error z value Pr(>|z|)
```

```
(Intercept)   1.03685    0.77012   1.346   0.178
age          -0.06338    0.01246  -5.086 3.66e-07 ***
educ          0.19792    0.03733   5.302 1.14e-07 ***
kidslt6      -1.47001    0.19493  -7.541 4.65e-14 ***
kidsge6      -0.09409    0.06660  -1.413   0.158
---
Signif. codes:  0 '***' 0.001 '**' 0.01 '*' 0.05 '.' 0.1 ' ' 1
```

　結果の見方は，通常の最小2乗法と基本的に同じです．ただし，*t* 値の代わりに **z** 値
という値が表示されますが，これは *t* 値とほぼ同様に考えて結構です．係数の符号と統
計的な有意性については最小二乗法の結果と同じになっています．

　では，ロジット・モデルで予測確率を計算してみましょう．予測確率を計算するには
第3章でも紹介した predict() 関数を使いますが，type＝"response" というオプション
が必要となります．次の例では，ロジット・モデルの結果 reulst1 から予測確率を計算
しています．

```
mroz <- mroz %>%
      dplyr::mutate(prop_res1=predict(result1,type="response"))
```

と入力します．

　ここで，第2章で紹介した summary 関数を使って予測確率値 prob_res1 の最小値，
平均値，最大値を見てみましょう．

```
> summary(mroz$prob_res1)
   Min. 1st Qu.  Median    Mean 3rd Qu.    Max.
0.03145 0.46996 0.58393 0.56839 0.69365 0.92415
```

　予測確率 prob_res1 の最小値は 0.03145，最大値は 0.92415 と 0 と 1 の間に収まって
いることがわかります．

疑似決定係数の出力

　モデルの説明力については，通常の決定係数ではなく，擬似決定係数（Pseudo R2）
に注目します．この値も 1 に近いほど説明力が高いと解釈します．疑似決定係数は以下
の通りです．

```
> DescTools::PseudoR2(result1)
```

```
   McFadden
0.09678776
```

疑似決定係数の見方・使い方は決定係数と同じで高いほうがよいのですが，低いとダメというわけではなく，複数の分析結果比較する際に用いられます．

限界効果の計算

　ここまでみてきた推定結果では，係数の大きさには特に意味を持ちません．説明変数が1大きくなったとき，確率がどの程度変化するかは，前述の限界効果に注目します．限界効果を計算するにはmfxパッケージをインストールしてlibraryで呼び出しておく必要があります．ロジットの場合はlogitmfx，プロビットの場合はprobitmfxで，使い方は，

logitmfx(y~x1 + x2 + x3,data = オブジェクト名)

probitmfx(y~x1 + x2 + x3,data = オブジェクト名)

です．一見，lm関数やglm関数と同じですが，出力結果はsummary関数を使わずに結果を格納したオブジェクトを実行することで出力することができます．

```
# ロジット・モデルの限界効果
res1_mfx <- logitmfx(fdi ~ slsprofit + wage + labor, data=mroz)
res1_mfx
Marginal Effects:
            dF/dx    Std. Err.         z      P>|z|
age      -0.0155036  0.0030442  -5.0928  3.529e-07 ***
educ      0.0484136  0.0091218   5.3075  1.111e-07 ***
kidslt6  -0.3595769  0.0478861  -7.5090  5.958e-14 ***
kidsge6  -0.0230143  0.0162898  -1.4128     0.1577
---
Signif. codes:  0 '***' 0.001 '**' 0.01 '*' 0.05 '.' 0.1 ' ' 1
```

　dF/dxが限界効果，Std. Erroは標準誤差，z値，p値が並んでいます．たとえばageの隣には0.0484136という数値がありますが，これは教育年数が1年延びると，既婚女性が就業する確率が4.8%上昇するということを意味します．この結果は，たとえば高卒女性に比べて4年生大学を卒業している既婚女性は就業している確率が19.2%（=

4.8%×4 年）高いと解釈できます.

プロビット・モデルの推計結果

前述の通り，プロビット・モデルの推計結果は係数が異なるもののロジット・モデルとほぼ同一の結果が得られます．これをプロビット・モデルの結果を見ならが確認しましょう.

```
> result2 <-glm(inlf~age+educ+kidslt6+kidsge6,
    family=binomial(probit),data=mroz)
> summary(result2)
Coefficients:
            Estimate Std. Error z value Pr(>|z|)
(Intercept)  0.623795   0.464538   1.343    0.179
age         -0.038268   0.007446  -5.140 2.75e-07 ***
educ         0.120031   0.022187   5.410 6.30e-08 ***
kidslt6     -0.886118   0.113451  -7.811 5.69e-15 ***
kidsge6     -0.055693   0.040328  -1.381    0.167
---
Signif. codes:  0 '***' 0.001 '**' 0.01 '*' 0.05 '.' 0.1 ' ' 1
```

こちらも age と educ, kidslt6 の係数が統計的に有意になりました．また，**プロビット・モデルの係数を 1.6 倍するとロジット・モデルの係数とほぼ等しくなる**ことが知られています．たとえばプロビットの age の係数は -0.03826 で，これを 1.6 倍すると -0.06121 になりロジットの age の係数 -0.06338 とほぼ等しくなります.

次に疑似決定係数をみてみましょう.

```
> DescTools::PseudoR2(result2)
  McFadden
0.09665058
```

ロジット・モデルの疑似決定係数は 0.09678776 でした．プロビット・モデルの疑似決定係数とほとんど変わらないことが分かります.

次に，限界効果を確認しましょう.

```
# プロビット・モデルの限界効果
```

```
> res2_mfx <- probitmfx(inlf~age+educ+kidslt6+kidsge6,data=mroz)
> res2_mfx
Marginal Effects:
              dF/dx  Std. Err.        z     P>|z|
age     -0.0150086  0.0029190  -5.1417  2.722e-07 ***
educ     0.0470753  0.0086991   5.4115  6.249e-08 ***
kidslt6 -0.3475292  0.0446319  -7.7866  6.885e-15 ***
kidsge6 -0.0218423  0.0158166  -1.3810     0.1673
---
Signif. codes:  0 '***' 0.001 '**' 0.01 '*' 0.05 '.' 0.1 ' ' 1
```

　educ の dF/dx（限界効果）をみると，0.0470753 という数値が入っていますが，ロジット・モデルの educ の限界効果 0.0484136 とほぼ数値が出ていることがわかります．ここからも**ロジット・モデルとプロビット・モデルは，ほぼ同じ結果を出力している**ことがわかります．

結果表の出力，および頑健な標準誤差の出力

　推計結果を表にまとめて出力する際は 3.2.3 で紹介した msummary を使います．msummary を使って 3.4 節で紹介した不均一分散に対して「頑健な標準誤差」を表示させることもできます．具体的には msummary で結果を表に出力する際に vcov = "HC1" というオプションを付けます．

```
regs <-
  list(
    "model1" <- glm(inlf~age+educ+kidslt6+kidsge6,
                family=binomial(link=logit),data=mroz),
    "model2" <- glm(inlf~age+educ+kidslt6+kidsge6,
                family=binomial(probit),data=mroz))
msummary(regs, stars=TRUE, gof_omit = 'AIC|BIC|Log.
    Lik.|F',vcov="HC1")
```

　EXCEL に出力したいときは最後の msummary の行を以下に差し替えてください．

```
res_table <- modelsummary::msummary(regs, stars=TRUE,
```

```
    gof_omit = 'AIC|BIC|Log.Lik.|F',vcov="HC1",output="mrozrame")
openexcel::write.xlsx(res_table,"result.xlsx")
```

次の表 4.1 は，write.xlsx() で EXCEL に出力した結果を整理したものです．

表 4.1

	Model 1	Model 2
(Intercept)	1.037	0.624
	(0.759)	(0.457)
age	-0.063***	-0.038***
	(0.012)	(0.007)
educ	0.198***	0.120***
	(0.038)	(0.022)
kidslt6	-1.470***	-0.886***
	(0.203)	(0.119)
kidsge6	-0.094	-0.056
	(0.069)	(0.042)
Num.Obs.	753	753
RMSE	0.46	0.46
Std.Errors	HC1	HC1

> **！注意**
>
> msummary は限界効果を出力する probitmfx
> と logitmfx には対応していません．補論の A.3.1
> 「推計された係数を取り出す」で probitmfg,
> logitmfx の係数等を取り出す方法を紹介してい
> ますのでそちらを参考にしてください．

4.2　打ち切りデータの分析：トービット・モデル

4.2.1　トービット・モデルとは

　トービット・モデルは，自動車購入額や株の保有高のように，所有していなければ 0，所有しているときは実数値をとる変数を被説明変数として分析する際に用いられます．こうした変数は，0 以下にならないという意味で質的な側面を持つ変数で，0 以上のとき実数値をとるという意味では量的な側面を持つ変数です．これを打ち切りデータと呼びます．図は，Y 自動車購入額（縦軸）と X 所得（横軸）の関係を示すものですが，

低所得階層では自動車購入額がゼロとなっている世帯が多いことが分かります．こうした変数に，回帰直線を当てはめると，質的選択モデルの分析と同様の問題が生じます．こうしたデータのことをデータの「左側が0で切断されたデータ」）（left cancered data）と呼びます．

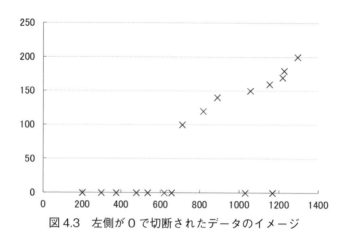

図 4.3　左側が 0 で切断されたデータのイメージ

トービット・モデルは，以下のようなモデルを推定します．

$$Y = \begin{cases} Y^* & Y^* > 0 \\ 0 & Y^* \leq 0 \end{cases}$$

$$Y^* = \alpha + \beta X + \epsilon$$

　詳細はここで割愛しますが，0 か 0 以上かについてはプロビット・モデル，0 以上なら線形回帰モデルというハイブリッドモデルになっています．

4.2.2　R によるトービット・モデルの推定

　ここでは同じデータを使って既婚女性の年間労働時間 hours の決定要因について分析する例を見てみましょう．既婚女性の労働時間 hours は，就業していない女性は 0 になっていますので，データの左側が 0 で打ち切られたデータになっています．まず基本統

計量を見ておきましょう. summary() で労働時間 hours の平均値や最大値・最小値を出力してみました.

```
> summary(mroz$hours)
   Min. 1st Qu.  Median    Mean 3rd Qu.    Max.
    0.0     0.0   288.0   740.6  1516.0  4950.0
```

労働時間の最小値は 0, 平均値は 740.6 時間です. ただしロジット・モデルの例でも紹介した通り 753 人中就業していない人が 325 人いますので, 就業している人だけで労働時間の平均値を計算し見てましょう. 以下では, dplyr::filter() 関数で就業している (inlf==1) に限定した上で summarize() で平均値を計算しています.

```
> # 就業女性に限定して労働時間 hours の平均値を計算
> mroz %>% dplyr::filter(inlf==1) %>% summarize(m_horus=mean(hours))
# A tibble: 1 × 1
  m_horus
    <dbl>
1    1303
```

この場合, 平均労働時間は 1303 時間となりました.

次にトービット・モデルを推定します. トービット・モデルの推定は, R にはいくつかの関数が用意されているのですが censReg() 関数が便利です. まず, censReg パッケージをインストールし, library(censReg) で関数を呼び出しておきます. 書き方は,

```
censReg(y~x1+x2+x3, left=打ち切り点, data=データフレーム名)
```

のように基本的に lm 関数などと同じですが, データがどこで切断されているかを left(あるいは right) オプションで指定する必要があります. 今回の例では 0 で打ち切られているので left=0 と記載します.

```
library(censReg)
res_tobit1 <-censReg::censReg(hours~age+educ+kidslt6+kidsge6,
                                           left=0, data=mroz)
summary(res_tobit1)
```

今回は被説明変数の下限が 0 でしたが, もし上限値がある場合, たとえばエアコンの普及率であれば 100% が上限なので, このような場合は「右側に切断されたデータ」に

なりますので，right＝100 と記入します．では結果を見ていきましょう．

```
> res_tobit1 <-censReg::censReg(hours~age+educ+kidslt6+kidsge6,
                                          left=0, data=mroz)
> summary(res_tobit1)

Observations:
                                 ┌─────────────────────┐
                                 │ 左側打ち切りが 325 件 │
                                 └─────────────────────┘
          Total   Left-censored         Uncensored Right-censored
          753                325                428                 0

Coefficients:
              Estimate Std. error t value  Pr(> t)
(Intercept)  1.321e+03  4.829e+02   2.735  0.00624 **
age         -4.151e+01  7.703e+00  -5.388 7.11e-08 ***
educ         9.550e+01  2.286e+01   4.177 2.95e-05 ***
kidslt6     -1.077e+03  1.262e+02  -8.537  < 2e-16 ***
kidsge6     -1.283e+02  4.275e+01  -3.000  0.00270 **
logSigma     7.156e+00  3.761e-02 190.254  < 2e-16 ***
---
Signif. codes:  0 '***' 0.001 '**' 0.01 '*' 0.05 '.' 0.1 ' ' 1
```

　推定結果の上には，切断された（左打ち切りの）サンプル数が表示されています．こ
こから，753件中，325件が0の値をとっていることを示します．係数をみると年齢が
低いほど，教育年数が高いほど，子どもの数が少ないほど労働時間が長くなることがわ
かります．また今回は6歳以上の子供の数 kidsge6 も含めすべての変数が統計的に有意
になっています．6歳以上の子供の数はロジット・プロビットでは有意ではなかったの
で，6歳以上の子供がいることは就業する際の制約にはならないが，就業したとしても
パート勤務など短時間労働の職場を選んでいると解釈できそうです．

　係数を評価する際は限界効果を計算する必要があります．限界効果を計算するには
censReg をインストールすると導入される margEff() 関数を使います．使い方は
censReg() 関数で計算したトービット・モデルの推計結果を格納したオブジェクトを
margEff() 関数に導入して，これを summary() 関数で表示させます．

```
> summary(margEff(res_tobit1))
        Marg. Eff. Std. Error t value  Pr(>|t|)
age      -24.5831     4.5466 -5.4069 8.634e-08 ***
educ      56.5660    13.4693  4.1996 2.996e-05 ***
kidslt6 -638.1627    73.3829 -8.6963 < 2.2e-16 ***
kidsge6  -75.9663    25.3520 -2.9965  0.002822 **
---
Signif. codes:  0 '***' 0.001 '**' 0.01 '*' 0.05 '.' 0.1 ' ' 1
```

たとえば kidslt6 の係数 −638.16 なので 6 歳未満の子供の数が 1 人増えると年間労働時間は 638 時間減少するという意味になります.

　比較のために,最小 2 乗法による推定結果も見ておきましょう.結果は以下に示されていますが,トービット・モデルと結果が異なることが分かります.たとえば,kidslt6 の係数は,トービットの限界効果では −638 でしたが,最小 2 乗法の結果では,係数は −520 と絶対値で見て係数が小さくなっていることがわかります.

```
> result_ols <-lm(hours~age+educ+kidslt6+kidsge6,data=mroz)
> summary(result_ols)
Coefficients:
             Estimate Std. Error t value Pr(>|t|)
(Intercept) 1450.031    288.544   5.025 6.29e-07 ***
age          -22.621      4.541  -4.981 7.84e-07 ***
educ          40.733     13.457   3.027 0.002554 **
kidslt6     -520.362     64.425  -8.077 2.66e-15 ***
kidsge6      -91.624     25.087  -3.652 0.000278 ***
---
Multiple R-squared:  0.1003,  Adjusted R-squared:  0.09549
```

4.3 その他の離散選択モデル

　離散選択モデルには，ここで紹介したロジット，プロビット，トービット・モデル以外にも様々なバリエーションがあります．以下のものについては本書の WEB サポートで簡単にその推計方法を紹介していますので併せて参照してください．

1) 被説明変数が複数の値をとる：多項ロジット，条件付きロジット・モデル

　たとえば，どんな人がどんな就業形態（正規雇用 1, パート 2, アルバイト 3）を選ぶかというように被説明変数が複数の数値をとる場合，多項ロジット・モデル（Multinomial Logit）を使います．また，被説明変数が複数の値をとり，かつ，説明変数に各々の被説明変数の選択肢の属性が入る場合，たとえば，人々がどんな車種の車を購入するかを分析する際に，被説明変数が自動車の車種（電気自動車，ハイブリッド，ミニバン，コンパクトカー，軽自動車）で，説明変数に選択肢各々の属性，車種ごとの価格，燃費，補助金・税金が入ってくる場合，条件付きロジット・モデル（Conditional Logit）を使います．

2) 被説明変数が序列をもつ値になっている：順序ロジット，順序プロビット・モデル

　アンケート・データなどではよく「大変満足 5, まあまあ 4, どちらともいえない 3, やや不満 2, 不満だ 1」といった選択肢が用意されていることがあります．これを被説明変数として分析する際には順序ロジット（Ordered Logit），順序プロビット・モデル（Ordered Probit）が用いられます．

3) 被説明変数のゼロの値が著しく多い：ポアソン回帰，負の二項分布回帰

　被説明変数がゼロ値を含む場合トービット・モデルを使うと説明しましたが，ゼロ値が著しく多い場合はポアソン回帰（Poisson regression），負の二項分布回帰（negative binomial regression）が用いられます．

4) 一部の被説明変数が観察できない：サンプル・セレクション・モデル（ヘーキット）

トービット・モデルでは，就業していない女性を含むデータで，労働時間を被説明変数として分析する方法を紹介しましたが，この場合就業していない女性の労働時間は 0 として扱いました．では，同じデータで賃金を被説明変数にする場合，どうすればいいでしょうか？　就業していない女性の賃金はゼロではなく，本来は賃金が提示されたものの希望する賃金（留保賃金といいます）を下回るために非就業を選んだと解釈すれば，賃金が観察されるのは就業女性のみとなります．このような場合，ヘックマンのサンプル・セレクション・モデル（ヘーキット・モデル）を用います．

5) 期間を被説明変数とする分析：ハザード・モデル

失業期間，交際から結婚までに至る期間，スポーツ選手が引退するまでの期間といった「期間」を分析する場合，ハザード・モデルといったモデルが使われます．これは厳密には離散選択モデルではありませんが，たとえば，サンプルに失業期間が終了していない，交際が継続していて結婚に至っていない，といった「右打ち切り」が存在するため特別な対処が必要になります．

第4章

事例紹介 8　　**女性役員がいる企業の特徴**

日本では女性社長や女性役員が少ないことが知られています．日本政府の成長戦略でも，少子高齢化の進む我が国において，女性活躍の機会を拡大するためには，女性社長・役員を増やしていくことが重要とされています．こうした政策目標を達成するためには，まずどのような企業に女性社長・役員がいるのかを把握することが重要と言えます．そこで，一橋大学の森川正之氏は，経済産業研究所が実施した独自のアンケート調査と 2011 年時点の経済産業省「企業活動基本調査」を組み合わせたデータで，日本企業における女性取締役の有無と人数の決定要因を分析しています（Morikawa, 2016）．サンプル企業は従業員 50 人以上の 3200 社で上場企業のみならず非上場企業，そして，製造業や卸小売業，サービス業非上場企業が含まれています．

Morikawa（2016）では以下のような推計式をプロビット・モデル，あるいはトービット・モデルで推計しています．

$$Y_i = \Phi(\beta X_i) + \epsilon_i$$

　被説明変数 Y_i には 3 つの変数，①女性役員がいれば 1 をとるダミー変数，②役員数に占める女性役員比率，③女性社長ダミー，を用いています．①と③は，ダミー変数ですので Probit モデルで，②は比率ですから最小値 0 で最大値が 1 になりますので Tobit モデルで推定が行われています．説明変数 X_i には，従業者数で測った企業規模，企業年齢，外資比率，上場企業ダミー，子会社ダミー（親会社を持つ企業ダミー），オーナー企業ダミー，労働組合ダミー，役員数が含まれています．

　推計結果は表 4.2 に示されています．主な結果をかいつまんで紹介すると，①女性役員ダミー，②女性役員比率を被説明変数とする推計式より，上場企業や老舗企業，親会社の子会社，労働組合のある企業では，女性取締役がいない傾向があることがわかります．一方で，①〜③の推計式のいずれでもオーナー企業ダミーと役員数の係数がプラスで有意であり，女性の取締役や CEO がいる可能性が高いことが分かります．また，ここには示されない追加的な分析として Morikawa (2016) では①と②の推計式に，女性社長ダミーを説明変数に加えた推計を行っています．これは海外の先行研究で，既に女性が取締役会にいる企業は追加的に女性を取締役に登用する確率が低いという実証結果があり，日本でも同様の結果がみられるかを調べています．追加的な分析からは，女性社長ダミーは統計的に有意ではなく，日本企業では，すでに女性取締役がいる企業で追加的に取締役に任命しないという「形だけの女性登用」が見られないと指摘しています．

　さて，これらの結果を踏まえ，どうすれば女性役員・取締役の数を増やすことができるのでしょうか．まず，企業規模が大きく，歴史のある上場企業では女性役員は少ない一方で，若い企業やオーナー企業では女性役員が多いことがわかります．これを踏まえ，Morikawa (2016) は，女性役員がいる企業を大幅に増やすには，老舗企業に働きかけるよりも，新規企業の参入を促すことがより重要かもしれないと結論付けています．また，役員数が多い企業ほど女性役員がいる確率，あるいは女性役員比率も高いので，役員数を増やすことも取締役会の男女構成を変化させるのに有効かもしれないと付け加えています．

表 4.2

	①女性役員ダミー	②女性役員比率	③女性社長ダミー
	Probit 限界効果	Tobit 係数	Probit 限界効果
企業規模	-0.0098	-0.019	0.0022
	(0.008)	(0.0137)	(0.0019)
企業年齢	-0.0014 ***	-0.0026 ***	-0.0002 *
	(0.0004)	(0.0007)	(0.0001)
外資比率	0.0002	0.0000	
	(0.0009)	(0.0017)	
子会社ダミー	-0.1279 ***	-0.2682 ***	-0.0046
	(0.0153)	(0.0345)	(0.0042)
上場企業ダミー	-0.103 ***	-0.2572 ***	-0.0076
	(0.017)	(0.0666)	(0.0033)
オーナー企業ダミー	0.1582 ***	0.2933 ***	0.0108 ***
	(0.0148)	(0.0299)	(0.004)
労働組合ダミー	-0.081 ***	-0.1523 ***	-0.0005
	(0.0141)	(0.0297)	(0.004)
役員数	0.0139 ***	0.015 ***	
	(0.0026)	(0.0047)	
産業ダミー	Yes	Yes	Yes
サンプル数	3057	3057	3049
疑似決定係数	0.1548	0.1858	0.0315

注) カッコ内は頑健な標準誤差,＊＊＊は1%,＊＊は5%,＊は10%水準
で統計的に有意であることを示す.

1　東大社研若年者パネル調査の公開データには支持政党に関する調査項目が含まれている．このデータを用いて自民党支持の決定要因を分析したい．

(1) 被説明変数に LDP（自民党支持ダミー），説明変数に女性ダミー（female），教育年数（educ），結婚ダミー（marriage），年収（income），年齢（age），伝統的家族感（value_family），社会階層（social_class）を説明変数として最小二乗法で回帰分析を実施せよ．また，予測値を計算し，予測値の最大値・最小値を調べよ．

(2) (1) と同じ式をロジットモデルで推計せよ．その予測確率を計算し，最大値・最小値を確認せよ．

(3) (2) の推計結果から，どのような人が自民党を支持ていると考えられるか．

※使用するデータは political_party.csv である．このデータには，民主党支持ダミー（DPJ），共産党支持ダミー（COM）が含まれている．伝統的家族観とは「『男性は収入を得て，女性は家庭と家族の面倒をみるべき』に対して『そう思う』が5，『そう思わない』が1をとる5段階の数値」です．社会階級とは「かりに社会全体を10段階で分けるとあなたはどこに位置すると思いますか」という質問に対する回答で，10が一番上で1が1番下になるような数値です．

2　企業は従業員に給与以外にもフリンジ・ベネフィット（fringe benefit）と呼ばれる福利厚生を支給します．この練習問題では，福利厚生に恵まれた仕事に就く人の属性を調べます．使用するデータは1977年に米国で実施された福利厚生に関するサーベイ調査のデータ616件で，Wooldridge（2010）の演習用データとして配布されているデータです．パッケージ wooldridge をインストールした上でスクリプトに以下のように記載することでデータを利用できます．

data（fringe, package='wooldrige'）

また WEB サポートで提供している fringe.csv でも同じ計算が可能です.

(1) hrbens（労働時間当たりの福利厚生支給額）と pension（福利厚生支給額のうち年金）がゼロのサンプル数を調べよ.

(2) 被説明変数を hrbens，説明変数には age（年齢），educ（教育年数），married（既婚ダミー），white（白人ダミー），male（男性ダミー）とする式を最小二乗法とトービットモデルで推定し，その係数を比較せよ.

(3) (2) の推定式の被説明変数を pension に変更して，最小二乗法とトービットモデルで推定し，その係数を比較せよ.

第2部
因果推論

　第2部では因果推論のための様々な分析手法を扱いますが，これまで紹介した相関係数などの記述統計指標や回帰分析ではどんな問題があるのかを考えてみましょう．そもそも，なぜデータ分析を行うのでしょうか？　たとえば，株価はどんな社会経済変数と相関を持っているかを知るために色々な変数と株価の相関を調べようという動機もあるかもしれません．しかし，それを意思決定に役立てるのであれば，原因と結果の関係，すなわち因果関係を明らかにすることが重要です．というのは，単に2つの変数の間に相関があることを発見できたとしても，2つの変数が相互に影響しあう状態（**同時決定性・逆の因果性**）にあるため，どちらが原因でどちらが結果なのか判別することが困難であったり，あるいは**第三の変数**の影響で相関があるようにみえているだけということもありうるからです．このように因果関係を特定できない相関関係のことを「みせかけの相関」と呼びます．第2部では，因果関係を特定する手法を紹介していきますが，それに先立ち因果関係の特定が困難となる「みせかけの相関」が発生するメカニズムについて考えておきましょう．

1. 同時決定・逆の因果性
　たとえば，ホテルの宿泊料と宿泊者数の関係を知りたいとしましょう．ミクロ経済学の初歩の初歩で習った通り，宿泊料が下がると需要が増えるので宿泊者数は増えるかもしれません．しかし，宿泊者数が増えて残室が減ってくると宿泊料は上昇します．このように宿泊料と宿泊者数の間には強い相関があると考えられますが，両者は**同時決定**です．このような場合，相関係数や通常の回

帰分析からは，ホテルや旅館が宿泊料をあげたときに宿泊者数がどの程度変化するかといった因果効果を計測するには工夫が必要です．

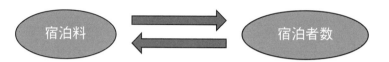

　もう1つの例として，犯罪発生率と交番の数の関係を考えてみましょう．交番は日本固有のシステムで，他国ではあまりみられないユニークな制度とされています．日本の治安がいいのは交番の存在よるものといった議論もみられます．では，交番の数と当該地区の犯罪発生率の関係を調べることで，交番を増やすと犯罪をどの程度減らすことができるかを論じることはできるでしょうか？　これも実は単純ではありません．というのは，交番を設置することによって当該地域の犯罪が減少するという効果がある一方で，警察は交番を犯罪発生率の高い地域に積極的に設置している可能性もあります．今知りたいのは，交番の新規設置→犯罪発生率という因果関係ですが，犯罪発生率→交番の新設という**逆の因果性**が存在する場合は，交番の数と犯罪発生率の相関を見ただけではその因果関係について論じることはできないのです．

2. 第三の要因
　今，インターンシップ経験と就職先企業の初任給の関係について調べたいとします．インターンシップ経験によって社会人とのコミュニケーション能力が向上すれば就職活動で有利になるかもしれません．しかし，インターンシップに参加する際に多くの企業は面接などの選考を課していて，意欲的で優秀な学

生ほどインターンシップに参加しやすくなっている可能性があります．そうするとインターンシップ経験の有無と就職先企業の初任給の間に相関があったとしても，学生の元々の意欲や能力が**第三の要因**としてインターンシップの参加の有無と初任給の双方に影響しているかもしれません．

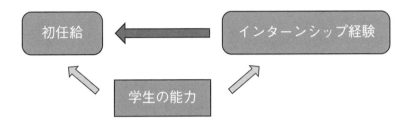

　もう1つ例として，パソコンを所有している子どもと所有していない子どもでは，前者の子供のほうが成績がよいという相関を見つけたとします．このとき，子どもにパソコンを与えれば成績があると解釈していいでしょうか？　これも親の所得が**第三の要因**として機能している可能性があります．親の所得が高ければ子どもにパソコンを買い与えることができると同時に，塾に通わせたり子どもに対する教育にも熱心かもしれません．

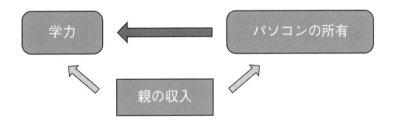

3. 全くの偶然

　みせかけの相関が発生する3つ目のケースとして，「全くの偶然」という例も多数存在します．たとえば，日本人のパンの消費量と平均寿命．どちらも緩やかに上昇しています．では両者に相関があるから，日本人はお米ではなくパンを食べましょうと結論付けてよいでしょうか．この2つの変数はともに右上がりの傾向を持っていたので，相関関係が示されただけだと考えられます．

　では，どうすれば因果関係を特定できるのでしょうか？　たとえば，ある企業で，希望者に対して試験的にテレワークの導入を導入し，従業員の満足度や生産性が改善するかを計測しようと試みたとします．テレワーク勤務を希望した人と希望しなかった人の生産性や仕事満足度を比較することで因果効果を計測できるでしょうか？　この場合，テレワーク勤務を志願制にしているので新しい技術の導入に意欲的な人がテレワーク勤務を希望し，消極的な人ほどテレワーク勤務を希望しないかもしれません．つまり，テレワーク希望者と非希望者は異質な従業員であるとすれば，両者の比較は**フェアな比較でない**と言えます．このときテレワーク勤務によって生産性が上がったという計測結果が得られたとしても，それは意欲の差によるものなのかテレワークによるものなのか識別が困難となります．したがって，もしテレワーク勤務を全社員に広げたとしても，試験的に実施したときの生産性向上効果と同じ効果が期待できるとは限りません．このように意欲の違いが第三の要因となり，グループ分け（テレワークの希望の有無）と成果（生産性・仕事満足度）に影響してしまうことによって因果効果の計測値に歪が生じてしまうことを**サンプル・セレクション・バイアス**と呼びます．

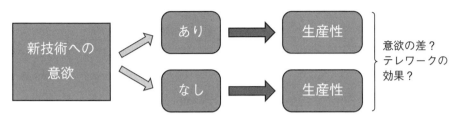

　そこで登場するのが**ランダム化比較実験**です．たとえば，テレワーク希望者の中で抽選に当選した人のみがテレワーク勤務が許可され，抽選で外れてしまった人はオフィスでの勤務を継続するといった実験を実施したとします．テレワーク勤務希望者で実際にテレワーク勤務を行った人と希望はしたが抽選に外れてオフィス勤務を継続した人を比較する場合，テレワークの実施の有無は抽選でランダムに決まっていますので，両者の間に意欲の差はなく**フェアな比較**であると言えます．さて，ここで例として紹介したテレワークですが，スタンフォード大学のニック・ブルーム教授らのグループが，中国のオンライン・ベースの旅行会社，シートリップ（Ctrip）社との共同研究で，ランダム化比較実験によってその効果が計測されています（Bloom et al. 2015）．彼らの実験が対象としたコールセンター業務では，テレワーク勤務は13％ものパフォーマンス改善がみられたことを報告しています．

　ランダム化比較実験は因果関係を特定する強力なツールですが，こうしたデータを利用できる機会というのは非常に限られています．というのは，ランダム化比較実験には多額の費用がかかるので誰もが実験を実施できるとは限らないほか，仮に費用面の問題がクリアできたとしても実験により参加者・非参加者に大きな不利益が生じてしまうなど倫理的な問題が生じる場合もあります．

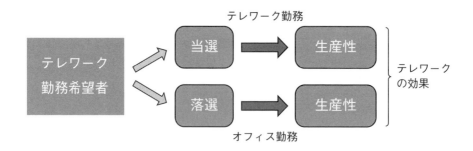

　こうした事情もあり，ある社会経済政策の影響といった大きなテーマを扱う場合は，観察データ（非実験データとよばれます）を使う機会のほうが多いかと思います．第2部では，観察データを利用して因果関係を特定する手法について考えていきます．第5章では，差の差の分析と呼ばれる手法について紹介します．差の差の分析は特にパネル・データを利用することで強力な分析ツールとなります．第6章では操作変数法を扱います．操作変数とは，たとえばYとXが同時決定にあるような状況で，Xには影響するがYには直接影響しない変数を導入することでXがYに及ぼす影響を測定する手法です．第7章では傾向スコア法を紹介します．傾向スコア法とは，ある施策を実施したグループと実施しなかったグループを比較する際に，できるだけ「フェアな」比較グループを設定することでセレクション・バイアスを回避しつつ分析しようとする手法です．たとえば，交換留学の効果を測定する場合，交換留学に参加した人との比較対象として，「交換留学に参加してもおかしくない能力を持つが実際には参加しなかった人」をピックアップして比較する手法が傾向スコア法です．まずは，差の差の分析から見ていきましょう．

第5章 差の差の分析とパネル・データ分析

第5章では，差の差の分析について学びます．差の差の分析はパネル・データを用いると「分析者には観察できない X にも Y にも影響する要因」を排除することができるので強力なツールになります．本章5.1節では2時点のデータによる差の差の分析を，5.2節ではパネル・データによる差の差の分析を紹介します．

第5章で用いるデータ・パッケージ・スクリプト例

5.1節 rent-odakyu-enoshima96-04.csv, 5.2節 asai00-10.csv, panel-gravity-data.csv, Cambodia-gsp.csv, 5.3節 nlswork.csv, 5.4節 asai-data-construct.xlsx

パッケージ：tidyverse, estimatr, fixest, plm

スクリプト：chapter5-1.R, chapter5-2-1.R, chapter5-2-2.R, chapter5-3.R, chapter5-4.R

たとえば，今，ある県の A 町で，町長肝いりの ITC を活用した中学生向けの新しい学習プログラムを開始したとします．その効果を計測するための手法である**差の差の分析（Difference-in-Difference）**では，(1) 新しい学習プログラムを導入した町と (2) 導入していない町の間で，中学生の学力が変化したかを分析します．中学生の学力の政策実施前後の「差」を (1) と (2) の町の間で「差」をとる（比較）するところから差の差の分析と呼ばれます．

差の差の分析は特にパネル・データを利用することで強力な分析ツールとなります．パネル・データとは，複数の個人・企業・国・地域などを，複数時点にわたって追跡調査したデータセットのことです．パネル・データを用いることで，ある1時点のデータ

では分析が困難であった仮説の検証などが可能になるなどの利点もあり，今やデータ分析の必須科目といえます．

5.1　前後比較と差の差の分析

まず，差の差の分析の意義から考えていきましょう．たとえば，中学生向けの新しい学習プログラムを導入したある地方自治体が，「新しい学習プログラムの導入によって生徒の算数の成績が導入前に比べて 10% 向上した」と発表したとしましょう．ここでの成果評価は，新しい学習プログラムの導入前と導入後で生徒の成績がどの程度上がったかを比較していますので，これを**前後比較分析**といいます．この前後比較分析は国や自治体，あるいは企業でもよく行われることがありますが，データ分析の手法では**信頼性（エビデンス・レベル）の低い手法**だと言われています．

一方，差の差の分析（Difference-in-Difference, DID）は，プログラムの参加者と非参加者について，プログラム前後のパフォーマンスを比較する手法です．プログラム前後の比較（差をとる）を，参加者・非参加者で比較する（差をとる）ことから，「**差の差の分析（Difference-in-Difference, DID)**」と呼ばれます．この手法は，前後比較に比べて，**エビデンス・レベルの高い，すなわち質の高い手法**だとされています．これを簡単な数式とグラフを使って説明しましょう．

5.1.1　差の差の分析による政策効果の分析

先ほどの ITC を活用した中学生向けの新しい学習プログラムの効果を計測するにあたり，どの程度成績（中学生 i の成績，Y_i）が上がったかを調べる必要があります．ここで，プログラム対象者（**処置群，Treatment** と呼びます）のプログラム実施前（t-1）の成績を Y_{Tit-1}，実施後の成績を Y_{Tit} と表します．この効果を測定するシンプルな方法は，**前後比較**，すなわちプログラム開始前後で，この町の中学生の成績がどの程度上

がったかを調べる方法です．つまり，

$$Y_{Tit} - Y_{Tit}$$

がプログラム実施の効果になります．一方で**差の差の分析**では，プログラムを実施しなかった比較可能な学生グループ（これを**比較群，Control** と呼びます．），たとえば同じ県の隣接する市町村の学生の成績データを収集します．プログラムを実施した A 町の学生の成績変化と比較しますので，収集した A 町の生徒のデータと同じ時点の比較群の学生の成績，$Y_{Cit} - Y_{Cit}$ を収集します．差の差の分析では，処置群と比較群の成績の差を比較しますので，

$$(Y_{Tit} - Y_{Tit}) - (Y_{Cit} - Y_{Cit})$$

を計算することになります．

　なぜ，この方法が優れているのでしょうか？　次の図 5.1 は処置群と比較群の学生の成績の推移を示しています．前後比較では，処置群の学生の成績の変化に注目しますので，図 5.1 の a がその効果になります．一方，差の差の分析では，比較群の学生の成績変化も考慮します．実際，比較群の学生の成績も処置群ほどではないものの，上昇している（図中の b）ことがわかります．これは，たとえば国全体，あるいは県単位の教育環境の改善施策があって，その影響を受けて比較群の学生の成績があがっていると考えられます．こうしたマクロ的な成績向上のトレンドは当然処置群の学生にも影響を受けているはずです．全体的なトレンドの影響を除去して，プログラムによる成績向上の影響を評価するためには，a から b を引く必要があります．図中の点線は比較群の成績変化の線を上方に平行移動させたものです．この点線は，もし処置群でプログラムが実施されておらず，マクロ的なトレンドの影響のみを受けていたら，成績はどの程度を変化していたかという反実仮想（Counterfactual）を示すと考えられます．そして，プログラムの効果は a と b の差分である c であると結論付けられます．このように**差の差の分析ではマクロ的なトレンドを考慮しているのに対して，前後比較ではトレンドの影響を無視しているので因果効果を正しく計測できない可能性があります．**

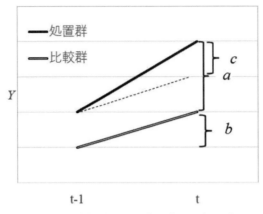

図 5.1　前後比較分析と差の差の分析の違い

都市開発の効果の分析

サンプル・スクリプト：chapter5-1.R
データ：rent-odakyu-enoshima96-04.csv

　もう1つ例を見てみましょう．第3章の分析事例では神奈川県藤沢市の湘南台駅近隣の賃貸物件の賃貸料データを分析しました．第1章でも説明した通り，この地区では，1996年に相模鉄道いずみの線と横浜市営地下鉄が開通し，横浜方面へのアクセスが大幅に改善し，駅周辺の再開発が行われ，人口増加とともに，商業施設が立ち並ぶ郊外の都市に発展しました．これを差の差の分析でその効果を測定してみましょう．第3章では湘南台駅を最寄りとする物件のデータで分析しましたが，本章では湘南台駅とその近隣の駅を最寄り駅とする賃貸物件のデータを使います．

　今，都市開発の対象グループを処置群（Treatment），非対象のグループを比較群（Control）と呼びます．ここでは，処置群，比較群について，それぞれ，1996年と2004年の「差」をとって，さらに処置群，比較群の差をとります．

処置群	1996 年の賃貸料	2004 年の賃貸料	2 時点の差	⎫
比較群	1996 年の賃貸料	2004 年の賃貸料	2 時点の差	⎬ 処置群と比較群の差

これを題材に回帰分析で，前後比較分析と差の差の分析を比較してみたいと思います．まず，回帰分析で差の差の分析を実施するには次のような式を推計します．

$$Y_{it} = \alpha + \beta_1 Treat_i + \beta_2 After_t + \beta_3 Treat_i * After_t + \beta_4 X_{it} + \epsilon_{it} \qquad (1)$$

ここで Y_{it} は成果指標（賃貸料），$Treat_i$ は**処置群ダミー**，$After_t$ は**処置期間後ダミー**，$Treat_i * After_t$ は**処置群ダミーと処置期間後ダミーの交差項**，X_{it} はその他の説明変数（賃貸物件の属性）です．次の表 5.1 は，3 つのダミー変数のイメージです．ここでは処置群ダミー Treat は湘南台ダミーで湘南台駅の物件が他の駅を最寄りとする物件に比べて，どの程度賃貸料が異なるかを示します．処置期間後ダミー $After_t$ は 2004 年ダミー（Year2004）で，2004 年の賃貸料が全体として 1996 年の賃貸料に比べてどの程度変化しているかを示します．$Treat_i * After_t$ の交差項（Treat2004）は，湘南台プレミアが 1996 年から 2004 年にかけてどの程度変化したかを示し，この係数が**差の差分析の処置効果**になります．

表 5.1　ダミー変数のイメージ

rent_total	x	Year	Station	Treat	Treat2004	Year2004
XXX	XXX	1996	湘南台	1	0	0
XXX	XXX	1996	湘南台	1	0	0
XXX	XXX	2004	湘南台	1	1	1
XXX	XXX	2004	湘南台	1	1	1
XXX	XXX	1996	長後	0	0	0
XXX	XXX	1996	長後	0	0	0
XXX	XXX	2004	長後	0	0	1
XXX	XXX	2004	長後	0	0	1
XXX	XXX	1996	六会	0	0	0
XXX	XXX	1996	六会	0	0	0
XXX	XXX	2004	六会	0	0	1
XXX	XXX	2004	六会	0	0	1

前後比較の場合は，湘南台に限定したサンプル（Treat が 1 の物件）のみで推定しま

すので，Treat2004 と Year2004 は同一になるので，うち片方，たとえば交差項のみを入れた式を推計します．

$$Y_{it} = \alpha + \beta_1 Treat_i * After_t + \beta_2 X_{it} + \epsilon_{it} \qquad (2)$$

回帰分析による差の差分析の表現

（1）式と（2）式が差の差分析，および前後比較分析の推定量となる理由については簡単な計算で示せます．今，単純化のため説明変数 X を省略し表5.1の変数名で（1）式を表すと，

$$Y = a + \beta_1 Treat + \beta_2 Year2004 + \beta_3 Treat2004$$

となります．ここで処置群と比較群の賃貸料を Y_T，Y_C と表すと，1996年と2004年の処置群の賃貸料，および2時点の差は，1996年は $Year2004$ が0であることに注意する以下のように表せます．

$$Y_{T,1996} = a + \beta_1 Treat$$
$$Y_{T,2004} = + \beta_1 Treat + \beta_2 Year2004 + \beta_3 Treat2004$$
$$(Y_{T,2004} - Y_{T,1996}) = \beta_2 Year2004 + \beta_3 Treat2004 \qquad (3)$$

ここで（3）式は処置群の2時点の差なので前後比較になっています．処置群に限定すると，$Year2004$ と $Treat2004$ は同一なので β_2 と β_3 は識別できません．次，同様に比較群の1996年と2004年の賃貸料，およびはその2時点の差は，$Treat$ と $Treat2004$ が0であることに注意すると以下のようになります．

$$Y_{C,1996} = \alpha$$
$$Y_{C,2004} = a + \beta_2 Year2004$$
$$(Y_{C,2004} - Y_{C,1996}) = \beta_2 Year2004 \qquad (4)$$

（3）と（4）の差をとると，

$$(Y_{T,2004} - Y_{T,1996}) - (Y_{C,2004} - Y_{C,1996}) = \beta_3 Treat2004$$

となります．これは「処置群の差」と「比較群の差」の差ですので，**差の差分析の因果効果推定量**に相当します．

スクリプト chapter5-1.R を見ていきましょう．使用するデータは rent-odakyu-eonoshima96-04.csv です．スクリプトでは最初に `readr::read_csv()` によるデータ読み込み，賃貸料総額 rent_total と駅からの時間距離 dist を作成していますが，この部

分は各自確認してください.

```
# treat ダミー作成
dataf <- dataf %>% dplyr::
                      mutate(treat=if_else(station=="shonandai",1.0))
# treat*2004年ダミー作成
dataf <- dataf %>% dplyr::
 mutate(treat2004=if_else((station=="shonandai"&year==2004),1.0))
# 2004年ダミー作成
Dataf <- dataf %>% dplyr::mutate(year2004=if_else(year==2004,1,0))
# 前後比較分析（湘南台限定）
result1 <-estimatr::lm_robust(rent_total~floor+age+dist+
                          treat2004,data=dataf, station=="Shonandai")
summary(result1)
# 差の差の分析
result2 <-estimatr::lm_robust(rent_total~floor+age+
                          dist+treat+year2004+treat2004,data=dataf)
summary(result2)
```

前後比較分析では，湘南台駅最寄り物件に注目しますので，湘南台限定のサンプルで推定します．**lm()関数では条件式を入れると条件を満たすサンプルで回帰分析を実施します**．ここでは station = "Shonandai" という条件をつけています.

```
estimatr::lm_robust(rent_total~floor+age+dist+treat2004,data=
dataf, station=="Shonandai")
```

treat2004 は 2004 年の湘南台駅最寄り物件であれば 1，そうでなければ 0 のダミー変数です.

一方，差の差の分析では，処置群（湘南台駅最寄り物件）と比較群（周辺駅最寄り物件）の 1996 年から 2004 年の賃貸料に注目しますので，次のように treat, year2004, treat2004 の 3 つのダミー変数を導入した回帰式を推定します.

```
estimatr::lm_robust(rent_total~floor+age+dist+treat+year2004+
treat2004,data=dataf)
```

> ！注意　estimatr::lm_robust() とは？
> 最小二乗法で頑健な標準誤差を表示させる関数です．3.4 節を参照のこと

　では結果を見ていきましょう．以下の 2 つの結果のうち，上段が前後比較分析，下段が差の差の分析です．

```
# 前後比較分析
estimatr::lm_robust(formula = rent_total ~ floor + age + dist +
    treat2004, data = dataf, weights = station == "Shonandai")
Weighted, Standard error type:  HC2
Coefficients:
            Estimate Std. Error t value   Pr(>|t|) CI Lower CI Upper  DF
(Intercept) 3.741986   0.483397  7.7410  3.407e-13  2.78938  4.69460 223
Floor       0.112109   0.007048 15.9075  1.383e-38  0.09822  0.12600 223
age        -0.091582   0.030766 -2.9768  3.235e-03 -0.15221 -0.03095 223
dist       -0.009986   0.031237 -0.3197  7.495e-01 -0.07154  0.05157 223
treat2004   0.698525   0.229196  3.0477  2.584e-03  0.24686  1.15019 223
Multiple R-squared:  0.7852 ,  Adjusted R-squared:  0.7814
# 差の差の分析
estimatr::lm_robust(formula = rent_total ~ floor + age + dist +
    treat + year2004 + treat2004, data = dataf)
Standard error type:  HC2
Coefficients:
            Estimate Std. Error t value   Pr(>|t|) CI Lower CI Upper  DF
(Intercept) 3.75165    0.342919 10.940   1.522e-22  3.07584  4.42746 221
floor       0.10872    0.005752 18.900   4.744e-48  0.09739  0.12006 221
age        -0.09025    0.016394 -5.505   1.020e-07 -0.12256 -0.05794 221
dist       -0.04459    0.015836 -2.816   5.307e-03 -0.07580 -0.01338 221
treat       0.52168    0.222332  2.346   1.984e-02  0.08351  0.95984 221
year2004   -0.20377    0.189427 -1.076   2.832e-01 -0.57709  0.16954 221
```

| treat2004 | 0.93752 | 0.299595 | 3.129 | 1.988e-03 | 0.34710 | 1.52795 | 221 |

Multiple R-squared: 0.8038 ,   Adjusted R-squared: 0.7984

treat2004 の係数は，前後比較では 0.699，差の差の分析では 0.938 と後者で大きくなっています．これは，なぜでしょうか？ 差の差の分析の Year2004 の係数をみると，−0.204 と有意ではないもののマイナスとなっています．これは湘南台駅最寄り物件では賃貸料が上がっている一方で，湘南台駅以外を最寄りとする物件では賃貸料が下がっている可能性があることを示唆しています．これを図示したのが図 5.2 です．a が処置群の変化（＝前後比較），b が比較群の変化，c が比較群の変化を加味した差の差の分析による処置効果を示します．比較群では賃貸料が下がっているので，処置群と比較群で賃貸料の差を比較した場合，単純な処置群の賃貸料の上昇幅よりも大きくなったと考えられます．比較対象の賃貸料はマクロ的な賃料の動向を反映しているとすれば，前後比較ではこうした状況を考慮しない不十分な推計値であるといえます．

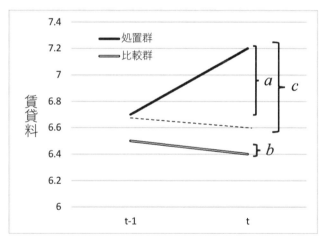

図 5.2　鉄道延伸による賃貸料変化の差の差の因果推定量

なお，差の差の分析はパネル・データを用いて分析することでより強力な分析ツールとなります．次節では，パネル・データとは何かからスタートし，パネル・データ分析の意義，そしてパネル・データによる差の差の分析の手順について説明していきます．

5.2 パネル・データによる差の差の分析

本節では，まずパネル・データとは何か，パネル・データ分析の特徴を説明したのち，パネル・データによる差の差の分析について説明します．

5.2.1 パネル・データとは何か

最初に，データ・フォーマットについて確認しておきましょう．表 5.2(a) のように，ある個体を時間軸で追跡したデータセットを時系列データ，表 5.2(b) のように，ある 1 時点の複数の個体のデータを収集したものをクロスセクション（横断面）データと呼びます．表 5.2(c) は，複数の個体を，それぞれについて時系列的に追跡できるデータで，これをパネル・データと呼びます．パネル・データを利用することのメリットは，（1）個体の異質性をコントロールできる，（2）時間による変化を評価することができるので因果関係の検証に適している，（3）サンプル・サイズが大きくなる，などの特徴があります．なお，表 5.2(d) のように，個体が追跡できない複数時点のクロスセクション・データの場合（個体番号が変わっているため，あるいは，対象が年によって異なるため，個体ごとに時系列でデータを追跡できない場合），プーリング・データと呼びます．

表 5.2(a)　時系列データの例

1990	XXXX
1991	XXXX
1992	XXXX
⋮	XXXX
1995	XXXX
⋮	XXXX
1998	XXXX
1999	XXXX
2000	XXXX

表 5.2(b)　クロスセクション・データの例

	1	XXXX
	2	XXXX
	3	XXXX
個体	4	XXXX
	5	XXXX
	6	XXXX
	⋮	XXXX
	n	XXXX

表 5.2(c)　パネル・データの例

		1990	1991	1992	…	1995	…	1998	1999	2000
	1	XXXX	XXXX	XXXX	XXXX	XXXX	XXXX	XXXX	XXXX	XXXX
	2	XXXX	XXXX	XXXX	XXXX	XXXX	XXXX	XXXX	XXXX	XXXX
	3	XXXX	XXXX	XXXX	XXXX	XXXX	XXXX	XXXX	XXXX	XXXX
個	4	XXXX	XXXX	XXXX	XXXX	XXXX	XXXX	XXXX	XXXX	XXXX
体	5	XXXX	XXXX	XXXX	XXXX	XXXX	XXXX	XXXX	XXXX	XXXX
	6	XXXX	XXXX	XXXX	XXXX	XXXX	XXXX	XXXX	XXXX	XXXX
	⋮	XXXX	XXXX	XXXX	XXXX	XXXX	XXXX	XXXX	XXXX	XXXX
	n	XXXX	XXXX	XXXX	XXXX	XXXX	XXXX	XXXX	XXXX	XXXX

表 5.2(d)　プーリング・データの例

ID		1991	ID		1992
1991_1	田中	XXXX	1992_1	高橋	XXXX
1991_2	伊藤	XXXX	1992_2	山本	XXXX
1991_3	佐藤	XXXX	1992_3	中村	XXXX
1991_4	加藤	XXXX	1992_4	小林	XXXX
1991_5	鈴木	XXXX	1992_5	吉田	XXXX
1991_6	渡辺	XXXX	1992_6	山田	XXXX
⋮		XXXX	⋮		XXXX
1991_n		XXXX	1992_n		XXXX

第 5 章

5.2.2　パネル・データ利用のメリット：何がわかるのか？

　では，パネル・データの利用によりどんなメリットが期待できるのでしょうか．ここでは，都道府県レベルの保育所定員率と母親就業率の関係を分析したシカゴ大学の朝井友紀子氏，武蔵大学の神林龍氏，東京大学の山口慎太郎氏による Asai et al.（2015）を事例にパネル・データの意義について考えてみましょう．

　女性の多様な働き方をサポートするためには保育施設を充実させることが重要だとされています．実際，政府，および地方自治体はここ 20 年の間，保育施設の拡充を進めてきました．こうした保育施設の拡充は女性の就業率をどの程度押し上げたのでしょう

か？　ここでは，都道府県 i の保育所の定員率 X_i（0-5 歳児の数に対する保育所定員の比率）が，母親就業率（0-5 歳児を持つ夫婦の母親就業率）Y_i にどの程度影響しているかを下記のような回帰式から分析する方法を考えます．

$$Y_i = \alpha + \beta * X_i + \epsilon_i \qquad (1)$$

　次の図 5.3 は，ある一時点（2000 年）における保育所定員率と母親就業率を示す散布図です両者の間には正の相関があることがわかります．

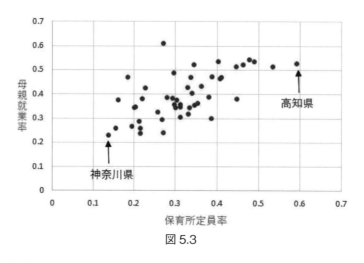

図 5.3

　この図に回帰直線をひくことで両者の関係を数式で記述することは可能です．しかし，これを因果効果と呼ぶには無理があります．たとえば左下の●は神奈川県，右上の●は高知県です．この背景には，母親就業率が都市部である神奈川県で低く，地方である高知県で高いのは，都市部で核家族世帯が多く，女性は出産後に親の協力を得るのが困難なため就業継続が難しいのに対して，地方では三世帯同居世帯が多く出産後も就業継続が容易なのかもしれません．また配偶者である夫の所得や労働時間，転勤の可能性のある職種かどうかによっても変わってくるでしょう．さらには各地域の文化的・慣習的な要因によっても女性の就業率は変わってくるかもしれません．一方，保育所の整備は地価の高い都市部では拡充は容易ではないですが，地方ではより柔軟に調整できるかもしれません．これらの要因の一部は説明変数を追加することで対処することができるかもしれませんが，文化的・慣習的な要因などは数値指標で考慮することは困難です．では，どうすればいいでしょうか？

ここでは，パネル・データを利用して保育所定員率が母親就業率に及ぼす因果効果を分析する方法について考えます．今，各都道府県の就業率と保育所定員率を追跡し，都道府県ごとに切片が異なるが傾きは等しくなるような回帰直線を引いたとします．そして，図5.4(a) のように保育所定員率の変化に伴って母親就業率の変化している場合，回帰直線の傾きは正の値をとると考えられます．この結果は，保育所定員率が上がったことで各都道府県の母親就業率が上昇していると考えられますので，両者の間に因果関係があると考えます．

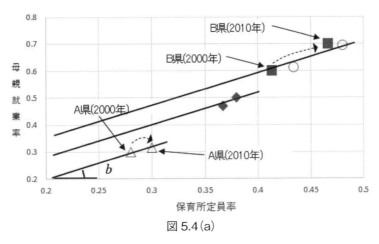

図 5.4(a)

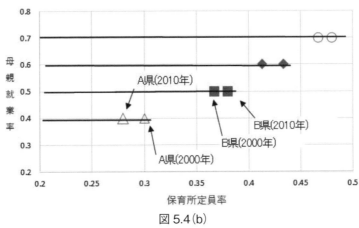

図 5.4(b)

一方で，もし，図 5.4(b) のように，保育所定員率が変動しても母親就業率が変化していないとすれば，保育所定員率は母親就業率に影響しない，ということになります．図 5.4(b) のような状況では，母親就業率は各々の都道府県の時間を通して変化しない要因，たとえば文化的・慣習的な要因で決まってくる，と考えられます．実際の分析では，データが，図 5.4(a) のような特性をもつのか，あるいは図 5.4(b) のような特性を持つのかを検証すればよいことになります．

5.2.3 プーリング回帰モデル

　今，個々の都道府県が時系列的に追跡できることを無視して回帰直線を引くとどうなるか考えてみましょう．次の図 5.5 は，図 5.4(b) のデータに対して回帰直線を計算し，一本の近似線を引いたものです．この場合，係数 b はプラスの値になるので保育所定員率は母親就業率を上昇させるという結果になり図 5.4(b) の説明と矛盾します．なお，このように，パネル・データを用いつつも，個々の個体を追跡できるという特性を考慮せずに推定する回帰モデルを**プーリング回帰モデル**といいます．

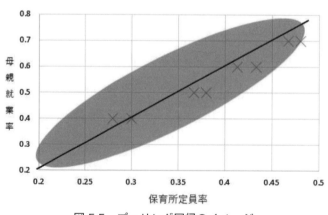

図 5.5　プーリング回帰のイメージ

5.2.4 固定効果モデル（Fixed Effect Model）

　では，回帰分析で，各個体を追跡できるという特性を生かし，実際のデータの構造を分析する方法について考えてみましょう．今，都道府県を i，時間を t で表すとしましょう．図 5.4(a)，図 5.4(b) では，いずれも，都道府県（i）の切片は異なっているものの，傾きが等しい近似線が引かれています．すなわち，各都道府県の母親就業率 Y_i は，保育所定員率 X_i と個々の都道府県の特性 μ_i によって決まると考えます．

$$Y_{it} = \alpha + \beta * X_{it} + \mu_i + \epsilon_{it} \qquad (5)$$

　この各都道府県の特性 μ_i を回帰分析に取り込むためにはどうすればいいでしょうか．1つの方法は，μ_i を，各都道府県のダミー変数に置き換える方法が考えられます．図 5.4(a)，図 5.4(b) にように，各都道府県で切片が異なると考える場合，各都道府県のダミー変数 D を追加することでこれを回帰式で表現することができます．この各都道府県のダミー変数のことを**固定効果（Fixed Effect）**とよび，固定効果を含む回帰モデルのことを**固定効果モデル（Fixed Effect Model）**と呼びます．

$$Y_{it} = \alpha + \beta * X_{it} + \gamma_1 D_1 + \gamma_2 D_2 + \gamma_3 D_3 + \cdots + \epsilon_{it} \qquad (6)$$

　具体的には，たとえば，都道府県ごとに2時点ずつのデータが含まれているデータセットであれば，以下のように，都道府県ごとに1をとるダミー変数を作成し，これを説明変数に加えます．

表 5.3　個体ダミー変数のイメージ

No	ID	Year	Y_{it}	X_{it}	d_1	d_2	d_3
1	1	2000	0.6	50	1	0	0
2	1	2010	0.65	60	1	0	0
3	2	2000	0.59	55	0	1	0
4	2	2010	0.67	60	0	1	0
5	3	2000	0.5	45	0	0	1
6	3	2010	0.54	55	0	0	1
⋮	⋮	⋮	⋮	⋮	⋮	⋮	⋮

この各都道府県のダミー変数の係数は，**観察されない各都道府県の特性を表し，説明変数として考慮されていない経済的・文化的・習慣的な要因を表す**と解釈されます．

時点固定効果

　パネル・データ分析では，もう1つ配慮すべき点があります．それはマクロショックへの対応です．たとえば，ここ20年間の母親就業率の向上の背景には，保育所定員率の改善以外にも様々な政策の影響もあります．次の図5.6は女性の育児休業取得率の推移です．2000年ごろは6割程度でしたが，2005年前後に急上昇して8割台で推移していることが分かります．この背景には，2007年に雇用保険を財源とする育児休業による賃金保証を4割から7割に引き上げたり（日本経済新聞2006年10月17日朝刊1面），厚生労働省が「子育てサポート企業」を認定する制度を導入するといった国の制度変革や企業意識の変化があります．こうした全都道府県に影響する全国レベルの政策変化と各都道府県の保育所定員率の改善が同時進行すると，母親就業率と保育所定員率は一見すると図5.4(a)のように見えても，それは全国平均による押し上げ効果であって，実際の関係は図5.4(b)のようになっているかもしれません．

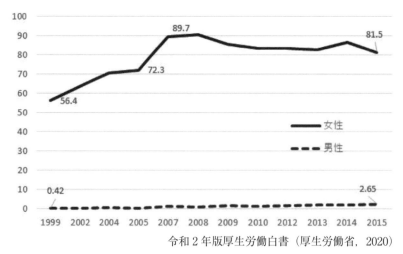

令和2年版厚生労働白書（厚生労働省, 2020）

図 5.6　育児休業取得率の推移

　これに対処するには，全国平均の母親就業率の改善分を割り引いてもなお，保育所定

員率の改善が進んだ都道府県で母親就業率が大きく改善している，といった事実があるかを調べます．今，2000年から2010年にかけて母親就業率が全国平均で10%上昇したとします．図5.7の破線の□や○は，各都道府県の2010年の母親就業率から全国平均の上昇分を割り引いた（一律で2010年の母親就業率を10%引き下げた）ものです．図5.7（a）のように，全国平均伸び率を考慮すると保育所定員率の伸び母親就業率の変化の間には関係がみられない場合は保育所定員率改善の効果はない，一方，図5.7(b)のように全国平均伸び率を考慮しても，保育所定員率の伸びが母親就業率を改善させている場合は，保育所定員率は母親就業率に因果効果を持っていると判断します．

パネル・データによる回帰モデルで「全国平均の伸び率」を調整するには**時点ダミー（時間固定効果）**を導入します．今回の例では2010年であれば1をとるダミー変数（以下（3）式ではT_1）を導入し，これにより母親就業率のマクロ的なトレンドを考慮します．

$$Y_{it} = \alpha + \beta * X_{it} + \gamma_1 D_1 + \gamma_2 D_2 + \gamma_3 D_3 + \cdots + \tau T_1 + \cdots + \epsilon_{it} \qquad (7)$$

このように個体固定効果と時間固定効果の両方を導入する回帰モデルは**二次元固定効果モデル**と呼ばれ，最近の実証分析では**標準的な推定方法**となっています．

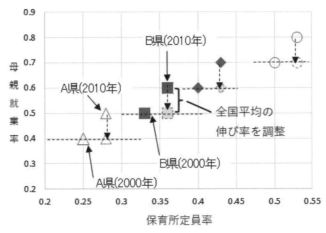

図5.7（a）　保育所定員率の変化が女性就業率に影響しないケース

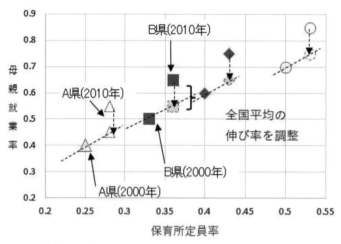

図5.7(b)　保育所定員率の変化が女性就業率に影響するケース

　では，Asai et al.（2015）による推計結果を見てみましょう（表5.4）．彼らの分析では1990年から2010年までの5年おき5時点のデータを使っています．(1)列目は，「その他の説明変数」「年固定効果」「都道府県固定効果」のところがすべて"No"となっていますが，これは一切の固定効果を加えないプーリング回帰であることを示します．(2)列目は「その他の説明変数」「年固定効果」が"Yes"，「都道府県固定効果」は"No"なので，その他の説明変数（各都道府県の父親・母親の平均年齢など），そして年固定効果を入れた（都道府県固定効果は含まない）推計結果です．これらの結果では，保育所定員率の係数はプラスで統計的に有意になりました．次の(3)列目は，すべて"Yes"なので，その他の説明変数，年固定効果と都道府県固定効果を入れた二次元固定効果モデルになっていますが，この場合，保育所定員率の係数が非有意になりました．この結果は，**各都道府県の母親就業率は，都道府県ダミーで考慮される経済的・社会的・文化的要因で決まっており，保育所定員率は統計的に有意な影響を与えてないと**結論付けることができます．ただ，この結論に多少疑問を持つ人もいるのではないでしょうか．Asai et al.（2015）では，さらなる追加推計が行われています．(1)～(3)列目は「0-5歳児のいる夫婦世帯の母親就業率」を被説明変数とする分析結果でしたが，(4)列目と(5)列目はそれぞれ核家族世帯の母親就業率，三世帯同居世帯の母親就業率を被説明変数にした分析結果が示されています．被説明変数を核家族世帯の母親就業率にすると，年固定効

果と都道府県固定効果の両方を入れても，保育所定員率の係数はプラスになることがわかります．一方，三世帯同居世帯の母親就業率を被説明変数とした推計では，保育所定員率の係数は引き続き統計的に非有意でした．この結果は，保育所定員率はすべての世帯の母親就業率を向上させるものではなく，祖父母等の親族の援助が受けにくい核家族世帯では効果的だが，家庭内に母親以外に面倒をみてくれる人がいる三世帯同居世帯ではその効果はみられない，と解釈できます．

表 5.4　Asai et al.（2015）による推計結果

被説明変数：母親就業率

世帯類型	0-5 歳児のいる夫婦世帯			うち核家族世帯	うち三世帯同居世帯
	(1)	(2)	(3)	(4)	(5)
保育所定員率	0.686***	0.567***	-0.147	0.322***	-0.243
	(0.077)	(0.083)	(0.110)	(0.058)	(0.158)
その他の説明変数	No	Yes	Yes	Yes	Yes
年固定効果	No	Yes	Yes	Yes	Yes
都道府県固定効果	No	No	Yes	Yes	Yes
決定係数	0.493	0.620	0.984	0.994	0.977
観測数	235	235	235	235	235

注）カッコ内は標準誤差．***は 1% 水準で統計的に有意であることを示す．

5.2.5　R による固定効果モデルの推定

スクリプト例：chapter5-2-1.R, fixest パッケージのインストールが必要
使用データ：asai00-10.csv

　では，Asai et al.（2015）で使われた実際のデータを使って母親就業率と保育所定員率の関係を chapter5-2-1.R で分析してみましょう．使用するデータは asai00-10.csv です．このファイルには 5 年に一度実施される国勢調査（総務省）から得た母親就業率（emprate）と社会福祉行政業務報告（厚生労働省）から得た保育所定員率（caprate）

のデータ，2000年，2005年，2010年の3時点のデータが含まれます．このデータを読み込み，以下の3つの回帰式を推定してみましょう．

$$Y_{it} = \alpha + \beta * X_{it} + \epsilon_{it} \tag{8}$$

$$Y_{it} = \alpha + \beta * X_{it} + \tau T_1 + \cdots + \epsilon_{it} \tag{9}$$

$$Y_{it} = \alpha + \beta * X_{it} + \gamma_1 D_1 + \gamma_2 D_2 + \gamma_3 D_3 + \cdots + \tau T_1 + \cdots + \epsilon_{it} \tag{10}$$

（8）は固定効果を一切含めないプーリング回帰，（9）は時点固定効果のみ，（10）は時点固定効果と個体効果の両方を含むモデルです．以下は（8）の結果です．

```
estimatr::lm_robust(formula = emprate ~ caprate, data = dataf)
Coefficients:
            Estimate Std. Error t value  Pr(>|t|) CI Lower CI Upper  DF
(Intercept)   0.2082    0.01819   11.44 8.816e-22   0.1722   0.2441 139
caprate       0.6154    0.04407   13.97 3.029e-28   0.5283   0.7026 139
```

保育所定員率であるcaprateの係数は0.6でt値は13.97と高く，P値は非常に小さな値なので，この係数は統計的に有意であるといえます．ただし，この推計結果は図5.6のような固定効果を一切考慮しない回帰式なので保育所定員率に因果効果があるとは言えません．

次に時点固定効果を含む（9）式を推定します．2000年，2010年，2015年の3時点のデータなので，2005年ダミーと2010年ダミーを追加します．3章の3.3節でも説明しましたがdplyr::mutate() 関数でダミー変数を作成する代わりにfactor() 関数でもダミー変数を導入することができるので，factor(year) で年ダミーを追加します．具体的には，

```
estimatr::lm_robust(emprate~caprate+factor(year), data=dataf)
```

と書きますが，この結果は以下3行と同じになります．

```
data <- dataf %>% dplyr::mutate(y2005=if_else(year==2005,1,0))
data <- dataf %>% dplyr::mutate(y2010=if_else(year==2010,1,0))
estimatr::lm_robust(emprate~caprate+y2005+y2010, data=dataf)
```

結果を見てみましょう．

```
estimatr::lm_robust(formula = emprate ~ caprate + factor(year), data
= dataf)
Coefficients:
```

	Estimate	Std. Error	t value	Pr(>|t|)	CI Lower	CI Upper	DF
(Intercept)	0.20536	0.01906	10.7728	5.545e-20	0.1676642	0.24306	137
caprate	0.58477	0.04283	13.6522	2.512e-27	0.5000697	0.66947	137
factor(year)2005	0.01388	0.01437	0.9657	3.359e-01	−0.0145404	0.04230	137
factor(year)2010	0.02791	0.01368	2.0393	4.334e-02	0.0008467	0.05497	137

factor(year)2005 と factor(year)2010 は，それぞれ 2005 年ダミー，2010 年ダミーの係数に相当します．caprate の係数は（4）式の推定結果に比べてやや小さくなっているものの，P 値は小さく統計的に有意です．

最後に個体固定効果と時点固定効果の両方を含む（10）式を推計してみます．

```
estimatr::lm_robust(formula = emprate ~ caprate + factor(year) +
factor(pref), data = dataf)
Coefficients:
```

	Estimate	Std. Error	t value	Pr(>|t|)	CI Lower	CI Upper	DF
(Intercept)	0.278554	0.016980	16.4050	6.321e-29	0.244825	0.312282	91
caprate	0.090259	0.056553	1.5960	1.140e-01	−0.022077	0.202595	91
factor(year)2005	0.034363	0.002715	12.6553	9.021e-22	0.028970	0.039757	91
factor(year)2010	0.070990	0.004959	14.3154	4.968e-25	0.061139	0.080840	91
factor(pref)愛媛県	0.037530	0.003269	11.4820	2.163e-19	0.031037	0.044023	91
factor(pref)茨城県	0.043988	0.005775	7.6173	2.357e-11	0.032517	0.055458	91

(以下省略)

時点効果と個体固定効果の両方を入れると，保育所定員率 caprate の係数が 0.1 を下回り，P 値も 10% を上回りましたので統計的な有意性が失われました．つまり，実際のデータは図 5.7(a) のようになっており，**各都道府県固有の経済的，文化的特性と，全国一律の政策変更や景気動向などの時点効果を考慮すると，保育所定員率の向上は母親就業率に影響しているとは言えない**という結論になります．

lm_robust() 関数に個体固定効果と年次固定効果を入れるもう 1 つの書き方として，fixed_effects オプションを使い，

```
estimatr::lm_robust(formula = emprate ~ caprate,
fixed_effects=~pref+year, data = dataf)
```

と書くこともできます．

なお，パネル・データ分析を行う際は fixest パッケージが便利です，まず，これを予めインストールし，library(fixest) で呼び出しておくと，固定効果モデルの推定は，feols()関数，すなわち

```
fixest::feols(Y~X1+X2+X3|固定効果，data=オブジェクト)
```

で実施可能です．ここで Y は被説明変数，X1, X2, X3 のところには説明変数を記入します．"|"の後ろに，個体固定効果のみを入れる場合は"個体識別番号"，個体固定効果と年次固定効果の両方を入れる場合は，"個体識別番号＋時間識別番号"を記入します[1]．"時間識別番号"のみを記入すれば，個体固定効果なしで，年次固定効果のみを導入したモデルを推計してくれます．今回の例では，

```
fixest::feols(emprate~caprate|pref+year, data=dataf)
```

のように記述します．ちなみに，

```
fixest::feols(Y~X1+X2+X3, data=データフレーム)
```

のように "|固定効果" を省略すると最小二乗法の結果が出力されます．

結果の出力方法

feols は modelsummary と組み合わせて使うことはできないのですが，fixest には etable()という関数が用意されており，推計結果を整理して表として出力することができきます．使い方は，

```
結果オブジェクト1<- fixest::feols(Y~X1+X2, data=データフレーム名)
結果オブジェクト2<- fixest::feols(Y~X1+X2|個体固定効果，data=データフレーム名)
結果オブジェクト3<- fixest::feols(Y~X1+X2|個体固定効果＋時間固定効果，data=データフレーム名)
fixest::etable(結果オブジェクト1，結果オブジェクト2，結果オブジェクト3，
    signif.code=c("***"=0.01,"**"=0.05,"*"=0.1), se.below=TRUE)
```

と書くことで，結果表が Console ペインに出力されます．なお，signif.code は P 値に応じて星を付けるオプションです．このオプションが無くても R は星を付けてくれま

---

[1] なお，2つの固定効果を入れる場合順番も大切で，個体識別番号→時間識別番号の順に書くようにしてください．P.205 のコラムで説明しますが feols は標準でクラスター標準誤差を計算しますが，その際 | の後ろの最初の固定効果を個体識別番号として標準誤差を計算するからです．

すが，結果表を EXCEL 出力したときに，P 値が 5% 以上だと星が付かないので，この
オプションを付けておくことを薦めます．また，"se.below = TRUE" を消すと係数の下
に表示される標準誤差が，係数の右側に表示されます．

　では，分析結果を見てみましょう．

```
> result_feols1 <- fixest::feols(emprate~caprate,data=dataf)
> result_feols2 <- fixest::feols(emprate~caprate|year,data=dataf)
> result_feols3 <- fixest::feols(emprate~caprate|pref+year,data=dataf)
> fixest::etable(result_feols1,result_feols2,result_feols3, se.below =
    TRUE)
                      result_..1  result_..2  resul..3
Dependent Var.:        emprate     emprate     emprate

Constant              0.2082***
                      (0.0186)
caprate               0.6154***   0.5848***    0.0903
                      (0.0488)    (0.0061)    (0.0600)
Fixed-Effects:       ----------  ----------  ----------
year                        No         Yes         Yes
pref                        No          No         Yes
                     ----------  ----------  ----------
S.E. type                  IID    by: year    by: pref
Observations               141         141         141
R2                     0.53351     0.54602     0.99462
Within R2                    —     0.48961     0.02775
---
Signif. codes: 0 '***' 0.001 '**' 0.01 '*' 0.05 '.' 0.1 ' ' 1
```

　固定効果の有無は Fixe-Effecs の下の "pref" と "year" の Yes, No で示されています．
caprate の係数は lm 関数による推計結果と同一になっています．なお，この表を
EXCEL に出力したい場合は，openxlsx パッケージをインストール&呼び出した上で，

```
tabcsv <- fixest::etable(result_feols1,result_feols2,result_feols3,
```

```
   signif.code=c("***"=0.01,"**"=0.05,"*"=0.1), se.below=TRUE)
openxlsx::write.xlsx(tabcsv,"result.xlsx")
```

と入力すれば結果は result.xlsx に出力されます.

なお, etable() 関数も msummry() 関数と同様にオプションをつけることで分析結果の表をカスタマイズすることができます. 詳細については WEB サポートで紹介していますので是非参照してください.

5.2.6 差の差の分析としての固定効果モデル

さて, 本節では, 固定効果モデルと差の差の分析の関係について説明します. ここでは単純化のためデータは 2 時点で時点固定効果を含めない (6) 式を基に議論を進めます. 2 時点のデータの場合, (6) 式は, 以下のように $t=1$ 時点との $t=2$ 時点の X と Y の関係である (11-1) 式と (11-2) 式として表すことができます. もし時点固定効果を入れる場合は, $t=2$ の (11-2) に出てくることになります.

$$Y_{i1} = \alpha + \beta * X_{i1} + \gamma_1 D_1 + \gamma_2 D_2 + \gamma_3 D_3 + \cdots + \epsilon_{i1} \qquad (11-1)$$
$$Y_{i2} = \alpha + \beta * X_{i2} + \gamma_1 D_1 + \gamma_2 D_2 + \gamma_3 D_3 + \cdots + \epsilon_{i2} \qquad (11-2)$$

次に, (11-1) から (11-2) を引きます.

$$Y_{i1} - Y_{i2} = \Delta Y_i = \alpha + \beta * X_{i1} + \gamma_1 D_1 + \gamma_2 D_2 + \gamma_3 D_3 + \cdots + \epsilon_{i1}$$
$$- (\alpha + \beta * X_{i2} + \gamma_1 D_1 + \gamma_2 D_2 + \gamma_3 D_3 + \cdots + \epsilon_{i2})$$
$$= \beta * \Delta X_i + \Delta \epsilon_i \qquad (11-3)$$

(11-3) 式では, X と Y はともに, 2 時点の差分をとった変数になっています. また, 差分をとることで時点間では変化しない定数項 (切片) と個体ダミーは消えてしまいます. これを**階差回帰モデル**と呼びます. このときの係数 β の意味を考えてみましょう. 係数 β は X が 1 増加したときに Y がどの程度変化するかを示しますが, これは, X が全く変動しなかったグループと X が 1 変動したグループの間で, Y の変化幅にどの程度差があるかを示していると考えることもできます. X が全く変化しないグループを比較群, X が 1 変化したグループを処置群とすると, 係数 β は処置群と比較群の Y の変化幅の差になりますので, 差の差の分析になっていることが分かります. 5.2.3 項の

例では，処置群は保育所定員率が変化した都道府県，比較群は変化しなかった都道府県と考えることができます．

	X の変化	Y の変化
処置群	1 単位変化（$\Delta X = 1$）	b
比較群	変化なし（$\Delta X = 0$）	0

　なお，5.1 節では，処置群と比較群をダミーで区別する**離散変数の差の差分析**であったのに対して，本節で紹介した分析では連続変数を用いていますので，**連続変数型の差の差の分析**と呼びます．

　パネル・データによる差の差の分析の特徴として3つ点をあげておきます．第一に，5.1節で，「差の差の分析では処置群ダミー，処置期間後ダミー，処置群ダミーと処置後ダミーの交差項を入れる」と説明しましたが，**パネル・データによる差の差分析の場合**，「**処置群ダミー」と「処置後ダミー」の交差項のみ**を入れます．なぜなら，処置群ダミーは個体固定効果と重複するので後者に吸収され，処置期間後ダミーは時点固定効果と重複し後者に吸収されてしまうからです．

　第二に，(11-3) からもう1つ指摘できることとして，**固定効果モデルの場合，時間を通じて変化しない変数は，説明変数には加えられない**ということです．たとえば都市化の要素を考慮するため，三大都市圏ダミーや三大都市からの距離といった変数を追加してみたくなるかもしれません．しかし，こうした変数は時間を通じて変化しないので，2時点の変化をとると消えてしまいます．以下の結果は，時間を通じて変化しない変数として試しに東京からの距離（東京の東京からの距離が0なので変数に1を足して対数をとっています）を導入した推計結果です．個体固定効果を追加した3つ目の推計式では東京からの距離の係数が得られていません．また，"The variable 'log（dist_f_tokyo + 1)' has been removed because of collinearity (see \$collin.var)." というメッセージが出ていますが，これは多重共線性（multi-collinearity）により変数が除かれたということを示唆しています．

```
> # 時間を通じて変化しない変数, dist_f_tokyo(distance from Tokyo) を導入
> result_feols1 <- fixest::feols(emprate~caprate+
                                 log(dist_f_tokyo+1),data=dataf)
```

```
> result_feols2 <- fixest::feols(emprate~caprate+
                    log(dist_f_tokyo+1)|year,data=dataf)
> result_feols3 <- fixest::feols(emprate~caprate+
                    log(dist_f_tokyo+1)|pref+year,data=dataf)
The variable 'log(dist_f_tokyo + 1)' has been removed
                    because of collinearity (see $collin.var).
> fixest::etable(result_feols1,result_feols2,result_feols3,
    signif.code=c("***"=0.01,"**"=0.05,"*"=0.1), se.below = TRUE)
                    result_..1 result_..2 resul..3
Dependent Var.:          emprate         emprate         emprate
Constant                0.1605***
                        (0.0278)
caprate                 0.5797***       0.5411***       0.0903
                        (0.0506)        (0.0033)        (0.0600)
log(dist_f_tokyo+1)     0.0106*         0.0117**
                        (0.0047)        (0.0009)
Fixed-Effects:          ─────────       ─────────       ─────────
year                           No             Yes             Yes
pref                           No              No             Yes
(以下省略)
```

　第三の特徴は，固定効果モデルによる差の差の分析では説明変数として導入できない第三の要因（P.174）を考慮できるという利点があることです．固定効果は，他の説明変数では考慮されない（変数として観察できない）時間を通じて変化しない，個体の特性でした．今回の例では，長期的に確立された各地域（都道府県）の経済的・文化的な要素，たとえば家父長制的な考え方の浸透度だと考えることができます．家父長制的な考え方を持つ世帯数が多いと保育所定員率（X）の改善もあまり進まない一方で，母親の就業率（Y）にも負の影響を持つと考えます．このように Y にも X にも影響する観察できない要因のことを第三の要因と呼びますが，見せかけの相関を作り出す可能性があるので，X と Y の関係を計測する上では厄介者です．特に，価値観といった変数として数量化しにくい要素を変数として考慮することは容易ではありません．固定効果モ

デルでは，X にも Y にも影響する観察されない個体特性が時間を通じて変化しないという仮定を置くことで，第三の要素の影響を除去して X と Y の関係を計測できるのです．

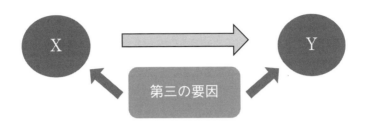

5.1 節で紹介した事例では，個体が追跡できないデータなのでプーリング回帰で差の差の分析を行っていますが，パネル・データによる差の差の分析は第三の要因を排除することができるため，より強力なツールと言えます．

！注意　パネル・データ分析に時間を通じて一定の変数を導入するには

固定効果モデルでは説明変数に時間を通じて一定の変数を導入することはできませんが，固定効果モデルの長所を残しつつ，説明変数に時間を通じて一定の変数を導入する分析手法としてWooldridge（2010）が提案する相関変量効果（Correlated Random Effect）モデルというモデルがあります．こちらの手法についてはWEB サポートで紹介しています．

コラム　グループ内変動モデル（Within-Estimator Model）と固定効果モデル

実際の固定効果モデルの推定で，多くの統計分析パッケージは多数のダミー変数を導入する代わりにグループ内変動モデルというものを使っています．これは Y と X を個体ごとの被説明変数，説明変数の平均値からの乖離に変換した上で推計する方法です．その概要を紹介しておきます．

単純化のため時点効果のない次のような回帰式を考えます．

$$Y_{it} = \alpha + \beta * X_{it} + \gamma_1 D_1 + \gamma_2 D_2 + \gamma_3 D_3 + \cdots + \epsilon_{it} \qquad (12)$$

今，時点が2時点のみのとき，（12）式を個体ごとの2時点のデータを足し合わ

せると

$$Y_{i1} + Y_{i2} = \alpha + \beta X_{i1} + \gamma_1 D_1 + \gamma_2 D_2 + \gamma_3 D_3 + \cdots + + \epsilon_{i1}$$
$$+ \alpha + b X_{i2} + \gamma_1 D_1 + \gamma_2 D_2 + \gamma_3 D_3 + \cdots + \epsilon_{i2}$$

　これを，合計を意味するシグマ（Σ）記号を使って，より一般的に書き表すと以下のようになります．今，時点は 2 時点ですので，$t = 1, \cdots, T = 1, 2,$ のケースになります．

$$\sum_{t=1}^{T=2} Y_{it} = T * \alpha + \beta \sum_{t=1}^{T=2} X_{it} + T * \gamma_1 D_1 + T * \gamma_2 D_2 + T * \gamma_3 D_3 + \cdots + \sum_{t=1}^{T=2} \epsilon_{it} \quad (13)$$

さらに両辺を T で割ると，

$$\overline{Y}_i = \alpha + \beta \overline{X}_i + \gamma_1 D_1 + \gamma_2 D_2 + \gamma_3 D_3 + \gamma_4 D_4 + \cdots + \overline{\epsilon}_i \quad (14)$$

を得ます．ただし，ここで，$\overline{Y}_i = \dfrac{1}{T} \sum_{t=1}^{T=2} Y_{it}$, $\overline{X}_i = \dfrac{1}{T} \sum_{t=1}^{T=2} X_{it}$, $\overline{\epsilon}_i = \dfrac{1}{T} \sum_{t=1}^{T=2} \epsilon_{it}$

とします．

　（12）式から（14）式を引くと，

$$Y_{it} - \overline{Y}_i = \alpha + \beta (X_{it} - \overline{X}_i) + (\epsilon_{it} - \overline{\epsilon}_i) \quad (15)$$

を得ます．つまり，**固定効果モデルの係数は，各変数について，個人ごとに平均からの階差と定義して，回帰分析を行ったときの係数と等しいことがわかります．**そこで，（15）式の係数を特に，グループ内変動モデル（Within Estimator Model）と呼ぶことがあります．

事例紹介 9 　　**大学の教育効果の測定**

　評判のいい学校（名門大学・高校）の学生は評判のいい大学に進学したり，また，人気企業に就職する学生が多いという事実がありますが，単にもともと学力の高い学生を選抜しているだけという見方もあります．ここでは，学校単位でみた入学時点の学力（学校単位の偏差値の平均値 X_i）が卒業生のパフォーマンス（学校単位の有名校への進学率や人気企業への就職率，Y_i）にどの程度影響しているかを分析することで，**名門校は優秀な学生を選抜しているだけなのか，優れた教育を提供しているから卒業生のパフォーマンスが高いのか**をパネル・データで分析する方法について考えてみましょう．

被説明変数 Y には，学校単位でみた卒業生のパフォーマンス（たとえば進学先の大学の偏差値の平均値），X は入学時点の偏差値とします．この2つの変数を単純に回帰分析（1時点の回帰分析，あるいはプーリング回帰）した場合，優秀な学生が集まっているから卒業生のパフォーマンスが良いのか，それとも優れた教育が行われているから入学時点の偏差値も高く，卒業生のパフォーマンスのパフォーマンスがよいのか判別できません．一方，パネル・データを用いる場合，入学時点の偏差値 X が変化したときに卒業生のパフォーマンス Y が向上するかを見ることで，優秀な学生を選抜したことによる効果を取り出すことができます．具体的な推計式は以下のような学校ダミーと年ダミーを導入した二次元固定固定効果モデルです．

$$Y_{it} = \alpha + \beta * X_{it} + \gamma_1 D_1 + \gamma_2 D_2 + \gamma_3 D_3 + \cdots + \tau T_1 + \cdots + \epsilon_{it} \qquad (7)$$

つまり，X の係数 β がプラスで大きな値であれば，入学時点の偏差値が卒業生のパフォーマンス Y に大きな影響を与えている，そうでなければ入学時点の偏差値以外の要因，たとえば学校独自の教育プログラムなどが重要だと考えます．(7)式の係数 β は，5.2.4 でも説明した通り，**偏差値が変化した学校を処置群，しなかった学校を比較群とする差の差の分析の推計結果**と解釈できます．また，学校の固定効果を導入することで，入学時点の偏差値にも，卒業生のパフォーマンスにも影響する，学校のブランドのような**分析者には定量的に把握できない（観察できない）**「**第三の要因**」をコントロールすることができます．なお，ここでは X が連続変数ですので，**連続変数型の差の差の分析**になっています．

> 処置群：偏差値が変化した学校
> 比較群：偏差値が変化しなかった学校
> 第三の要因：学校の教育機能・習慣・伝統

ここでは2つの研究事例を紹介します．第一の研究は，文系の大学学部の入学時点の偏差値（X）と卒業時点（4年後）の就職先企業の人気ランキング・スコア（Y）の関係を調べた北海道大学の安部由紀子教授の研究（安部，1997）です．就職先企業の平均人気ランキング・スコアは人気企業への就職者数が増えるほど高い数値になるように作成されています．データは 1984 年 3 月卒業から 1993 年 3 月卒業の学生の人気企業への就職先情報と 4 年前（入学時点の）偏差値のデータを，国公立大学では 67 大学学部，私立大学では 33 大学学部について収集しています．

もう1つの研究は，東京大学の近藤絢子教授の研究（近藤，2014）で，中高一貫の女子校を対象に，卒業生が進学した大学の平均偏差値（Y）を被説明変数，入学時点（中学受験）の偏差値（X）を説明変数とした分析です．データは，東京都・神奈川県の中高一貫の女子校71校，2003年から2009年に卒業した生徒の進学先大学の平均偏差値と6年前の入学時点の偏差値を用いています．いずれの研究でも学校の特色を示す説明変数が追加されていますが，ここでは入学時点の偏差値の係数のみに注目してプーリング回帰と固定効果モデルの結果を比較してみましょう．

　表5.5の（1）と（2）が大学入学時点の偏差値と就職先業の人気ランキング・スコアについての分析（紙幅の関係で国立大学のみを掲載），（3）と（4）は中高一貫の女子高の入学時点の偏差値と卒業生の進学先大学の平均偏差値についての分析結果です．プーリング回帰でも固定効果モデルでも入学時点の偏差値の係数はプラスで統計的に有意になっています．ただし，その大きさを比べると大学の分析でも中高一貫校の分析でも固定効果モデルのほうが大幅に小さくなっており，大学の分析では固定効果モデルの係数はプーリング回帰のそれの五分の一になっています．これを図5.5と図5.7（a），（b）にあてはめると，プーリング回帰が図5.5，そして固定効果モデルは，係数が小さければ図5.7（a），プーリング回帰と変わらなければ図5.7（b）に対応します．（2），（4）のいずれも係数はプラスで統計的に有意ですので図5.7（a）と図5.4（b）の間であるといえますが，プーリング回帰よりも大幅に係数が小さくなっていますので図5.7（a）に近い，つまり入学時点の偏差値の影響は限定的であるといえます．これらの結果を踏まえると，大学や中高一貫校の卒業生の進路には入学時点の偏差値で測った学生の質が影響を及ぼしているものの，その影響は支配的ではないと言えそうです．なお，近藤（2014）では，追加分析を行っており中高一貫校においても入学時点の偏差値は卒業生の進学先大学の平均偏差値にほとんど影響していないと結論付けています．これについては第6章の分析事例で紹介します．

表 5.5　入学時点の偏差値と卒業生のパフォーマンス

	安部 (1997)		近藤 (2014)	
	(1)	(2)	(3)	(4)
	プーリング回帰	固定効果モデル	プーリング回帰	固定効果モデル
入学時点の偏差値	0.170 (0.007) ***	0.036 (0.008) ***	0.367 (0.028) ***	0.161 (0.036) ***
その他の説明変数	Yes	Yes	Yes	Yes
学校固定効果	No	Yes	No	Yes
時間固定効果(年次ダミー)	Yes	Yes	Yes	Yes
決定係数	0.8	0.97	0.85	0.921

注)　説明変数には学校の特性を示す変数が含まれているが,ここでは紙幅の関係で入学人の偏差値の係数のみを示す.また,安部 (1997) では私立大学についても分析が行われているが,ここでは国公立大学の結果のみを掲載している.( ) 内は標準誤差,***は1%水準で統計的に有意であることを示す.

事例紹介 10　**学校の質と地域の魅力度**

　地域の小学校の質が上がると地域の魅力度は上がるのか?　また,上がるとすればどの程度効果があるのか?　この問いは都市経済学で長らく議論されてきたトピックの1つです.牛島・吉田 (2007) は,この問いに対して,東京23区の小学校の私立中学進学率を学校の質の代理変数 (X),地域の魅力度の代理変数として地価 (Y) を用い,P.88 で登場したヘドニックモデルを使って分析しています.欧米の研究では学校の質として子供のテスト・スコアが用いられることが多いのですが,日本では学校ごとのテスト・スコアが公開されていることは稀であるので,私立中学進学率が使われています.この2つの変数の関係を調べる際に問題になるのが,第三の変数の存在です.地域の親の教育水準や所得水準,その他の社会経済的特徴が,学校の質と地価の双方を押し上げる可能性があります.したがって,学校の質と地価の間に全く因果関係がなくとも,**第三の要因によって両者の間に見せかけの相関が生まれる**可能性があります.この第三の要因の影響を除去するために固定効果モデルが使われています.使用データは 2001 年から 2007 年までの東京都宅地建物取

引業協会が収集した地価で，毎年同じ地点の地価を調査したものになっています．

- 処置群：私学進学率が上昇した地点
- 比較群：私学進学率が変化しなかった地点
- 第三の要因：地域の親の教育水準・所得水準，その他の社会経済的特徴

推定式は，以下のように被説明変数が各地点の地価の対数値（lnP_{it}），教育の質の代理変数としての私立進学率（EQ_{it}），調査地点の地域特性（X_{it}），調査地点の固定効果（μ_{it}）と時間固定効果（年次ダミー）が加えられています．

$$lnP_{it} = a + b_1{}^*EQ_{it} + b_2{}^*X_{it} + d_1{}^*D2002 + \cdots + d_6{}^*D2007 + u_{it}$$

次の表5.6は推計結果です．第一列目は固定効果を考慮しないプーリング回帰，第二列目は固定効果モデルの推定結果です．いずれも私立進学率の係数はプラスですが，固定効果を考慮しないプーリング回帰係数では0.213だったのに対して，固定効果ではその1/7，0.003にまで小さくなっています．プーリング回帰では，学校の質の係数に，説明変数にも被説明変数にも影響する**第三の要因**の影響が現れていたのに対して，固定効果モデルでは調査地点ダミーを導入することにより第三の要因の影響を排除し，学校の質の変化が地価にどの程度影響するかという因果効果を特定できていると考えられます．

表5.6　小学校の質と地価の関係

	(1) プーリング回帰	(2) 固定効果モデル
私立進学率	0.213 *** (0.010)	0.033 *** (0.006)
地域属性（X_{it}）の有無	YES	YES
固定効果（Z_i）の有無	NO	YES
年次ダミーの有無	YES	YES
調整済み決定係数	0.855	0.982
サンプル数		32445

注）カッコ内は標準誤差

第 3 章の 3.7 節では，「誤差項が均一である」という仮定が満たされていない状況のことを不均一分散と呼び，標準誤差が過小評価され，t 値が過大評価されるという説明をしました．併せて，これを回避するために頑健な標準誤差の利用が推奨されていることを説明しました．しかし，固定効果モデルではもう少し複雑になり，「時間方向の誤差項の相関（自己相関）」についても配慮する必要が出てくるので「不均一分散と自己相関を考慮した標準誤差（Heteroscedasticity and Autocorrelation Corrected Standard Error, HAC Standard Error）」を用いる必要があります．結論から言うと，R で fixest パッケージの feols () 関数を使うと自動的に HAC 標準誤差を計算してくれます．本コラムでは，自己相関とは何かを簡単に紹介し，HAC 標準誤差の意義について説明します．

　まず，自己相関から始めましょう．たとえば，宮城県の 2000 年から 2019 年の所得（income，ここでは課税対象所得）と新設住宅着工戸数（house）の関係を分析するために次の式，

$$house_t = \alpha + \beta\, income_t + \epsilon_t$$

を推計したいとします．次のグラフは上記の回帰式の残差の推移をグラフにしたものです．

　ここで，2007 年ごろから残差が大きくマイナスになっているのはリーマンショ

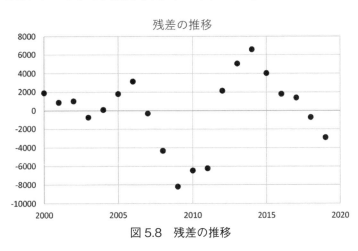

図 5.8　残差の推移

ックの影響，2011 年には東日本震災があり，翌 2012 年ごろからプラスの大きな値になっているのは東日本大震災後の復興需要と考えることができます．

　ここで注目してほしいのが，ショックが持続性を持っているという点です．リーマンショックと東日本大震災の負のショックは数年か持続し，また 2012 年以降の復興需要の正のショックも数年間持続しています．最小二乗法の誤差項が満たすべき，いくつか仮定の 1 つに「異なる時点間の誤差項は相関しない（$cov(\epsilon_{it}, \epsilon_{it-1})=0$)」というものがあります．ショックが一時的であれば，「異なる時点の誤差同士が相関しない」という仮定は満たされますが，上図のように残差が数期間にわたりマイナスが続く，プラスが続くようなときには，当期の誤差（ϵ_{it}）は前期の誤差（ϵ_{it-1}）と相関している可能性が疑われます．ショックが持続する期間が短かったり，また，持続的なショックが発生する頻度が少なければ問題ないのですが，そうでない場合の状況のことを**誤差項に系列相関がある，あるいは誤差項は自己相関する**といい，不均一分散のときと同様に標準誤差を過小評価，そして t 値を過大評価することが知られています．

　パネル・データの誤差項には，横断面方向の不均一分散と時間方向の系列相関が生じる可能性があります．そのような場合には HAC 標準誤差の一種であるクラスター標準誤差を用いることが推奨されています．クラスター標準誤差とは，あるグループ（クラスター）内で誤差項に相関があることを考慮した標準誤差で，パネル・データではグループ（クラスター）＝各個体とすることで，誤差項の異時点間の相関（自己相関）を考慮した推計が可能になります．fixest パッケージの feols 関数で個体固定効果を導入すると，各個体をグループとしたクラスター標準誤差を計算してくれます．

　なお，feols では|の後ろの最初の変数を個体固定効果としてクラスター標準誤差を計算しますので，feols（Y~X1＋X2| 個体固定効果＋時間固定項）のように書いてください．

R による実例 1：自由貿易協定の効果についての差の差の分析

> スクリプト 例：chapter5-2-2.R
> 使用データ：panel-gravaity-data.csv

　本節では，パネル・データで時間を通じて変化しない要因がどのように扱われるかを見ていきます．具体的には，第 3 章の 3.2.7 項でも登場した国際貿易を分析するツールとしての重力モデルと，これを用いた地域貿易協定（Free Trade Agreement, FTA）の効果の測定を例としてとりあげます．FTA の効果は通常，FTA ダミーによって分析されるので**離散変数による差の差の分析**となります．重力モデルによる FTA の効果測定には長い歴史があるのですが，GDP や二国間距離といった変数の係数は安定的に計測される一方で，FTA の効果については，対象とする国・地域・年代によって係数が小さくなったり，統計的に有意にならなかったり，また，マイナスになることがあることが知られています．クレムソン大学のスコット・ベアー教授とノートルダム大学のジェフェリー・バーグストランド教授（Baier and Bergstrand, 2007）らは，パネル・データによる差の差の分析の手法を用いて，FTA の因果効果の計測を試みています．本小節では Baier and Bergstrand（2007）の事例を使って，固定効果モデルの理解を深めていきます．

　まず，クロスセクション・データやプーリング・データでは，なぜ FTA の効果を正確に計測できないのでしょうか．もし，データでは観察されない二国間の文化的関係，あるいは政治的な事情といった「第三の要因」が FTA の有無と貿易額の双方に影響を与えているとすると，FTA が貿易額に及ぼす因果効果を正しく推計できないことになります．「第三の要因」を無視すると，どんな歪が生じるでしょうか？　今，規模と互いの地理的距離が等しい仮想的な 3 か国，A 国と B 国，C 国との間の貿易額の変化を例に考えてみましょう．図 5.9（a）を見てください．t-1 時点では，A 国と B 国の貿易額は大きく，A 国と C 国の貿易額は関税やその他の国内規制のため小さくなっているとしましょう．そして，t-1 時点から t 時点にかけて A 国は新たに C 国と FTA を結んだとします．FTA の締結は関税の引き下げに加えて国内の規制改革も行われることがある

第5章

ので，A 国と C 国の貿易額は大きく拡大するとします．このとき，クロスセクション・データとして t 時点の FTA の効果を計測すると，同一時点の FTA の有無による貿易額の差ですから，図 5.9（a）の a が FTA の効果となります．

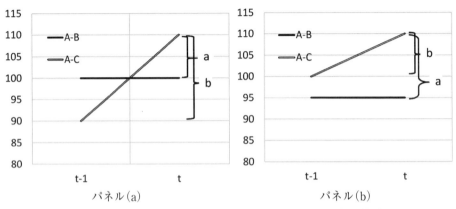

図 5.9　FTA の効果：クロスセクションとパネル分析の比較

　　ここで，FTA を新たに締結した二国間ペア，すなわち A 国 C 国間の貿易を処置群，制度的な変化がなかった A 国 B 国間の貿易額を比較群として差の差の分析を実施してみましょう．差の差の分析では，固定効果を導入することで，期間中に時間を通じて変化しない要因をコントロールできますので，FTA ダミーが新たに FTA を締結したときの効果を表すと考えられます．つまり，それぞれの二国間の組み合わせについて固定効果を導入したモデルの場合，図の各二国間貿易額の推移のグラフの切片は固定効果で説明されるため，FTA の効果は新たに FTA が締結された A 国 C 国間の貿易額の変化となり，その効果は図 5.9（b）の b となり，クロスセクションの効果の a よりも大きくなります．つまり，固定効果を考慮しないと FTA の効果が過小評価されることになります．この固定効果は，時間を通じて変化しない，そして説明変数では観察されない要因，たとえば二国間の親密度を表していると考えます．

　　逆に固定効果を導入することにより FTA の効果の推計値が小さくなるケースも考えられます．図 5.9（b）を見てください．FTA が締結される A-C 国のペアは，元々親密で貿易額が大きく，かつ，FTA を締結しても国内産業への影響が少ない，すなわち，あまり貿易が増えない二国のペアであるとします．この場合，t 時点のクロスセクショ

ンのFTAの効果の推計値（図5.9（b）のa）は大きく，固定効果の推計値（図5.9（b）のb）は小さくなります．この結果は，クロスセクションの推計値は観察されない二国間の親密度が考慮されてないことにより，FTAの効果が過大評価されていたと解釈されます．

　今回は，処置群と比較群がFTAの有無という離散変数で分けられているので5.1節の事例と同様，**離散変数による差の差の分析**になっています．

　　　処置群：FTAが締結された二国間ペア
　　　比較群：FTAが締結されていない二国間ペア
　　　第三の要因：二国の元々の親密さ

　ここではBaier and Bergstrand（2007）の分析結果を再現しながらパネル・データによるFTAの効果測定の方法を考えていきましょう．ここで使用するデータは，1960年から2000年までの5年おきの二国間貿易額（*Trade*）や二国間の距離（*Dist*），輸出国，輸入国のGDPなどです[2]．データ・ファイルはpanel-gravity-data.csvです．

　推計式は，以下の通りです．たとえば，被説明変数の$lnTrade_{ijt}$は，t時点のi-j国間の二国間貿易額の対数値であることを意味します．説明変数には輸出国，輸入国のGDP，二国間距離に加えて，二国間ペアで国境を接していれば1をとるダミー（contig），公用語が共通であれば1をとるダミー変数（comlang）を加えています．このうち，距離，contig，comlangは時間を通じて変化しない変数なので添え字のtがついていないことに注意してください．ここにFTAダミー（fta）と時間固定効果（λ_t）と個体固定効果（μ_i）が追加されています．

$$lnTrade_{ijt} = \alpha + \beta_1 lnGDP_{ex,it} + \beta_2 lnGDP_{im,jt} + \beta_3 lnDist_{ij} + \beta_4 Contig_{ij} + \beta_5 Comlang_{ij}$$
$$+ \beta_6 FTA_{ij} + \lambda_t + \mu_i + \epsilon_{ij}$$

---

[2] 二国間貿易額は，国際通貨基金（International Monetary Fund, IMF）のDirection of Trade Statisticsから，GDP等は世界銀行のWorld Development Indicatorから得ています．貿易額等は輸出国のGDPデフレーターで実質化されています．なお，ここで紹介する分析ではWorld Development Indicatorのバージョンの違いなどの理由によりBaier and Bergstrand（2007）の分析結果とサンプル数，および推計値が異なります．また，二国間距離やFTAダミーについても，Baier and Bergstrand（2007）では前者はCIA Factbookから，FTAダミーは独自に情報を整理して作成されていますが，ここではいずれも第3章で紹介したCEPII Gravity Databaseから取得されています．

データは 5 年おきに取得されていますが，まずは，10 年おきのクロスセクション・データで回帰分析を実施してみましょう．この場合，各推計式は 1 時点の横断面データですので，時間固定効果（λ_t）と個体固定効果（μ_i）は推計式に含まれません．まず，filter で 1960，1970，1980，1990，2000 に限定した dataf1960 などのデータフレームを作成します．

```
dataf %>% dplyr::mutate(ltrade=log(tvalue/GDPdef_o)) -> dataf
dataf1960 <- dplyr::filter(dataf, year==1960)
dataf1970 <- dplyr::filter(dataf, year==1970)
dataf1980 <- dplyr::filter(dataf, year==1980)
dataf1990 <- dplyr::filter(dataf, year==1990)
dataf2000 <- dplyr::filter(dataf, year==2000)
m1960<-fixest::feols(ltrade~log(GDPR_o)+log(GDPR_d)+log(distw)
                          +contig+comlang_off+fta,data=dataf1960)
m1970<- fixest::feols(ltrade~log(GDPR_o)+log(GDPR_d)+log(distw)
                          +contig+comlang_off+fta,data=dataf1970)
m1980<- fixest::feols(ltrade~log(GDPR_o)+log(GDPR_d)+log(distw)
                          +contig+comlang_off+fta,data=dataf1980)
m1990<- fixest::feols(ltrade~log(GDPR_o)+log(GDPR_d)+log(distw)
                          +contig+comlang_off+fta,data=dataf1990)
m2000<- fixest::feols(ltrade~log(GDPR_o)+log(GDPR_d)+log(distw)
                          +contig+comlang_off+fta,data=dataf2000)
fixest::etable(m1960,m1970,m1980,m1990,m2000, se.below = TRUE)
```

　次の表は，上記の 5 つの式を推定した際の推計結果を整理したものです．

	m1960	m1970	m1980	m1990	m2000
Dependent Var.:	ltrade	ltrade	ltrade	ltrade	ltrade
Constant	-28.72***	-36.96***	-39.72***	-41.96***	-47.55***
	(0.7893)	(0.6694)	(0.6653)	(0.6195)	(0.5494)
log(GDPR_o)	0.8274***	0.9662***	1.065***	1.120***	1.250***
	(0.0189)	(0.0158)	(0.0156)	(0.0143)	(0.0126)

log(GDPR_d)	0.7031***	0.9334***	1.001***	1.007***	1.116***
	(0.0179)	(0.0147)	(0.0149)	(0.0140)	(0.0127)
log(distw)	-0.6873***	-0.8791***	-1.067***	-1.052***	-1.153***
	(0.0443)	(0.0413)	(0.0410)	(0.0387)	(0.0365)
contig	-0.1955	0.3078	0.4406*	0.7293***	0.8292***
	(0.1766)	(0.1716)	(0.1749)	(0.1735)	(0.1627)
comlang_off	0.6120***	0.7515***	0.7022***	0.7293***	0.9811***
	(0.0828)	(0.0770)	(0.0771)	(0.0750)	(0.0679)
fta	0.4051	0.8878**	-0.0486	0.2114	0.2893*
	(0.3500)	(0.3336)	(0.2249)	(0.1965)	(0.1269)
	————	————	————	————	————
S.E. type	IID	IID	IID	IID	IID
Observations	2,065	3,693	4,579	5,932	7,319
R2	0.58789	0.65608	0.65155	0.64033	0.70224
Adj. R2	0.58669	0.65552	0.65109	0.63996	0.70200

```
Signif. codes: 0 '***' 0.001 '**' 0.01 '*' 0.05 '.' 0.1 ' ' 1
```

fta の係数に注目してください．1960 年，1970 年の FTA の係数は 0.4，0.9 と正で大きな値となりましたが，1980 年は非有意とはいえマイナスになっています．1990 年と 2000 年では再び係数は正の値をとりますが，係数の大きさは 0.2，0.3 と 1960 年，1970 年に比べると小さくなりました．

次に，1960，1965，…，2000 年と 5 年おき，9 時点のデータを使い，個体固定効果，年次固定効果（Year Fixed Effect, Year FE）を考慮したモデルを推計します．ここでの「個体」は二国間ペア（Country pair, CP，たとえば日本—中国，アメリカ—イギリスなど）ですので，個体固定効果は二国間ペア・ダミーを導入することを意味します．年次固定効果としては 5 年おきの年次ダミーを導入しています．

```
library(fixest)
result_feols1 <- fixest::feols(ltrade~log(GDPR_o)+log(GDPR_d)
            +log(distw)+contig+comlang_off+fta,data=dataf)
result_feols2 <- fixest::feols(ltrade~log(GDPR_o)+log(GDPR_d)
```

第5章

```
                   +log(distw)+contig+comlang_off+fta|year,data=dataf)
result_feols3 <- fixest::feols(ltrade~log(GDPR_o)+log(GDPR_d)
                   +log(distw)+contig+comlang_off+fta|id,data=dataf)
result_feols4 <- fixest::feols(ltrade~log(GDPR_o)+log(GDPR_d)
                   +log(distw)+contig+comlang_off+fta|id+year,data=dataf)
fixest::etable(result_feols1,result_feols2,result_feols3,result_feols4,
                                              se.below = TRUE)
```

実行すると以下のような結果が console ペインに表示されます.

```
>fixest::etable(result_feols1,result_feols2,result_feols3,result_feols4,
   signif.code=c("***"=0.01,"**"=0.05,"*"=0.1),se.below = TRUE)
                result_f..1 result_..2 result_..3 result_..4
```

Dependent Var.:	ltrade	ltrade	ltrade	ltrade
(切片は省略)				
log(GDPR_o)	1.065***	1.091***	0.8296***	1.608***
	(0.0052)	(0.0422)	(0.0394)	(0.0498)
log(GDPR_d)	0.9548***	0.9892***	0.4987***	1.323***
	(0.0051)	(0.0358)	(0.0393)	(0.0482)
log(distw)	-1.019***	-1.006***		
	(0.0142)	(0.0409)		
contig	0.5284***	0.4767***		
	(0.0607)	(0.0978)		
comlang_off	0.8155***	0.8047***		
	(0.0266)	(0.0502)		
fta	0.1736***	0.3902**	0.4269***	0.6000***
	(0.0666)	(0.1398)	(0.0619)	(0.0644)
Fixed-Effects:	————	————	————	————
year	No	Yes	No	Yes
id	No	No	Yes	Yes
	————	————	————	————
S.E. type	IID	by: year	by: id	by: id

Observations	42,006	42,006	42,006	42,006
R2	0.63173	0.65961	0.87772	0.88221
Within R2	—	0.65825	0.18174	0.09961

Signif. codes: 0 '***' 0.001 '**' 0.01 '*' 0.05 '.' 0.1 ' ' 1

result_feols1 〜 4 の推計結果を比較しながら係数の解釈を行っていきましょう.
result_feols1 は,プーリング回帰(固定効果を一切考慮しない推計),result_feols2 は
result_feols1 に年次ダミー(Year Fixed Effect)を追加した結果で,FTA の係数はそ
れぞれ 0.173, 0.39 となりました.一方,result_feols3 では,二国間ペア・ダミー(Country
Pair, CP),result_feols4 は,二国間ペア・ダミーと年次ダミーの両方を追加しています.
二国間ペア・ダミー(Country Pair, CP)が含まれる result_feols3 と result_feols4 では,
ldist(距離の対数値)と contig(国境隣接ダミー),comlabg_off(公用語の共通ダミー)
の係数が消えています.**これらの変数は時間を通じて変化しない変数であるため,二国
間ペア・固定効果によって吸収されてしまうため係数が得られません**(5.2.4 節参照).

result_feols3 と result_feols4 の FTA の係数に注目すると,係数はいずれも統計的に
有意で,それぞれ 0.427, 0.600 と result_feols1 と result_feols2 よりも,大きくなって
いることが分かります.なぜ,固定効果を考慮することで FTA の係数が変わったので
しょうか? P.214 の図 5.9(a)と(b)を見てください.今回,プーリング回帰の
FTA の係数よりも固定効果モデルのそれが大きくなっていますので,今回の分析対象
国,推計期間では,FTA 締結と貿易額の関係は図 5.9(a)のような状況になっている
二国間ペアが多いと考えられます.これは,元々貿易額が少なかった二国間ペアで
FTA が締結されることで,貿易額が拡大していることが示唆されます.一方,プーリ
ング回帰では,説明変数に GDP や距離,言語の共通性などを考慮しているものの,あ
る時点の FTA の有無による貿易額の差のみに注目しており,FTA の効果を過小評価
しているものと解釈されます.

今回,result_feols2 と result_feols4 では年次ダミーを追加しています.年次は各調査
時点を示しますので時点ダミーと呼ばれます.この時点ダミーを加えていない result_
feols1 と result_feols3 と比べると result_feols2 と result_feols4 では fta の係数が大きく
変化していることが分かります.

5.2.8 Rによる実例2：途上国の輸出支援策に関する制度変更の効果の測定

> スクリプト例：chapter5-2-3.R
> 使用データ：Cambodia-GSP.csv

　多くの先進諸国には，途上国の経済発展支援のため，一般特恵関税と呼ばれる低い関税率，あるいはゼロ関税を適用することで途上国の輸出を支援する制度があります．ただし，一般特恵関税の適用にあたっては，迂回輸出を除外するため原産地規則（Rules of origin）などの規制が設けられています．これらの規制にはどんな意味があるのでしょうか．たとえば，先進国がカンボジアのアパレル産業の輸出を支援するため同国のアパレル製品の輸入関税を軽減する特恵関税（低減税率）を導入したとしましょう．このとき，何も規制がない場合，第三国の企業，たとえば，タイの企業が梱包前の製品をカンボジアに持ち込んで Made in Cambodia のラベルを貼って低税率で先進国に輸出するといった迂回輸出が可能となります．梱包のみではカンボジアのアパレル産業の支援にはなりませんので，関税削減による途上国支援という本来の目的が達成されないことになります（例：表5.7の製品1）．そこで，原産地規則といって，カンボジアで一定の生産工程を経た製品のみに低減税率を適用するといった規則が設けられ，それを証明する書類（原産地証明）の提出が求められます．原産地規則には，転売品への適用を除外するのみならず，輸入中間財の利用を制限する場合もあります．一方で，原産地規則を厳しくし，輸入中間財の利用を制限すると制度が利用されなくなることもあります．EUは多くの低所得国に対して輸出支援のための関税免除制度を設けていましたが，カンボジア・アパレル製品向けの無税制度は，厳しい原産地規則を課していたため，その利用率が低迷していました．EUはこれを是正すべく，2011年より原産地規則を緩めることにしました．従来は，アパレル製品を無税でEU市場に輸出する際に，原材料としてカンボジア産の繊維製品を使用する必要がありました（表5.7の製品3）が，カンボジアの繊維産業は未熟で先進国向けのアパレル製品には不向きでした．2011年のEUの原産地規則の緩和によって，輸入原材料の利用も認められることになったため特恵関税の利用が飛躍的に伸びて（表5.7の製品2），その結果としてカンボジアからEUへの輸出

が拡大しました．アジア経済研究所の田中清泰研究員は，こうした EU のカンボジアの
アパレル製品に対する特恵関税の原産地規則の緩和がどの程度輸出額を増加させたかを
差の差の分析で分析しています（Tanaka, 2021）．

表 5.7　原産地規則による低減税率（特恵関税）の利用の条件

	繊維製造	縫製	梱包	低減税率？	
製品 1	海外	海外	国内	No	
製品 2	海外	国内	国内	No	➡ 2011 から Yes に！
製品 3	国内	国内	国内	Yes	

　Tanaka（2021）では，2007 年から 2015 年までのカンボジアのアパレル製品の世界
113 国向けの輸出額を利用して，差の差の分析で原産地規則緩和の影響を分析していま
す．**処置群は，カンボジアから EU へのアパレル製品の輸出，比較群はカンボジアから
EU 以外の国・地域への輸出**と定義されています（処置群と比較群は原産地規則変更の
有無という離散変数で区別されているので**離散変数による差の差分析**）．そして 2011 年
に原産地規則が緩和されたことから，EU 向け輸出の 2011 年前後の変化と EU 以外向
けの輸出の 2011 年前後の変化を比較しています．カンボジアの品目別輸出額は国連の
UN Comtrade というデータベースから取得されており，アパレル製品として貿易品目
番号 61（ニット製衣料品）と 62（織物製衣料品）を分析で使用しています[3]．

表 5.8　処置群と比較群

	2007 〜 2010 年まで	2011 〜 2015 年
処置群：EU 向け輸出	原産地規則変更なし	原産地規則変更あり
比較群：EU 以外向け輸出	原産地規則変更なし	原産地規則変更なし

　推定式は第 3 章でも紹介した重力モデルを使います．この分析では輸入国ダミーを導

---

[3] 各国の財別の貿易額は Harmonized System（HS）と呼ばれる貿易財分類により分類・記録されるこ
とが国際的な取り決めで決まっています．Tanaka（2021）でも，この貿易財分類に基づいて財を分類し
ています．

入するので二国間距離は説明変数に加えません．また，輸出国（＝カンボジア）の GDP は全輸入国に共通ですのでこれも推計式には入れていません．説明変数には関税率とカンボジアが新規に締結した自由貿易協定ダミーを導入しています．$EU_i \times Post_t$ は EU 向け輸出でかつ 2011 年以降 1 をとるダミー変数で，β_4 の大きさが原産地規則の緩和による輸出拡大効果，つまり**処置効果**を示します．最後の λ_t は時間固定効果で年次ダミーを追加しています．μ_i は個体固定効果，ϵ_{it} は誤差項です．なお，**パネルデータによる差の差の分析の場合，処置群ダミーと処置期間ダミーは不要で**，EU×Post のような処置群ダミー×処置期間ダミーの交差項のみを入れます．

$$lnExp_{it} = \alpha + \beta_1 lnGDP_{im} + \beta_2 Tariff_{it} + \beta_3 RTA_{it} + \beta_4 EU_i \times Post_t + \lambda_t + \mu_i + \epsilon_{it}$$

並行トレンドの仮定

差の差の分析で因果関係の特定が可能となるための条件として，処置前において処置群と比較群が同じトレンドを持つことという条件があります．次の図 5.10 では，処置前後（t＝4 前後）の処置群と比較群の成果指標の推移を比較しています．図 5.10（a）では，処置前には処置群と比較群の成果指標は並行に動いているのに対して，処置後は処置群と比較群の成果指標の差が拡大しています．一方，図 5.10（b）では，比較群の成果指標は全体としてあまり変動がないのに対して，処置群の成果指標は処置前から上昇トレンドを持っています．この場合，処置後の処置群と比較群の乖離のうち，どの程度が処置によるものかを識別するかが困難になるので，差の差の分析で因果効果を測定できないとされています．

図 5.10（b）の例として，ネズミの生体実験で，成果指標 Y を体重，処置群に成長期の若いネズミ，比較群に成熟期のネズミを用いて，前者に成長促進剤を与える実験を行うという事例を考えてみましょう．比較群である成熟期のネズミはそもそも体重があまり変化しません．一方，処置群である成長期の若いネズミは，もともと体重が増加傾向にある中で成長促進剤を与えていますので，この比較では処置群の体重の変化のうち，成長期によるものと成長促進剤によるものを識別するのが困難になります．つまり，処置群と異なるトレンドを持つグループを比較群として用いると，因果推論の方法として差の差の分析は機能しないと言えます．

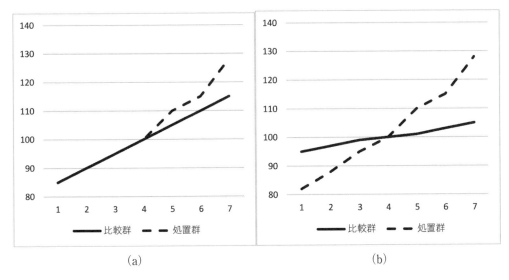

（a）　　　　　　　　　　　　　　　　（b）

図 5.10　並行トレンド

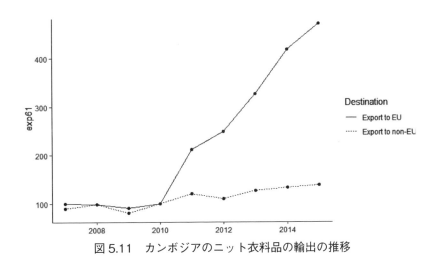

図 5.11　カンボジアのニット衣料品の輸出の推移

　Tanaka（2021）でも，並行トレンドの仮定が成立しているかグラフを使って確認しています．図 5.11 は 2010 年におけるカンボジアから EU と EU 以外へのニット製品の輸出額をそれぞれ 100 として，その推移をみたものです．2010 年までは両者は並行に推移しているので並行トレンドの仮定は成立しており，政策変換後の 2011 年以降，EU

向け輸出は大きく伸びていることがわかります.

では,推計のためのRのコードと推計結果を見ていきましょう.

```
dataf <- readr::read_csv("Cambodia-GSP.csv")
result1 <- fixest::feols(log(exp61)~eu_post+log(gdp)+log(gdppc)
                          +tariff+fta|ctyid+year,data=dataf)
result2 <- fixest::feols(log(exp62)~eu_post+log(gdp)+log(gdppc)
                          +tariff+fta|ctyid+year,data=dataf)
result3 <- fixest::feols(log(exp64)~eu_post+log(gdp)+log(gdppc)
                          +tariff+fta|ctyid+year,data=dataf)
result4 <- fixest::feols(log(exp10)~eu_post+log(gdp)+log(gdppc)
                          +tariff+fta|ctyid+year,data=dataf)
fixest::etable(result1,result2,result3,result4,
    signif.code=c("***"=0.01,"**"=0.05,"*"=0.1), se.below = TRUE)
```

ここでは被説明変数を変更しながら4つの推計式を推定しています.すべての推計式の“|”の後ろに“countryid+year”と記載してありますので,個体固定効果(国固定効果)と年次固定効果が導入されています.etableで出力された推計結果は次の通りです.

result1はニット衣料品(貿易品目番号61)の輸出額に関する推計結果です.eu_postは2011年以降EU向け輸出であれば1をとるダミー変数です.この係数は0.983と正の値で,***で1%水準で統計的に有意になっています.係数から原産地規則の緩和の効果を計算すると,$\exp(0.983)-1=1.67(167\%)$(この計算はP.126のコラム参照)となり,EUによる原産地規則の変更が大幅な輸出の増加をもたらしたと結論付けることができます[4].result2は織物製衣料品(貿易品目番号62)の輸出額に関する係数ですが,eu_postの係数はプラス,***なので1%水準で統計的に有意であることがわかります.

	result1	result2	result3	result4
Dependent Var.:	log(exp61)	log(exp62)	log(exp64)	log(exp10)
eu_post	0.9828***	1.412***	−0.5550*	0.4845

---

[4] なお,この表ではTanaka(2021)と異なる方法で標準誤差を計算しています(ここでは,不均一分散と自己相関に頑健な標準誤差)ので,Tanaka(2021)とは標準誤差,およびt値が異なります.

	(0.3597)	(0.4365)	(0.3065)	(0.6243)
log(gdp)	0.2868	−1.319	5.115**	2.839
	(2.716)	(2.566)	(2.197)	(6.013)
log(gdppc)	1.580	4.759**	−4.385*	−2.849
	(2.546)	(1.978)	(2.216)	(7.354)
tariff	−0.0366***	−0.0316	−0.0199	−0.0490
	(0.0094)	(0.0210)	(0.0195)	(0.0717)
fta	0.9397***	1.766***	−0.0476	0.0140
	(0.2314)	(0.4970)	(0.4904)	(1.301)
Fixed-Effects:	————	————	————	————
ctyid	Yes	Yes	Yes	Yes
year	Yes	Yes	Yes	Yes
	————	————	————	————
S.E.: Clustered	by: ctyid	by: ctyid	by: ctyid	by: ctyid
Observations	591	452	568	279
R2	0.94338	0.88104	0.88145	0.82247
Within R2	0.09348	0.13410	0.06571	0.01188

プラセボ検定

　プラセボとは偽薬のことで，薬学実験では，処置群を「新薬を投与するグループ」，比較群を「偽薬を投与するグループ」として健康状態の改善具合を比較することがあります．なぜ比較群は薬を投与しないグループにしないのでしょうか．処置群に薬を投与すると患者に「これで健康状態が改善するかもしれない」という期待を与え，この安心感が体調を回復させるといった心理的効果が発生する可能性があります．もし心理的効果があるならば，新薬投与グループと薬の投与無しグループの差は，新薬の効果を示すのか心理的効果を示すのかがわからなくなってしまいます．そこで，偽薬を投与することで処置群と比較群の条件を揃えるのです．

　経済分析においては，政策の影響が処置群にしか発生していないことを示すために，同じ推計式をわざと政策の対象になっていないグループに適用して，同様の効果が発生していないことを示すことを**プラセボ検定**と呼びます．この事例の場合，原産地規則の

緩和の対象はカンボジアの EU 向けのアパレル製品の輸出でした．もし 2011 年以降，原産地規則の緩和以外の要因，たとえば EU とカンボジアの二国間関係が改善して全体的にカンボジアから EU への輸出が増えているとすれば，差の差の分析で計測された輸出拡大効果は原産地規則緩和の影響とは言えないことになります．そこで，Tanaka (2021) では，輸出の拡大はアパレル製品のみで観察されることを確認するために被説明変数をアパレル製品の代わりに靴・履物（貿易品目番号 64）と穀物（貿易品目番号 10）の輸出に代えて分析しています．

　result1 と result2 にアパレル製品の輸出額を被説明変数とする推計，result3 と result4 は靴履物，穀物を被説明変数とする推計結果が示されています．アパレル製品では 2011 年以降の EU 向けの輸出で 1 をとる eu_post の係数がプラスであるのに対して，result3 と result4 では係数はマイナス，あるいは非有意となりました．この結果から 2011 年以降 EU 向けの輸出が増えているのはアパレル製品のみであることが確認できました．

　なお，最近，イベントスタディ型の差の差の分析という手法もよく使われています．本書の WEB サポートで解説していますのでチェックしてみてください．

> **コラム**　　差の差の分析の限界

　差の差の分析は，比較的単純な分析で因果関係を特定できるので便利なのですが，分析に際しては，処置群と比較群がどのように振り分けられているかに注意する必要があります．理想的には，ランダム化比較実験のように処置群と比較群がランダムに振り分けられているのが望ましいのですが，観察データを使う場合でそのような事例は極めて稀です．そこで，政府や自治体の制度変更等に伴って，ある特定のグループのみに適用される制度変更を利用したり，災害のように特定の地域で発生するイベントを利用する**自然実験**を利用した分析が行われます．

　しかし，実際には政策効果の測定のニーズとしては，たとえば公募制の留学支援パッケージの効果や，企業の海外進出や研究開発投資の拡大といった企業戦略の効果測定などの分析ニーズも多々あります．このような場合に差の差の分析を適用しても正確な効果測定が実施できないことが知られています．たとえば，今，公募制

の交換留学プログラムの参加者と非参加者を比較して語学のスコアに関する効果測定を実施する場合を考えてみましょう. 語学スコアの伸びは, 交換留学非参加者に比べて参加者のほうが大きいと期待されますが, この差を因果効果と考えてもよいでしょうか? 交換留学プログラムへの参加は公募制なので, 意欲が高く, 語学の勉強に熱心な学生が応募すると考えられます. 一方, 非参加者は語学の勉強にはさほど熱心ではない学生も多いかもしれません. そうすると, 参加者と非参加者の間での語学のスコアの伸びの差には, プログラム参加前の語学に対する熱意の違いも反映されていると考えられます.

もう1つ, 企業の海外展開の効果に関する分析についても考えてみましょう. 企業が海外進出することで, 国内生産や雇用にどんな影響があるかを調べたいとします. 海外に進出した企業を処置群, 国内に留まっている企業を比較群として分析する方法が考えられます. このとき, 比較群にデータが得られる企業をすべて含めてもいいものでしょうか? 製造業企業の場合, 海外進出には資金, 技術, 人材が必要になりますので, 海外進出する企業は比較的大きな企業が中心になります. このような企業と比較する比較群に零細企業を含めてもよいものでしょうか?

では, どうすればいいのでしょうか? こうした問題には, 操作変数法, 傾向スコア法などの方法で対応が可能です. これらの手法については第6章, 第7章で説明します.

コラム　**使われなくなった変量効果モデル**

一昔前のテキストにはパネル・データ分析といえば, 変量効果モデルと固定効果モデルを推定して, ハウスマン検定を実施して, どちらかを選ぶ, という作法が紹介されていました. しかし, 最近では, 学会発表でも査読付き学術誌でも変量効果モデルは見られなくなり, 近年, 出版された計量経済学のテキストでも紹介されなくなりつつあります. 本コラムでは, その背景を簡単に紹介します.

まず, 変量効果モデルとは何か, から始めましょう. 変量効果モデルとは, 「観察できない個体属性 (μ) が説明変数 (X) と相関しない」という仮定を置いたモデルです. 固定効果モデルでは, これまで明示的に議論してきませんでしたが, 「観察できない個体属性 (μ) が説明変数 (X) と相関してもよい」と仮定されており,

ここが大きな違いになります.

表5.9　固定効果モデルと変量効果モデルの違い

	仮定
固定効果モデル（Fixed Effect Model）	X と μ が相関してもよい
変量効果モデル（Random Effect Model）	X と μ が相関しない

　変量効果モデルの場合，観察できない個体属性（μ）が説明変数（X）と相関しないので，観察できない個体属性（μ）を誤差項の一部として推計することができます．つまり，

$$Y_{it} = \beta X_{it} + v_{it}$$
$$v_{it} = \mu_i + \epsilon_{it}$$

として推計することになります．この新しい誤差項 v_{it} について，v_{it}（t時点の誤差項）と v_{it-1}（t-1時点の誤差項）の共分散を計算すると，

$$Cov(v_{it}, v_{it-1}) = Cov(\mu_i + \epsilon_{it}, \mu_i + \epsilon_{it-1}) = E[(\mu_i + \epsilon_{it})(\mu_i + \epsilon_{it-1})] = E(\mu_i^2) \neq 0$$

となります[5].t-1時点のvとt時点のvの誤差項の共分散がゼロではない，つまり誤差項が系列相関していることになります．このような場合，誤差項が異時点間で相関することを考慮した一般化最小二乗法として開発されたのが変量効果モデルです．詳細はWebサポートで紹介しますが，Rではplmパッケージのplm関数で変量効果モデル推定で推計ができます．

　なぜ変量効果モデルが使われなくなっているのでしょうか？　第一に，現実の経済問題で「Xとμが相関しない」といった状況が考えにくいという理由があります．たとえば，賃金（*wage*）と学歴や企業規模，職場の経験年数（X）の関係を推計する賃金関数を考えてみましょう．

$$wage_{it} = \alpha + \beta X_{it} + \mu_i + \epsilon_{it}$$

　実際の各個人の年収は，観察可能な学歴や企業規模，経験年数だけではなく，個人のコミュケーション能力，集中力やIQといった観察できない要因の影響も受け

---

[5] ここで $Cov(X, Y) = E(XY)$，$E(\mu_i \epsilon_{it}) = Cov(\mu_i, \epsilon_{it}) = 0$，$E(\epsilon_{it}\epsilon_{it-1}) = 0$ という性質を使っています.

ていると考えるのが自然なので，こうした要因を考慮するために μ_i を加えます．そして，この式を固定効果モデルと変量効果モデルのどちらで推計すべきかですが，X と μ_i が相関するかしないかによります．この場合，μ_i をコミュニケーション能力，集中力や IQ としたときに，これらが高ければ，大学進学率も高いでしょうし，大企業への就職確率も上がると考えれば「X と μ_i が相関する」と考えるのが自然です．ここでは，年収の決定要因を考えましたが，多くの経済データの場合，変数が相互に関連することが多いので X と相関しない「観察できない個人属性 μ_i」がある場合というのは極めて稀ではないでしょうか．

第二に，もし「X と μ_i が相関しない」状況で固定効果モデルを使用した場合に何か問題が生じるかというと，個体ダミーをいれるとその係数は非有意になるかもしれませんが，異時点の誤差間で相関が生じるという問題が発生する以外では特に問題はありません．固定効果モデルにおける誤差間に異時点間の相関についてはコラムで紹介した HAC 標準誤差で対処できます．

逆に本来固定効果モデルを用いるべき状況，すなわち「X と μ_i が相関する」状況で変量効果モデルを使用すると，「説明変数 X と誤差項が無相関」という仮定が満たされなくなり，係数が過大・過少推計されるという問題が生じます．これらの理由を踏まえると，変量効果モデルを積極的に用いる理由はないと考えられます．なお，固定効果モデルと変量効果モデルを選択するハウスマン検定についても問題点が指摘されており，最近はあまり利用されなくなっています．詳しくは，参考文献の西山ほか（2019），森田（2014），奥井（2015）を参照して下さい．

また本書の WEB サポートでは変量効果，およびハウスマン検定の R での操作方法についても触れているほか，P.205 でも触れた相関変量効果（Correlated Random Effect）モデルについても説明しています．また，**パネルデータで被説明変数が 0/1 の場合の対処法**についてもふれています．

スクリプト例：chapter5-3.R, plm パッケージのインストールが必要
使用するデータ：nlswork.csv

パネル・データには，横断面の散らばりに加えて時間方向の変動がありますので，説明変数や被説明変数に変化率やラグ項を導入して分析することがよくあります．ここでは，米国の個人レベルのパネル・データ nlswork.csv を用いて，労働組合への参加は賃金を上昇させるかを調べてみましょう．nlswork.csv は，米国労働統計局が1966年より実施しているパネル調査で，就業状態，学歴，居住地，家族などの労働環境に関する調査データです．

なお，予めお断りしますが，労働者の組合への参加は個人の意思に基づきます．よって，組合参加の賃金の効果を差の差の分析で計測しようとしても，組合への参加資格がある労働者，あるいは組合に参加することでメリットが得られると予測している労働者のみが組合に参加することによるセレクション・バイアスの影響を受けます（P.226のコラムも参照）．よって，本節の分析では労働組合参加による賃金への因果効果は測定できません．この点については同じデータを使って第7章で再検証します．

本節の目標は以下の推計式を推計することです．

$$WG_{it} = \alpha + \beta_1 \, DUnion_{it} + \beta_2 \, X_{it-1} + \lambda_t + \epsilon_{it}$$

ここで $WG_{it}(=lnW_{it} - lnW_{it-1})$ は賃金上昇率，$DUnion_{it}$ は t-1 期から t 期にかけて組合に参加すれば1，そうでなければ0のダミー変数，X_{it-1} は t-1 期の学歴，職歴など個人の属性，最後の λ_t は時点固定効果です．t-1 期の変数のことをラグ変数と呼びます．

5.3.1 ラグ変数の作成方法

Rでラグ変数を作成するにはplmパッケージを使います．plmパッケージをインストールした上で，スクリプトの冒頭で，library(plm) で呼び出しておきます．

まずは，データの構造を認識させます．

```
新しいデータフレーム=pdata.frame(データフレーム，c("個体識別番号","時間識別番号"))
```

chapter5-3.Rでは読み込んだデータdatafに一度格納し，その後，pdata.frame()関数でパネル・データとして認識させたデータをpdatafとしています．

```
dataf <-readr::read_csv("nlswork.csv")
pdataf <- plm::pdata.frame(dataf,index=c("idcode","time"))
```

ラグをとる際はplm::lag() 関数を使います．残念ながらplm::lag() 関数はdplyr::mutate() 関数と一緒に使えないので，たとえばpdatafに含まれるxという変数の1期ラグをx_lagとするときは，

```
pdataf$x_lag=plm::lag(x)
```

のように記述します．次の2行ではt-1期からt期，およびt-2期からt期にかけての賃金変化（wgrowthとwgrowth2）を計算しています．

```
pdataf$wgrowth=pdataf$ln_wage-plm::lag(pdataf$ln_wage)
pdataf$wgrowth2=pdataf$ln_wage- plm::lag(lag(pdataf$ln_wage))
```

次に，t-1期からt期にかけて労働組合に参加したら1，そうでなければ0というダミー変数dunionを作成します．plm::lead() やplm::lag()，dplyr::mutate()，if_else() を一緒に使うことができないので，「pdatafに含まれるx，y，zで，yがz以上ならxに1を代入」というときは，

```
pdataf$x[pdataf$y>pdataf$z] <-1
```

と記載します．dunionの場合は，t-1期に組合非参加でt期に参加なら1，t-1期に組合非参加でt期も非参加なら1と定義します．

```
pdataf$dunion = case_when(
  (pdataf$union == 1 & plm::lag(pdataf$union) == 0) ~ 1,
  (pdataf$union == 0 & plm::lag(pdataf$union) == 0) ~ 0
```

ここで変数が正しく作成されているか確認しましょう．dplyr::select() で変数を限定した上でデータの一部を Console ペインに表示させます．

```
pdataf %>% dplyr::
    select(idcode,year,ln_wage,wgrowth,wgrowth2,union,dunion)
```

```
> pdataf %>% dplyr::
    select(idcode,year,ln_wage,wgrowth,wgrowth2,union,dunion)
        idcode  year    ln_wage     wgrowth    wgrowth2  union  dunion
1-3          1    70  1.4512140          NA          NA     NA      NA
1-4          1    71  1.0286200  -0.4225940          NA     NA      NA
1-5          1    72  1.5899770   0.5613570   0.1387630      1      NA
                             (中略)
4-11         4    82  1.2809330  -0.1953030          NA      0       0
4-12         4    83  1.5158550   0.2349220   0.0396190      0       0
4-13         4    85  1.9301700   0.4143150   0.6492370      0       0
4-14         4    87  1.9190340  -0.0111360   0.4031790      1       1
4-15         4    88  2.2009740   0.2819400   0.2708040      1      NA
5-1          5    68  1.6270930          NA          NA     NA      NA
5-2          5    69  1.7876860   0.1605930          NA     NA      NA
5-3          5    70  1.8208580   0.0331720   0.1937650      0      NA
5-4          5    71  1.8585220   0.0376640   0.0708360      0       0
(以下省略)
```

wgrowth に注目すると，icode＝1 の 71 年の賃金変化 wgrowth は 71 年の ln_wage から 70 年の ln_wage を引いたものになっていることがわかります．

最後に回帰分析結果を見ておきましょう．ここでは t 時点で労働組合に入っていない人が，t+1 期にかけて組合に参加すると賃金が変化するかを見ようとしていますので，以下のように dplyr::filter() 関数で t-1 時点に労働組合に入っていない人に限定したオブジェクトを作成します．

```
pdataf2 <- pdataf %>% dplyr::filter(plm::lag(pdataf$union)==0)
```

この新しいオブジェクトを使って実施した回帰分析の結果が以下です．説明変数は lag 関数を使って 1 期前の値を用いています．

```
estimatr::lm_robust(formula = wgrowth ~ dunion
        + plm::lag(age) + plm::lag(race) + plm::lag(msp)
        + plm::lag(grade) + plm::lag(not_smsa) + plm::lag(south)
        + factor(year), data = pdataf)
Standard error type:  HC2
Coefficients:
                     Estimate  Std.  Error t value  Pr(>|t|)  CI Lower   CI Upper   DF
(Intercept)          0.068685 0.0292200  2.3506 0.0187661  0.0114062  0.1259630 8403
dunion               0.035816 0.0118147  3.0315 0.0024411  0.0126561  0.0589754 8403
plm::lag(age)       -0.001986 0.0009483 -2.0944 0.0362561 -0.0038450 -0.0001272 8403
plm::lag(race)other  0.011350 0.0280941  0.4040 0.6862285 -0.0437216  0.0664212 8403
plm::lag(race)white  0.014523 0.0070601  2.0570 0.0397135  0.0006833  0.0283622 8403
plm::lag(msp)       -0.007052 0.0060213 -1.1712 0.2415659 -0.0188553  0.0047513 8403
plm::lag(grade)      0.003338 0.0013853  2.4099 0.0159782  0.0006229  0.0060540 8403
plm::lag(not_smsa)  -0.019713 0.0066076 -2.9835 0.0028583 -0.0326658 -0.0067609 8403
plm::lag(south)     -0.006130 0.0063542 -0.9648 0.3346809 -0.0185863  0.0063254 8403
factor(year)72      -0.023094 0.0121165 -1.9060 0.0566876 -0.0468450  0.0006576 8403
factor(year)73      -0.041502 0.0115036 -3.6077 0.0003107 -0.0640514 -0.0189517 8403
(以下省略)
```

係数をみると年齢 age がマイナス，学歴 grade がプラス，非都市圏居住者（not_smsa）がマイナスですので，若い人，学歴の高い人，都市圏に住んでいる人で賃金上昇率が高いことがわかります．dunion の係数はプラスで有意，そして 0.0358 ということで組合に参加すると同時に 3.6% ほど賃金が上昇していることがわかります．ここでは lm_robust() で推計しましたが，feols() でも plm::lag() 関数を使うことができますので，同じ結果を得ることができます．chapter5-3.R に例があるので確認してください．

なお，繰り返しになりますが，労働組合への参加は本人の意思によりますので，この推計結果は，組合に入ったから賃金が上がったという因果効果として解釈することはできません．この問題については第 7 章の傾向スコア法で再検証します．

5.4 パネル・データの構築方法

さて，これまではパネル・データがすでに手元に準備されていることを前提に，さまざまな分析テクニックを紹介してきました．しかし，実際には，自分でデータを組み合わせて分析用のデータセットを作成する必要に迫られることも少なくありません．もちろん，EXCEL 等の表計算ソフトでデータを構築することも可能ですが，データ数が大きくなると，なかなか大変な作業になります．そんなとき R を用いると，比較的容易にパネル・データを構築することが可能となります．本節では，5.2 節で紹介した母親就業率と保育所定員率を題材にデータの構築の手順とコツを紹介します．

まず，実際の R の関数の紹介の前に，パネル・データのデータ形式について少し整理しておきます．以下は表5.3を再掲したものです．R でパネル分析を実施するためには，このフォーマットにデータを整える必要があります．

表 5.3（再掲）パネル・データの基本フォーマット

No	ID	Year	Y_{it}	X_{it}	d_1	d_2	d_3
1	1	2000	0.6	50	1	0	0
2	1	2010	0.65	60	1	0	0
3	2	2000	0.59	55	0	1	0
4	2	2010	0.67	60	0	1	0
5	3	2000	0.5	45	0	0	1
6	3	2010	0.54	55	0	0	1
⋮	⋮	⋮	⋮	⋮	⋮	⋮	⋮

パネル・データで分析を行う場合，上記のようなデータセットを用意する必要があります．このデータでは，個体と時間が縦方向に接続されたデータセットになっています（以下，**LONG 形式**のデータと呼びます）．ただ，データ作成段階では，次の表 5.10 のように縦方向に並んだ個体データに，時系列データが横方向に接続されているデータセットが用いられることもあります．（以下，**WIDE 形式**のデータと呼びます.）

表 5.10　Wide 形式のデータ

個体識別番号	変数 2000	変数 2005	変数 2010
1	$X_{i=1,t=2000}$	$X_{i=1,t=2005}$	$X_{i=1,t=2010}$
2	$X_{i=2,t=2000}$	$X_{i=2,t=2005}$	$X_{i=2,t=2010}$
3	$X_{i=3,t=2000}$	$X_{i=3,t=2005}$	$X_{i=3,t=2010}$
⋮	⋮	⋮	⋮
n	$X_{i=n,t=2000}$	$X_{i=n,t=2005}$	$X_{i=n,t=2010}$

　パネル・データ分析を実施するためには，表 5.10 のような Wide 形式のデータを Long 形式に変形し，それを表 5.3 データと結合させる必要があります．また，表 5.11 のように提供されるデータが複数の横断面のデータでこれを束ねて Long 形式のデータに整える，といった作業が必要になることもあります．こうした作業はデータセットが大きくなるとかなり煩雑です．

表 5.11　複数の横断面データ

個体識別番号	年	変数	個体識別番号	年	変数	個体識別番号	年	変数
1	2000	$X_{i=1,t=2000}$	1	2005	$X_{i=1,t=2005}$	1	2010	$X_{i=1,t=2010}$
2	2000	$X_{i=2,t=2000}$	2	2005	$X_{i=2,t=2005}$	2	2010	$X_{i=2,t=2010}$
3	2000	$X_{i=3,t=2000}$	3	2005	$X_{i=3,t=2005}$	3	2010	$X_{i=3,t=2010}$
⋮	⋮	⋮	⋮	⋮	⋮	⋮	⋮	⋮
n	2000	$X_{i=n,t=2000}$	n	2005	$X_{i=n,t=2005}$	n	2010	$X_{i=n,t=2010}$

5.4.1　データ結合のパターンと R の関数

　このように異なるデータ・ファイルを統合し，分析用のデータセットを作成するためには，以下のような手順でデータを接続していきます．

(1)　Wide 形式を Long 形式に変換する：tidyr::pivot_longer()

(2)　データの縦方向の接続：bind_rows()

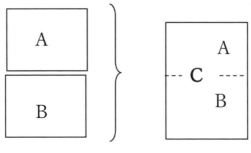

図 5.12　データの縦方向の接続

(3)　横方向の接続：merge

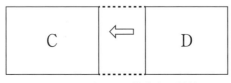

図 5.13　データの横方向の接続

5.4.2　R によるデータセットの作成方法

> スクリプト例：chapter5-4.R
> 使用するデータ：asai-data-construct.xlsx

　具体例として，5.2 節で紹介した母親就業率（emprate）と保育所定員率（caprate）のデータを整理してパネル・データを構築する方法を紹介します．ここでは，asai-data-construct.xlsx の 3 つのシート（emprate, caprate, caprate-hokkaido, 図 5.14 参照）に含まれるデータを接続します．これらのデータには，個体識別番号として都道府県番号（pref_id）が含まれており，emprate と caprate のシートには 2000 年，2005 年と 2010 年の 3 時点のデータが，caprate-hokkaido には北海道の caprate（保育所定員率）の 3 時点のデータが含まれています．caprate シートは青森県から沖縄県までのデータ

が含まれ，北海道のデータが含まれていないことに注意してください．以下，chapter 5-4.R をみていきます．

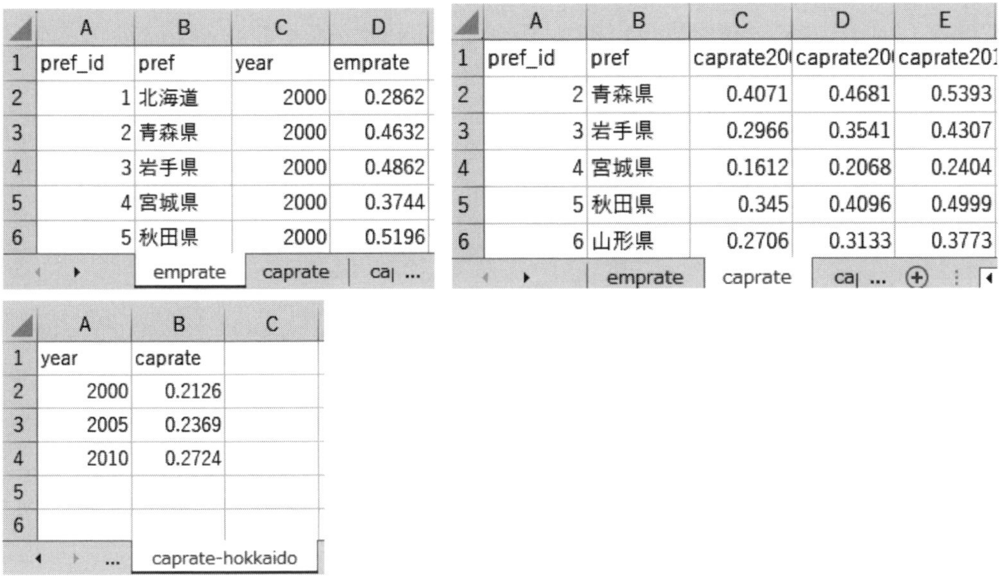

	A	B	C	D
1	pref_id	pref	year	emprate
2	1	北海道	2000	0.2862
3	2	青森県	2000	0.4632
4	3	岩手県	2000	0.4862
5	4	宮城県	2000	0.3744
6	5	秋田県	2000	0.5196

emprate　caprate　ca ...

	A	B	C	D	E
1	pref_id	pref	caprate200	caprate200	caprate201
2	2	青森県	0.4071	0.4681	0.5393
3	3	岩手県	0.2966	0.3541	0.4307
4	4	宮城県	0.1612	0.2068	0.2404
5	5	秋田県	0.345	0.4096	0.4999
6	6	山形県	0.2706	0.3133	0.3773

emprate　caprate　ca ...

	A	B	C
1	year	caprate	
2	2000	0.2126	
3	2005	0.2369	
4	2010	0.2724	
5			
6			

... caprate-hokkaido

図 5.14　Asai-data-construct.xlsx に含まれる 3 つのシート

1）Wide 形式から Long 形式への変換

　まず，Wide 形式になっている保育所定員率 caprate のデータ形式を変更します．今回は Excel ファイルのシートを直接読み込んでみましょう．EXCEL ファイルを読み込む readxl()関数を使ってデータを読み込みます．readxl::read_excel() の使い方は，

```
readxl::read_excel(" ファイル名 ", sheet=" シート名 ")
```

です（P.303 も参照）．

```
caprate <-readxl::read_excel
              ("asai-data-construct.xlsx", sheet="caprate")
```

　このデータは Wide 形式になっているので，これを Long 形式に変換します．Wide 形式から Long 形式に変換するには tidyr:: pivot_longer()関数を使います（なお，readxl と tidyr は tidyverse に含まれるのでインストール不要）．

```
tidier::pivot_longer
```

ここで「動かしたい値の入っている列」ですが，caprate シートでは C 列以降に対応します．そして，ここは冒頭部分が同じになっている必要があります．図5.14の "caprate" シートをみると，いずれの列も "caprate" で始まっていることがわかります．

では，具体的なコードを見てみましょう．

```
# 2）WIDE形式をLONG形式に変換
dataf <-readr::read_excel
("asai-data-construct.xlsx", sheet="caprate")
```

まずこれを Long 形式に変換します．

```
caprate<-tidier::pivot_longer(caprate,starts_with("caprate"),
names_to="year",values_to="caprate")
```

今，動かしたい値の入っている列は caprate20XX という列です． "caprate" で始まる列を指定するために，start_with（"caprate"）としています． names_to には caprate の後ろの「年」を year という変数にします．そして caprate の値を value_to＝で指定し，"caprate" という名前を付けます．

その結果が以下の通りです．最初の 3 行は青森県の 2000，2005，2010 年のデータが縦に並んでいることがわかります．ただ，変数 year のところが caprate2000 となっているのが気になります．これを 2000，2005，2010 に直したいところです．

```
> caprate <- tidyr::pivot_longer(caprate,starts_with("caprate"), names_to="year",values_to="caprate")
> caprate
# A tibble: 138 × 4
   pref_id pref   year       caprate
     <dbl> <chr>  <chr>        <dbl>
 1       2 青森県 caprate2000  0.407
 2       2 青森県 caprate2005  0.468
 3       2 青森県 caprate2010  0.539
 4       3 岩手県 caprate2000  0.297
 5       3 岩手県 caprate2005  0.354
 6       3 岩手県 caprate2010  0.431
 7       4 宮城県 caprate2000  0.161
 8       4 宮城県 caprate2005  0.207
 9       4 宮城県 caprate2010  0.240
10       5 秋田県 caprate2000  0.345
```

文字列の一部を修正するには gsub()関数が便利です．gsub("A", "B", 変数) で変数から "A" を探して "B" に置き換える関数です．

```
caprate$year <- gsub("caprate","",caprate$year)
```

```
> caprate$year <- gsub("caprate","",caprate$year)
> caprate
# A tibble: 138 × 4
   pref_id pref   year  caprate
     <dbl> <chr>  <chr>   <dbl>
 1       2 青森県 2000    0.407
 2       2 青森県 2005    0.468
 3       2 青森県 2010    0.539
 4       3 岩手県 2000    0.297
 5       3 岩手県 2005    0.354
 6       3 岩手県 2010    0.431
 7       4 宮城県 2000    0.161
 8       4 宮城県 2005    0.207
 9       4 宮城県 2010    0.240
10       5 秋田県 2000    0.345
```

ここで一点注意なのが，year の下に <char> と表示されています．これは year が文字列に設定されていることを示します．この次に接続する北海道の保育所定員率（caprate）を接続しますが，その際に同じ変数が異なる形式になっているとエラーが出ます．そのため数値は数値列に変更しておく必要があります．文字列を数値列（実数値）にするには as.numeric()関数を使います．たとえばオブジェクト object の中の x という変数が数値にも関わらず文字列となっている場合，

```
object$x<- as.numeric(object$y)
```

とすることで実数値にできます．以下はその実行結果です．

```
> caprate$year <-as.numeric(caprate$year)
> caprate
# A tibble: 138 × 4
   pref_id pref    year caprate
     <dbl> <chr>  <dbl>   <dbl>
 1       2 青森県  2000   0.407
 2       2 青森県  2005   0.468
 3       2 青森県  2010   0.539
 4       3 岩手県  2000   0.297
 5       3 岩手県  2005   0.354
 6       3 岩手県  2010   0.431
 7       4 宮城県  2000   0.161
 8       4 宮城県  2005   0.207
 9       4 宮城県  2010   0.240
10       5 秋田県  2000   0.345
```

year の下に <dbl> と表示されていますが，これは doble precision という数値形式の一形態です（P.345 の補論 C.1 参照）．

2）データの縦方向の結合

　次に，北海道の3年分の保育所定員率が含まれる caprate-hokkaido シートを読み込んで，これを1）で Long 形式に変換したオブジェクトと接続しましょう．読み込んだデータを caprate_hokkaido というオブジェクトに格納したものを確認します．小さいデータですが時系列の情報が縦に並んでいます.

```
> caprate_hokkaido
# A tibble: 3 × 2
   year caprate
  <dbl>   <dbl>
1  2000   0.213
2  2005   0.237
3  2010   0.272
```

　ファイルを接続する際には，2つのファイルの同じ変数に同じ変数名がついているかを確認しておいてください．では，1）で整理した caprate と caprate_hokkaido を縦方向に接続します．縦方向のデータ接続には，bind_rows()関数を用います.

---

bind_rows 関数の使い方

オブジェクト1の下にオブジェクト2を接続する場合,

　　　　bind_rows(オブジェクト1，オブジェクト2)

以下が接続結果です.

```
> caprate <-bind_rows(caprate_hokkaido, caprate)
> caprate
# A tibble: 141 × 4
    year caprate pref_id pref
   <dbl>   <dbl>   <dbl> <chr>
1   2000   0.213      NA NA
2   2005   0.237      NA NA
3   2010   0.272      NA NA
4   2000   0.407       2 青森県
5   2005   0.468       2 青森県
6   2010   0.539       2 青森県
7   2000   0.297       3 岩手県
8   2005   0.354       3 岩手県
9   2010   0.431       3 岩手県
10  2000   0.161       4 宮城県
```

最初の3行が北海道の保育所定員率，4行目以降が1）でLong形式に変換した青森
～沖縄の保育所定員率になっています．ここで北海道のみpref_idとprefがNA（欠損
値）になっていますので，これを修正しておきましょう．

```
> caprate$pref_id[is.na(caprate$pref_id)] <- 1
> caprate$pref[is.na(caprate$pref)] <- "北海道"
> caprate
# A tibble: 141 × 4
     year caprate pref_id pref
    <dbl>   <dbl>   <dbl> <chr>
 1   2000   0.213       1 北海道
 2   2005   0.237       1 北海道
 3   2010   0.272       1 北海道
 4   2000   0.407       2 青森県
 5   2005   0.468       2 青森県
 6   2010   0.539       2 青森県
 7   2000   0.297       3 岩手県
 8   2005   0.354       3 岩手県
 9   2010   0.431       3 岩手県
10   2000   0.161       4 宮城県
```

上からの2行目のcaprate$pref[is.na(caprate$pref)]<-"北海道"は，is.na(caprate$pref)
で「prefが欠損値なら」という条件になり（is.na()はP.129参照），該当するところに
「北海道」を代入しろ，という意味です．

北海道のpref_idとprefに値が入っていることが確認できます．

3）2つのデータの横方向の接続

2つのデータを照合する際に参照する変数（キー変数）を頼りに2つのデータを横方
向に結合させる場合，merge()関数を使います．キー変数が両方のデータに含まれてい
ることが必要です．

```
merge(オブジェクト1，オブジェクト2， by="キー変数")
```

キー変数が2つ以上のときは下記のように書きます．

```
merge(オブジェクト1，オブジェクト2， by=c("キー変数1","キー変数2"))
```

まず，2）で作成したオブジェクトcaprateとasai-data-construct.xlsxのemprateシ
ートのデータを接続しましょう．両者を接続する際には年と"year"と国番号"pref_id"
を参照します．

```
dataf <-merge(caprate,emprate,by=c("year","pref_id"))
```

第5章

接続結果は以下の通りです.

```
> dataf <-merge(caprate,emprate,by=c("year","pref_id"))
> dataf
   year pref_id caprate    pref.x    pref.y emprate
1  2000       1  0.2126    北海道    北海道  0.2862
2  2000      10  0.2985    群馬県    群馬県  0.3571
3  2000      11  0.1549    埼玉県    埼玉県  0.2573
4  2000      12  0.1951    千葉県    千葉県  0.2641
5  2000      13  0.2676    東京都    東京都  0.2937
6  2000      14  0.1378  神奈川県  神奈川県  0.2287
```

table 関数で年毎（year）の件数を表示すると，47 都道府県×3 年分のデータになっているかを確認できます.

```
> table(dataf$year)

2000 2005 2010
  47   47   47
```

なお，今回は47×3＝141個のデータのファイル2つを接続しましたが，データ数の異なるデータを接続する際には注意が必要です. 関連するオプションの付け方などWEBサポートで説明していますので参照してください.

事例紹介 11　　男女の競争心格差―競艇の成績データから

　男女間の賃金格差は何に由来するのでしょうか. 最近の研究では，競争心の男女間格差が学力格差，ひいては賃金格差を生み出していると指摘する研究が多数あります. その多くは実験室での経済実験による研究が多いのですが，ここでは実際の競技データに基づく分析結果を紹介しましょう. ここで紹介するのは日本のプロ競艇選手のデータを利用したオーストラリア国立大学のブース・アリソン教授と西南学院大学の山村教授の研究です（Booth and Yamamura, 2013）. 競艇の女性選手は全体の13％程度ですが，男女間で一切区別なく競技行われます. 各レースの男女配分についても完全にランダムに決められ，男性が大多数なので男性のみのレース

が多いものの，男女混合のレースもあれば，女性のみのレースもあります．Booth and Yamamura（2013）は，男女比がランダムに決定される条件下で，同性のみのレースと男女混合のレースとでは，どちらのタイムが早くなるのか分析しています．

　使用されたデータは2014年4月から2015年10月までの7つのボートレース場の競技記録で，女性レーサーが202人，男性レーサーが1430人，一人当たりの平均出場レースがおよそ250で，合計40万サンプルの大規模なものです．推計式は，

$$Y_{it} = \alpha M_{it} + \beta X_{it} + \mu_i + u_{it}$$

であり，Yはレースタイム，Mは男女混合レース・ダミーや異性レーサーの数などレース参加者の性別構成を示す変数，Xはその他の説明変数，μ_i はレーサー個人の固定効果です．このレーサーの固定効果は能力や性格など観察できない要因を説明する要素と考えると，Mの係数は性別による能力の違いではなく，各レースの性別構成が「競争心」に影響を及ぼしているかを示していると考えられます．以下，推計結果の一部を抜粋します．

　表5.12の(1)列目をみると，男女混合ダミーの係数はマイナスで，男女混合ダミーと女性ダミーの交差項がプラスなので，男女混合レースの場合，女性はタイムが遅くなるのに対して，男性はタイムが早くなることがわかります．一方，(2)と(3)の推定式の説明変数，異性レーサーの数の係数は女性がプラスで男性がマイナスでした．これは，男性は男性のみよりも男女混合の時のほうが，タイムが早くなる一方，女性は男女混合よりも女性のみのほうが，タイムが早くなることを示しています．

第5章

表5.12

	(1) 全選手	(2) 女性	(3) 男性
男女混合ダミー×女性ダミー	0.93***		
	(0.04)		
男女混合ダミー	-0.28***		
	(0.01)		
異性レーサーの数		0.19***	-0.23***
		(0.01)	(0.01)
その他の説明変数	Yes	Yes	Yes
レーサー固定効果	Yes	Yes	Yes
観測数	139929	15210	124719

注）カッコ内はレース毎にクラスターした標準誤差

もう1つ，本論文の追加分析で示されている興味深い結果が，男女間のレーンの変更戦略に違いです．タイムをあげるには内側のレーンを確保することが重要ですが，レーンの変更に伴い相手選手を妨害したとみなされると厳しい罰則が課されるため，ハイリスク・ハイリターンな戦略になります．本論文の追加分析では，男性の場合，男女混合の場合はレーン変更を頻繁に行っていることが指摘されています．

　この論文の興味深い点は，プロの競艇選手という競争環境に身を置いている男女であっても，同一内レースの男女比によって競争心が変わってくるということです．男女混合の競争では男性が特に攻撃的になることが，男女間で賃金格差が生まれる1つの要因かもしれません．

事例紹介 12　**女性役員クオーター制導入の株価へ影響**

　北欧というと男女共同参画が進んだ国というイメージを持っている人が多いのではないでしょうか．実は女性の社会進出が進んだのはここ20年ぐらいのことです．ここで紹介するのはイベント・スタディという手法を用いてノルウェーの貿易産業大臣が2002年にアナウンスした上場企業の女性役員比率4割を義務化するという政策の評価分析です．

　イベント・スタディはファイナンス分野では古くから利用されてきた分析手法ですが，成果指標 Y を株価，何らかのイベントを経験した企業を処置群，その他の企業を比較群とみなせば差の差の分析の一種と考えることできます．ここではイベント・スタディの手順を紹介するとともに南カルフォルニア大学のアハーン教授とミシガン大学のディットマー教授によるノルウェー政府による上場企業に対する女性役員比率割り当ての株式市場での評価についての分析事例（Ahern and Dittma, 2012）を紹介します．

　イベント・スタディでは，処置群と比較群の成果指標の差として，あるイベント（たとえば M&A を発表した企業としましょう）を経験した企業のイベント前後の株価収益率 Rt（株価変化率）と，その他の企業の同じ期間の株価収益率 R_{Mt} の差分を取り，これを異常収益率（Abnormal Return, AR）と呼びます．

$$AR_{rt} = R_t - R_{Mt}$$

　後者は，しばしば市場の平均株価変化率（日本企業なら TOPIX，米国企業なら

S&P500など）が用いられることがあります．そして，イベント直前から数日間の異常収益率を累積したものを累積異常収益率（Cumulative Abnormal Return, CAR）と呼びます．このCARはあるイベントに対して株式市場がどう評価したかを示す指標となります．また，イベントを経験した企業とそれ以外の企業の成果指標（株価変化率）の差をイベントの前後で比較していますので差の差の分析の一種としてみることもできます．

　今，M&Aを株式市場の投資家がどう評価したかを検討したいとしましょう．この場合，M&Aを発表した日がイベント発生日になります．ある期間でM&Aを発表した企業が100社あるとすれば，その100社ごとにCARを計算し，100社のCARを被説明変数，説明変数に企業特性やM&Aの特徴などを示す変数を導入することで，どんなM&Aが株式市場で高く評価されるかを分析することができます．

　イベント・スタディの手法は政策評価にも利用されることがあります．ここで紹介するは，2002年2月22日にノルウェーのガブリエルセン貿易産業大臣がノルウェーの上場企業に対して女性役員比率を40％に引き上げることを義務付けるとアナウンスしたイベントに注目した研究です．このイベントに対して，株式市場では，女性役員が一定数存在し容易に基準をクリアできそうな企業の株価には影響しない一方で，女性役員がゼロ，もしくはきわめて少ない企業の株価が下落しました．これは女性役員が極めて少ない企業にとっては短い期間で役員の入れ替えを行わなくてはならないので，取締役会に混乱を招くという悲観論が高まったからと考えられます．では，女性役員の登用に積極的な企業と消極的な企業との間の株価変化率の差に統計的に有意な差があったのでしょうか？　また，有意な差があるとすれば，それはどれぐらいの大きさでしょうか．Ahern and Dittma (2012) ではこれをイベント・スタディで分析しています．

　Ahern and Dittma (2012) では，ノルウェーの上場企業（94社）と比較対象としてアメリカの上場企業（1158社）のCARをサンプルに加えています．これは，ノルウェー企業の株価は大臣の発言の影響を受ける可能性があるため，全く影響を受けないアメリカ企業を比較群とするためです．推定結果は以下の表に示されています．ノルウェー企業ダミーの係数はマイナス4ですが，これは同じ時期のアメリカ企業に比べて平均で4%株価が下落していることを示します．(1)列目には，女性役員ダミーとノルウェー企業×女性役員ありダミーが含まれていますが，前者の

係数は統計的に有意でないのに対して，後者の係数はプラスで有意であり，アメリカ企業では女性役員の有無は影響しないものの，女性役員のいるノルウェー企業では大臣発言の負の影響が小さいことを示唆しています．(2)列目では女性役員ダミーの代わりに女性役員比率を導入していますが，(1)列目とほぼ同じ結果が得られています．

　なお Ahern and Dittma（2012）では追加的な分析として 2003 年から 2008 年の間の女性役員比率の変化と企業価値の関係も分析しています．その結果からも，女性役員比率の性急な引き上げは企業価値の改善に寄与しないことが示唆されています．

	(1)	(2)
ノルウェー企業ダミー	-4.347***	-4.146***
	(1.468)	(1.404)
女性役員ありダミー	0.046	
	(0.032)	
女性役員比率		0.594
		(1.928)
ノルウェー企業× 　女性役員ありダミー	3.477*** (1.648)	
ノルウェー企業× 　女性役員比率		14.342* (7.589)
自由度調整済み決定係数	0.025	0.024
サンプル数	1252	1252

注）カッコ内は産業でクラスターされた標準誤差．***，*はそれぞれ 1％，10％で統計的に有意であることを示す．
出所：Ahern and Dittma（2012）Table III Panel B より筆者作成

※イベント・スタディについては久保（2021）の第 14 章に丁寧，かつ実践的な説明がありますので，関心がある人は是非一読を薦めます．

第5章　練習問題

1 労働経済学では，結婚している人は結婚していない人に比べて賃金が高いという事実をマリッジ・プレミアと呼び，その要因を分析する研究がさかんに行われています．このマリッジ・プレミアは主に男性で観察され，結婚することにより仕事に専念できるようになるので賃金があがる，といった解釈もありますが，将来出世しそうな魅力的な男性ほど結婚相手を見つけやすいという事実を反映しているだけという見方もあります．ここでは，個人を追跡したパネル・データを使い，個体固定効果で観察できない個人の属性をコントロールした上でマリッジ・プレミアがどの程度のものなのかを分析してみましょう．使用するデータは米国の若年男性労働者のパネル・データであるパッケージ wooldridge に含まれる wagepan（data（wagepan, package＝'wooldridge'），あるいは readr::read_csv で wagepan.csv を読み込む）です．

(1) 賃金の対数値（lwage）を被説明変数，結婚ダミー（married），教育年数（educ），経験年数（exper），黒人ダミー（black），ヒスパニックダミー（hisssp）を説明変数としてプーリング回帰と固定効果モデルで賃金関数を推定せよ．なお，固定効果モデルは個体固定効果のみ，と個体固定効果と年固定効果の両方を入れた2つの式を推定せよ．

(2) married の係数は，プーリング回帰と固定効果モデルでどの程度異なるか？なぜ，係数が変わってしまったかを説明せよ．

(3) 固定効果モデルでは一部の変数の係数が得られない．係数が得られない変数はどのような変数で，なぜ係数が得られないのかを説明せよ．

2 アメリカでは州ごとに異なる司法機構があることが知られているが，州内であっても，地域ごとに逮捕されたのち有罪になる比率や，有罪になったのち実刑判決になり収監される比率，平均の刑期も異なる．また警察予算も異なるため，人口当たりの警察官や逮捕される確率も異なる．Cornwell and Trumbull（1994）は州よりも

細かい郡レベルのデータを用いて，こうした地域ごとの「罪を犯すコスト」の違いが犯罪発生率に及ぼす影響を分析している．具体的には，ノースカロライナ州の90の郡のデータを用いて，被説明変数に犯罪初声率（lcrmrte），説明変数には逮捕される確率（lprobarr），逮捕されたのち有罪になる確率（lprobconv），有罪になったのち収監される確率（lprobpris），刑期の平均（lavgsen），人口当たり警察官の数（lpolpc），人口密度（ldensity）を説明変数としています．なお，これらの変数はすべて対数変換されています．これに加えて州内の地域を west, centra, other に区別するカテゴリー変数 region から作成した地域ダミーも用意されています．データは plm パッケージに含まれる Crime というデータであり，data（Crime, package＝'plm'）で呼び出すか，WEB サポートの Crime.csv を使用します．

(1) 各々の説明変数の係数はプラスとマイナス，どちらになると考えられるか予測し，その理由を述べよ．

(2) 上記の回帰式を，①固定効果を一切含まないモデル，②年次固定効果のみを含むモデル，③郡固定効果と年次固定効果の両方を含むモデルの3つを推定せよ．なお，郡と年を示す変数はそれぞれ county と year である．結果は etable（）で出力すること．

(3) ①〜③で説明変数として加えたものの，係数が得られなかった変数があるか？もし，あるならば①〜③式のどの変数か，また，なぜ係数が得られなかったかを説明せよ．

(4) ①〜③で期待通りの符号の係数が得られたか，また，①から③にかけて，各々の説明変数の係数がどのような変化したかを説明せよ．

※第2部の冒頭で，交番の数と犯罪発生率は同時決定の関係にあると説明しましたが，本推計式の「人口当たりの警察官の数」と「逮捕される確率」は被説明変数と同時決定になっている可能性があります．第6章の練習問題では同じデータを用いて，この問題について考えます．

第6章　操作変数法

操作変数法

> 第5章で紹介した差の差の分析は単純で直感的にも理解しやすい分析手法ですが，第2部の冒頭で説明したインターンシップ・プログラムのように，意欲的な人が処置群を選び，意欲のない人が比較群を選ぶ，といった状況では差の差の分析は利用できません．こういった状況で因果関係を推定する方法が操作変数法と傾向スコア法で，本章では操作変数法について説明します．
>
> なお，差の差の分析と，操作変数法・傾向スコア法の違いの1つとして，差の差の分析では必ず複数時点のデータを用意する必要がありますが，操作変数法・傾向スコア法では一時点のデータしか存在しない場合であっても利用可能であるという特徴があります．

第6章で用いるデータ・パッケージ・スクリプト例
acemoglu2016.csv, slave_trade.csv, CigarettsSW.csv
パッケージ：tidyverse, fixest, wooldridge, AER, plm
スクリプト：chapter6-1.R, chapter6-2.R

6.1　景気変動と民主化

ここでは「景気変動と民主化」の関係を分析したオーストラリア国立大学のブルック

ナー教授と独マンハイム大学のシッコーン教授の研究（Brückner and Ciccone, 2011），
"Rain and Democratic Window of Opportunities" という論文の分析事例を紹介しなが
ら操作変数法について説明します．途上国では権威主義的な政権が長期政権を担ってい
ることがよくあります．経済成長が続いている限り人々の不満が顕在化することは少な
いかもしれません．しかし，景気が悪化し経済成長のペースが鈍化すると，政権に対す
る批判が高まり，また失業者が増えてデモへの参加者が増えるなど民主化圧力が高まる
ことがよくあります．たとえば，アジア通貨危機にみまわれたインドネシアでは 1997
年の経済成長率が 4.7% でしたが，翌年の 1998 年はマイナス 13.1% にまで落ち込みまし
た．これにより大規模な民主化デモが起こり，30 年にわたり開発独裁を続けてきたス
ハルト大統領は辞任しました．ここで紹介する Brückner and Ciccone（2011）はサブ・
サハラ・アフリカ諸国を対象に，景気変動指標 X として一人あたり GDP，民主化の指
標 Y として Polity database の Polity score を使って，以下のような式を推定すること
で景気変動が民主化に及ぼす影響について分析しています．

$$Y_i = \alpha + \beta X_i + u_i$$

しかし，通常の最小二乗法で景気変動 X が民主化度を向上させるかを分析するには
問題があります．たとえば，民主化が進むと同時に様々な経済活動に関連する規制が撤
廃され，それにより景気が良くなる可能性があります．つまり，民主化 Y は経済成長
を通じて景気 X に影響するという逆の因果性の問題が生じます．ここでの逆の因果性
は Y と X の間に正の相関をもたらしますので，今知りたい「X の低下（景気悪化）は
Y の上昇（民主化の促進）をもたらす」というロジックとは逆方向の力が働くことにな
ります．そうすると，上記の推計式を最小二乗法で推計すると係数 β には，$X \rightarrow Y$ に
よるマイナスの力と $Y \rightarrow X$ によるプラスの力が混在することになり，係数 β を正確に
計測できなくなってしまいます．今回の場合，想定している負の関係が逆因果による正
の関係に打ち消されてしまい，係数 β は過小評価される可能性があります．

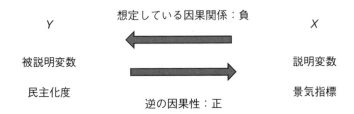

では，どうすればいいでしょうか？　1つの方法は Y の変化と関係のない理由で X が変化したという事例に注目する方法です．そして，Y と関係なく X が変化したことを特定するために使われるのが操作変数（Z と表します）で，これにより因果関係を特定する方法を操作変数法と呼びます．操作変数 Z は Y とは無関係に X の変動をもたらす変数，言い換えると X には影響するが Y には X 以外の経路では直接関係しない変数 Z を用います．具体的には，Brückner and Ciccone（2011）は各国の前年の降雨量を操作変数 Z として用いています．なぜ，降雨量が操作変数 Z に適しているのでしょうか．今回の分析の対象国はサブ・サハラ・アフリカ諸国です．これらの国々の経済は農業が主体ですので天候によって景気変動が引き起こされます．特に経済に深刻なダメージを与える天候リスクは干ばつです．降雨量が少ないと農産品産出量が大幅に低下します．よって，降雨量は景気変動指標 X に影響を及ぼします．一方，民主化度 Y への影響はどうでしょうか？　降雨量は景気変動を通じて Y に影響するかもしれませんが，それ以外の経路で民主化度に影響するとは考えにくいです．また，民主化度で降雨量が変化することも考えられませんので，Z は Y と関連しないと考えられます．

操作変数 Z を使って X と Y の因果効果を測定するときの考え方ですが，（1）Z の変動によってもたらさせられた X の変動により Y が変動していれば因果効果がある，一方，（2）Z の変動により X が変動しても Y は変動していないとすれば因果効果はなかった，と考えます．

因果関係あり　降雨量減少（$Z\downarrow$）➡ 景気悪化（$X\downarrow$）➡ 民主化進展（$Y\uparrow$）
因果関係なし　降雨量減少（$Z\downarrow$）➡ 景気悪化（$X\downarrow$）✖ 民主化進展（Y ？）

ここで図を使いながら操作変数で因果関係を特定するメカニズムについて，もう少し説明しましょう．図 6.1 のように歯車が 2 つあったとします．白の歯車が被説明変数 Y，黒の歯車が説明変数 X です．今，歯車 Y の後ろには動力はなく，歯車 X の後ろにモーターがあるとします．モーターの動力で歯車 X が回転し，嚙み合っている歯車 Y が回転していれば「X は Y に影響している」と断定できます．これが最小二乗法の考え方です．

被説明変数 Y

説明変数 X

図 6.1

しかし，現実社会では，今回の「景気」と「民主化」のように，歯車 Y も歯車 X もさまざまな要因で動いており，歯車 Y の回転が歯車 X を動かしている可能性が否定できないことがよくあります．このようなときに操作変数である歯車 Z を使って因果関係を特定しようとするのが操作変数法です．図 6.2 を見てください．歯車 Z は歯車 X と噛み合っているので歯車 X には影響するが，歯車 Y とは歯車 X を介してのみ影響する，という関係にあります．このとき歯車 Z が動いたことで歯車 X が動き，それに連動して歯車 Y が動いたとします．歯車 Z の動きは歯車 Y とは無関係ですので，このときの歯車 X の変動により歯車 Y が変動するなら X と Y の間には因果関係があると判断します．一方，もし歯車 Y が動かなければ Z の力で X 側が動いても Y は動かないわけですから，X と Y には因果関係がないと判断します．

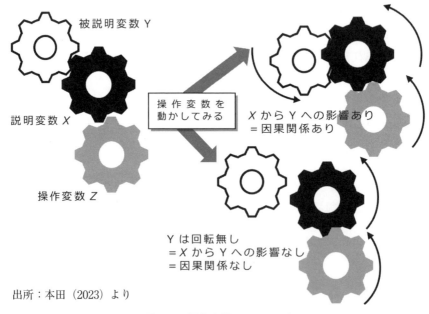

出所：本田（2023）より

図 6.2　操作変数のイメージ

　ここからは，もう少し具体的な推定手順を説明しましょう．

Step 1：Z を説明変数，X を被説明変数とする回帰式を推定します．これを第一段階の

推定（Frist stage regression）と呼びます．

$$X_i = \gamma + \delta Z_i + v_i$$

Step 2：Step 1 の推計式から予測値を計算します．

$$(\hat{X}_i) = \hat{\gamma} + \hat{\delta} Z_i$$

Step 3：X の予測値を説明変数として Y との関係を推定します．これを第二段階の推定（Second Stage regression）と呼びます．

このように操作変数法は二段階の推定から構成されるので二段階最小二乗法（2 Stage Least Squares, 2SLS）とも呼ばれます[1]．

では，Brückner and Ciccone（2011）の分析例を見てみましょう．Brückner and Ciccone（2011）の推定式をもう一度確認しておきましょう．

$$Y_{it} = \alpha + \beta X_{it} + \epsilon_{it}$$
$$X_{it} = \gamma + \delta Z_{it-1} + v_{it}$$

景気変動指標 X として一人あたり GDP，民主化の指標 Y として Polity database の Polity score，操作変数である降雨量 Z は NASA のデータベースよりデータを取得して分析しています．降雨量は翌年の景気に影響すると考えて Z は1期ラグをとってあります．

表 6.1 は推計結果です．まず，(1)OLS は最小二乗法による推定結果です．仮説は景気が悪化すると民主化度は上昇するというものでした．そしてここでは一人あたり GDP の係数はマイナスですが，統計的に有意ではありません．(2)は二段階最小二乗法の結果です．下段の First Stage は第一段階の推定結果で被説明変数が一人あたり GDP，説明変数は1年前の降雨量です．係数はプラスなので降雨量が減少すると景気が悪化することが示唆されます．次に上段の二段階目の推定結果を見てみましょう．今度は，一人あたり GDP の係数がマイナス，そして統計的に有意になり，仮説を支持する結果が得られました．これらの結果は，最小二乗法では逆の因果性によって係数が（絶対値で）過小評価され統計的に非有意であった結果が，操作変数を用いることにより因果関係を特定し，より正確な係数が得られたことを示唆していると考えられます．

第6章

---

[1] なお，操作変数が1つのときは操作変数法，操作変数が2つ以上のときは二段階最小二乗法と使い分ける場合もあります．

表 6.1　景気変動と民主化度の関係

	被説明変数：Y 民主化度の変化	
	(1) OLS	(2) 2SLS
X 一人あたり GDP$_{t-1}$	-0.045	-18.021 **
	(0.348)	(0.049)
Country fixed effect	Yes	Yes
Country time trend	Yes	Yes
Observations	955	955
First Stage　被説明変数：X 一人あたり GDP$_{t-1}$		
Z 降雨量$_{t-1}$		0.079 ***
		(0.029)
Country fixed effect		Yes
Country time trend		Yes
Observations		955

出所：Brückner and Ciccone（2011）の Table V より抜粋

> **コラム**　**同時性・逆の因果性の計量経済学的な問題点**
>
> 　ここで同時性・逆の因果性の問題について考えておきましょう．これまでも何度か「最小二乗法の誤差項が満たすべき条件」が満たされないとき対処法について触れてきましたが，Y と X の同時性や逆の因果性は「説明変数 X と誤差項が相関してはならない」という条件に反します．これについて少し詳しく見ていきましょう．たとえば，研究開発費（X）が利益率（Y）に及ぼす影響について分析するために，次のような回帰式を推定したいとします．
>
> $$利益率 = \alpha + \beta\, 研究開発費売上比率 + \epsilon$$
>
> ここでは研究開発費売上比率が上がると利益率がどの程度変化するかを調べることが目的ですが，研究開発を行うのは利益率が高い企業が多い，という逆方向の関係が存在します．
>
> 　つまり，X は Y に影響すると同時に Y は X に影響を与えている可能性があります．このとき，Y には誤差項 ϵ が含まれているので，Y が X に影響を及ぼしているとすると誤差項 ϵ は X に影響を与えているということになり，X と ϵ が相関することになります．このとき X は**内生度数**といいます．

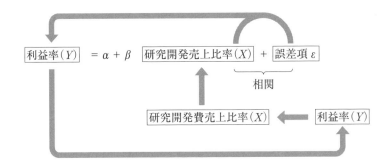

　この場合，βは（1）Xが増えるとYが増えるという関係と，（2）Yが増えるとXが増えるという関係の両方が含まれることになり，本来計測したい（1）の関係を過大評価してしまう可能性があります．これを**内生性**の問題と呼びます．

　少し古い論文では説明変数の1期ラグ（X_{it-1}）をとれば内生性の問題が生じない，あるいは1期ラグをとった変数を操作変数として用いる，といった方法が使われることがありました．しかし，説明変数，被説明変数がトレンドを持つような場合はこの方法は望ましくありません．研究開発と利益率の例では，たしかに今年の利益率は昨年の研究開発比率には影響しないとえます．しかし，**利益率も研究開発比率もトレンドを持っている場合，現実には，「来年もある程度の利益率が期待できるから研究開発支出を続ける」，**といった意思決定があると考えられます．このような場合，**研究開発費の1期ラグを操作変数として用いても**あまり説得力はありません．

6.2　操作変数が満たすべき条件

　操作変数にはいくつか満たすべき条件があります．第一の条件は，「操作変数ZはX以外の経路でYに影響しない」というものです．

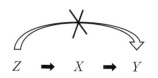

$Z \longrightarrow X \longrightarrow Y$

　ここでは研究開発費（X）と利益率（Y）の関係を例に考えてみましょう．研究開発活動により画期的な新商品を開発した企業は利益率を増加させることができるので X は Y を増加させるというのがここでの仮説ですが，ここには逆の因果性が生じる可能性があります．というのは，研究開発活動には通常大きな固定費がかかりますので，利益率の高い企業しか研究開発支出ができないという現実があります．したがって，$X \to Y$ の因果効果を知るためには何らかの操作変数が必要になります．

　ここで操作変数として従業員数の利用を検討してみましょう．従業員数が多い企業では人員に余裕があるので研究開発活動が行いやすいとすれば操作変数 Z と説明変数 X の間には関連がありそうです．しかし，従業員数が増えれば営業マンを増員して販売活動を活発化させることで利益率を高められるならば，従業員数 Z は利益率 Y にも直接影響することになり，X と Y の因果効果を測定するための操作変数としては使えません．このように操作変数 Z を選ぶ際には，Z は X に影響するが Y には影響しないことを示すことが重要になります．

　ここで**「Z が（X 経由の間接的な経路除いて）Y に直接的には影響しない」**ことを必ずしも統計的な検定では示せるわけではない，ということに注意してください．操作変数 Z の数が内生変数 X の数よりも多いときには後述する操作変数の外生性（**過剰識別性検定**）を使った検定が可能です．しかし，内生変数の数と操作変数の数が同じ場合は，この検定は利用可能でありません．また，操作変数法では，内生変数の数と操作変数の数の大小にかかわらず，「操作変数 Z は内生変数 X 経由でしか Y に影響しない」ことを，論文の読み手，プレゼンテーションの聞き手が納得するよう論理的に説明することが求められます[2]．

　次に，第二の条件について紹介します．第二の条件は，Z が X に十分な影響を及ぼ

---

[2] 操作変数が満たすべき第一の条件に関する論理的な説明が重要という点については，仮に操作変数の外生性の検定が通っても，操作変数の説明がしっくりこないと分析結果を信用してもらえません．操作変数を使いこなすには，様々な先行研究に触れて，どんなロジックで操作変数を正当化しているかを学んでおくのが近道といえます．

しているというものです．この条件が満たされていない場合，第二段階の係数が正確に計測できないことが知られており，この状態を**弱操作変数の問題**（Weak Instrumental Variable problem）と呼びます．こちらの条件については統計的な検定が可能です．検定方法としては，さまざまな方法が提案されていますが，シンプルな方法として，ここでは第一段階のF検定を紹介しておきます．第一段階のF検定は，第一段階の「操作変数の係数がゼロ」を帰無仮説とする仮説検定で，これが棄却できればZがXに十分な影響を及ぼしていると考えます．一般に，第一段階のF検定統計量が10以上であることが必要とされています．

6.3　Rによる操作変数法の実例1

では，Rによる操作変数の推定方法について紹介していきます．第一の例は，米マサチューセッツ工科大学のアセモグル教授とオーター教授らの研究（Acemoglu et al., 2016），"Import Competition and the Great US Employment Sag of the 2000s" という論文の「中国からの輸入がアメリカの製造雇用に及ぼす影響に関する分析」です．2000年代のアメリカでは，対中貿易赤字の拡大，そして中国からの輸入品の増加が製造業雇用喪失に繋がったといわれています．この論文では，中国からの輸入の増加がアメリカの製造業雇用にどの程度の影響をもたらしたかを数量的に評価しています．使用するデータは米国製造業392産業を対象として1991年から2011年の雇用者数変化率（dL）を被説明変数 Y，中国からの輸入製品の変化（$dIMP$）を説明変数 X とする分析が行われています．

$$dL_{it} = \alpha + \beta dIMP_{it} + \epsilon_{it}$$

ここで Y と X は第三の変数，米国の国内需要の影響を受けていると考えられます．たとえば，米国内で半導体の需要が増えたとします．すると，中国製の半導体の需要も米国産の半導体の需要も増加すると考えます．前者は中国からの輸入（X）を増加させ，後者は半導体製造業の雇用（Y）を増加させると考えられます．この場合，第三の要因である米国内の製品需要は X と Y に「みせかけの正の相関」をもたらすと考えられます．この場合，見せかけの正の相関は想定している負の因果効果を打ち消してしまう可能性

があります.

そこで操作変数として Acemoglu et al.（2016）では「米国以外の先進国の中国からの輸入」を用いています.「米国以外の先進国の中国からの輸入」は中国企業の競争力と相関すると考えれば米国の中国からの輸入（X）と相関すると考えられます.一方,第三の変数である「米国内の製品需要」とは相関しないので,被説明変数である米国内の雇用者数（Y）とも相関しないと考えられます.よって操作変数が満たすべき第一の条件は満たされていると考えられます.

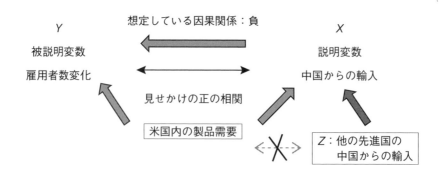

Rで操作変数を利用するには5章でも紹介した fixest パッケージの feols 関数が便利です.予め fixest パッケージをインストールし,library（fixest）で使用できるようにしておく必要があります.今,被説明変数を y,内生変数を $x1$,操作変数は2つあって $z1$ と $z2$,外生変数であるその他の説明変数として $x2$,$x3$ があるとします.つまり,

第一段階　　$x_1 = \alpha_0 + \alpha_1 * z_1 + \alpha_2 * z_2 + \alpha_3 * x_2 + \alpha_4 * x_3 \eta$

第二段階　　$y = \beta_0 + \beta_1 * x_1 + \beta_2 * x_2 + \beta_3 * x_3 + \epsilon$

という式を推定したいとします・これを feols で推計するには

```
feols(y~x2+x3|x1~z1+z2+x2+x3, data=dataf)
```

と入力します."|"の前の変数は第二段階のその他の説明変数,"|"の後ろは第二段階の内生変数,そして"~"の後ろに第一段階の説明変数です.また,その他の説明変数が無いときは"|"の前に1と記載します.

```
feols(y~1|x1~z1+z2, data=dataf)
```

では,スクリプト chapter6-1.R と推計結果を見てみましょう.ここで用いるデータは acemoglu2016.csv です.

```
dataf <-readr::read_csv("acemoglu2016.csv")
# 最小二乗法
result_ols <- fixest::feols(dL~dIMP,data=dataf)
summary(result_ols)
# 操作変数法
result_iv <- fixest::feols(dL~1|dIMP~dIMPoth,data=dataf)
summary(result_iv,stage=1:2)
fixest::etable(result_ols,result_iv,stage=1:2,
    fitstat=~ivf+ivf.p,se="HC1",se.below=TRUE)
```

　第5章でも紹介しましたが，feols は "|" で固定効果を指定しなければ最小二乗法の推計結果を出力します．etable を使うと複数の結果を1つの表に出力できます．

　stage＝1:2 は第一段階と第二段階の結果を並列表示せよ，fitstat は各種検定統計量を表示させるオプションで，ここでは第一段階の説明力に関する F 統計量とその p 値を出力しています．また，se＝"HC1" で頑健な標準誤差を出力しています．

```
>fixest::etable(result_ols,result_iv,stage=1:2,
          fitstat=~ivf+ivf.p,se="HC1",se.below=TRUE)
```

	result_..	result_..1	result..2
IV stages		First	Second
Dependent Var.:	dL	dIMP	dL
Constant	-2.283***	0.1412*	-2.099***
	(0.1981)	(0.0550)	(0.2297)
dIMP	-1.132***		-1.438***
	(0.1493)		(0.3030)
dIMPoth		0.8520***	
		(0.1318)	
S.E. type	Het.-rob.	Hete.-rob.	Het.-rob.
F-test (1st stage)	—	584.73	—
F-test (1st stage), dIMP	—	—	584.73

```
F-test (1st stage), p-value            —    1.38e-79          —
F-test (1st stage), p-value, dIMP            —    1.38e-79
——Signif. codes: 0 '***' 0.001 '**' 0.01 '*' 0.05 '.' 0.1 ' ' 1
```

　第1列目は最小二乗法による推計結果ですが，dIMP の係数は−1.132 となりました．ただし，この結果は第三の要因である米国内の需要の変化の影響を受けているかもしれません．そこで，米国以外の先進8か国の中国からの輸入（dIMPoth）を操作変数として推計したのが第2列目（第一段階）と第3列目（第二段階）の分析結果です．

　第2列目の第一段階目の推計結果から見ていきましょう．dIMPoth の係数はプラスで操作変数 Z と説明変数 X の間には想定した正の相関がみられることが確認できます．次に第3列目の二段階目の推計結果の dIMP の係数を見てみましょう．係数は−1.438 と最小二乗法の結果と比べて絶対値で大きくなりました．この係数の違いは，最小二乗法の結果は第三の要因によって過小評価されており，操作変数法を用いたことでより正確な推計値が得られたと考えることができます．

　表の下は第一段階の説明力をチェックするための **F 検定統計量で最低でも 10 必要** と言われていますが，検定統計量は584.73 で P 値は非常に小さくほぼ 0 なので，第一段階の結果は問題ないと言えます．

6.4　R による操作変数法の実例 2

　第二の分析事例では複数の操作変数を用いた分析を紹介しましょう．ハーバード大学のネイサン・ヌン教授はアフリカの奴隷貿易がアフリカ諸国の長期的な経済成長にどのような影響をもたらしたかを定量的に分析しています（Nunn, 2007, "The Long-Term Effects of Africa's Slave Trade"）．世界史でも習ったかと思いますが，1400 年代から 1900 年ごろまでの間にアフリカの多く国で奴隷貿易が行われていたことが知られています．当時，輸出された奴隷の多くは部族間闘争の捕虜であり，部族長は戦闘を有利にするために，商人に奴隷を売って代わりに最新鋭の武器を購入していました．商人たちは対立する複数の部族と取引していたため，奴隷貿易は部族間対立を激化させ，統治機構の崩壊や腐敗の蔓延を招いたと言われています．こうした社会システムの棄損はその

後の長期的な経済発展にも悪影響を及ぼしていると言われています．Nunn（2007）は，アフリカ諸国の奴隷輸出（X）と各国の 2000 年時点の一人あたり GDP（Y）の関係を分析し，その関係を定量的に評価しています．

　この Y と X の関係を分析するにあたり，第三の要因の影響を考慮する必要があります．当時，奴隷貿易が活発に行われた国は農業生産力が高く人口の多い国であったことが知られています．これを踏まえると，気候や地形に由来する農業生産力の高さは，説明変数である奴隷輸出にも，現在の一人あたり GDP にも正の影響をもたらすと考えられます．よって，最小二乗法による推計では，マイナスの因果効果と見せかけの相関によるプラスの効果が混ざってしまうと考えられます．

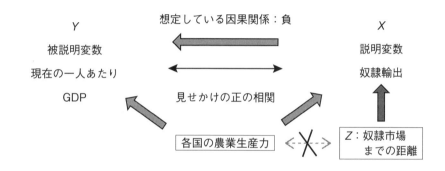

　さて，どんな変数を操作変数として用いればいいでしょうか．Nunn（2007）では，各国からの主要な奴隷市場までの距離を操作変数として用いています．当時の主要な奴隷市場は，インドや紅海沿岸，北アフリカ，そして南米に位置していました．これらの奴隷市場までの距離は，奴隷の輸出量（X）と相関する一方で，各国の農業生産力や現在の一人あたり GDP とは直接的には相関しないと考えられます．Nunn（2007）の推計では，各国からの 4 つの主要の奴隷市場（大西洋，インド，サハラ，紅海）までの距離（atlantic_dist, indian_dist, saharan_dist, red_sea_dist）を操作変数としています．

　推計結果を見ていきましょう．まず 1 列目が最小二乗法による推計結果で，ln_export_area の係数は −0.118 と係数そのものはマイナスで有意ですが，前述のとおり，第三の要因の影響が考慮されていませんので，係数は絶対値で過小評価されている可能性があります．

```
>fixest::etable(result_ols,result_iv,stage=1:2,se="HC1",
        fitstat=~ivwald+ivwald.p+sargan+sargan.p,se.below=TRUE)
                           result_ols    result_iv.1 result_iv.2
IV stages                                    First        Second
Dependent Var.:            lnpcgdp2000 ln_export_area lnpcgdp2000
Constant                     7.517***      29.11***      7.811***
                             (0.1515)       (6.736)      (0.1748)
ln_export_area             -0.1177***                  -0.2079***
                             (0.0260)                    (0.0460)
atlantic_dist                             -1.314***
                                           (0.3492)
indian_dist                                -1.095**
                                           (0.3789)
saharan_dist                               -2.435**
                                           (0.8142)
red_sea_dist                               -0.0019
                                           (0.7268)
_____
S.E. type                  Heter.-rob. Heterosk.-rob. Heter.-rob.
F-test (1st stage)                 --        4.5454          --
F-test (1st stage), ln_export_area --            --      4.5454
F-test (1st stage), p-value        --       0.00347          --
F-test (1st stage), p-value, ln_export_area --  --     0.00347
---
Signif. codes: 0 '***' 0.001 '**' 0.01 '*' 0.05 '.' 0.1 ' ' 1
```

　次に，操作変数法による推計結果です．2列目は一段階目の推計結果です．4つ操作変数が用いられていますが，その係数はいずれもマイナスで多くが統計的に有意になっています[3]．3列目は第二段階の推計結果で，奴隷輸出（ln_export_area）の係数は -0.208 となり，最小二乗法の係数よりも絶対値で大きくなりました．この結果は，最小二乗法の推計値が第三の要因の影響で過小評価されていたことを示唆するものと言えます．

係数の大きさを解釈すると，−0.208という係数は，面積当たりの奴隷輸出人数が1％増えると，現代の一人あたりGDPを0.2%下げると解釈できますので，奴隷貿易は世界史の教科書の中の出来事にとどまらず，現代社会にも大きな影響をもたらしていることを示唆しています．

　操作変数が複数ある場合にはZとYの関係の検定である操作変数の外生性の検定（過剰識別性検定, P.256）が行われることがあります．こちらについてはWEBサポートを参照してください．

事例紹介 13	差別化財の需要関数の推定

　企業にとって価格設定は重要な経営判断です．たとえば，値下げにより販売量が大幅に伸びて価格低下による減収効果を上回れば，収益（価格×販売量）の増加が期待できますが，販売量の伸びが小幅だと価格の低下分を販売量の増加でカバーできず減収になるかもしれません．また，値上げをすれば販売量は減りますが，販売量の減少幅が小さければ価格が上昇したことによって収益が増加することもあります．このような価格変化と収益の関係を知るために需要関数を推計し需要の価格弾力性を計測するといったことが行われます．最も素朴な需要関数は，Qを需要量，pを価格とするとき，

$$lnQ = \alpha + \beta lnp + \gamma X + \varepsilon$$

のように表すことができます．しかし，実際にデータとして観察される左辺の需要量Qと右辺の価格pは同時決定，つまり需要が変化すれば価格も変化する，価格が変化すると需要も変化するという双方向の関係にあります．こういった状況では内生性の問題が生じるため最小二乗法によりβを推計しようとしても，その係数はバイアスを持つことになります．需要関数の推計については産業組織論の分野で精力的に研究が行われていますが，ここでは上武・遠山・若森・渡辺（2021）に基づき，実証産業組織論分野で標準的なツールとなっているBerry（1994）の多項ロ

第6章

---

[3] なお，この推計結果では第一段階のF統計量が4.5454と10を下回っていますので弱操作変数の問題が示唆され二段階目の推計値が正確に計測できていない可能性があります，Nunn（2007）では二段階目の推計値の評価に際して条件付き尤度比アプローチでの検証を行っています．詳細はNunn（2007）を参照してください．

ジットモデルを前提とする需要関数（以下，Berry 型の需要関数）を用いた自動車の需要関数の推計例を紹介します．

今，車種別（ミニバン・セダン・SUV 等）の販売額，車種別の価格，馬力，燃費などの属性に関数でデータがあるとします．このとき Berry 型の需要関数は以下のような関数で表すことができます．

$$S = \alpha + \beta p + \gamma X + \varepsilon$$

ここで S は各々の車種の市場シェア，p は価格，X は馬力や燃費などの各々の車種の属性です．ここで内生性の問題について考えてみます．たとえば，ある自動車メーカーは品質に定評があり，そのため市場シェア S が高いとします．こうした「品質の評判」は「分析者からは観察できない品質」になりますが，当然，品質維持のためのコストが価格 p に上乗せされていると考えられます．つまり，「品質の定評」は，説明変数である価格 p にも被説明変数の市場シェア S にも影響する「第三の変数」になっていることがわかります．この「第三の変数」を無視して最小二乗法で需要関数を推計すると，価格の係数には「観察できない品質」による価格 p と市場シェア S の正の相関関係と，ここで推計したい価格 p が上がると市場シェアが下がるという関係が混ざってしまうので価格の係数が過小評価されるという内生性の問題が生じます．

このような内生性の問題に対応するため Berry 型の需要関数の推計では「製品間の競争状況指標」，あるいは「製品の差別化の程度」を操作変数とする推計が行われています[4]．これらの変数が操作変数として機能する理由を考えてみましょう．まず「製品間の競争状況指標」については，市場における製品数が多く市場競争が盛んであれば価格は低くなるので「製品間の競争状況」と価格は相関を持ちます．同様に「製品の差別化の程度」も製品が他社製品と類似していれば競争が激しくなり価格が低くなるので，この変数も価格と相関します．

一方で，「製品間の競争状況指標」と「製品の差別化の程度」のいずれも製品品質があまり変化しない短期的な状況では「第三の変数」である「品質の定評」には

---

[4] 「製品間の競争状況指標」は，たとえば他社の製品の属性の合計値などが用いられる．競合他社が多いほど高くなる．「製品の差別化の程度」は「ライバル企業の製品の属性と自社の製品属性の差」の二乗値を，すべてのライバル企業について合計したものです．より詳細な議論は上武ほか（2021）を参照してください．

影響しないと考えられるので，操作変数として望ましい性質を持つと言えます．

　上武ほか（2021）では，各車種の販売量は業界団体の資料に掲載されている新車登録台数より，各車種の価格や馬力などの属性は CarView! という WEB Site から入手して Berry 型の需要関数を推計しています．上武ほか（2021）ではデータと R スクリプトが公開されているので，その結果を再現してみました．

表 6.2　Berry 型の需要関数の推計結果

	model 1	model 2	model 3
定数項	-12.3^{***} (0.36)	-12.3^{***} (0.38)	-13.0^{***} (0.39)
自動車価格	-0.26^{***} (0.03)	-0.28^{***} (0.07)	-0.55^{***} (0.08)
馬力／重量	-0.65 (1.3)	0.21 (2.3)	8.4^{**} (2.6)
燃費（キロメートル／1 リットル）	0.13^{***} (0.010)	0.13^{***} (0.010)	0.13^{***} (0.010)
サイズ	0.18^{***} (0.02)	0.19^{***} (0.02)	0.24^{***} (0.02)
S.E. type	Heteroske.-rob.	Heteroske.-rob.	Heteroske.-rob.
R2	0.22	0.22	0.18
Observations	1,823	1,823	1,823
F-test（1st stage），自動車価格	—	45.8	53.0

注：カッコ内は不均一分散に頑健な標準誤差を示す．

　model1 は最小二乗法（OLS），model 2 と model 3 は操作変数法による推計結果で各々「製品間の競争状況」「製品の差別化の程度」を操作変数とした推計結果です．OLS の推計結果では価格の係数が-0.26ですが，操作変数法の推計結果では-0.28，-0.55と絶対値で大きくなっています．前述の通り，OLS では「観察できない品質」による価格pと市場シェアSの正の相関関係と，価格pが上がると市場シェアが下がるという関係が混在してしまったために，絶対値でみて係数が過小評価されと解釈できます．また，第一段階の F 統計量をみるといずれも 10 以上の値であり，弱操作変数の問題はなさそうだと結論付けることができます．

　上武ほか（2021）では，この需要関数の係数を用いてベータードという仮想のミニバンの需要曲線と収入価格曲線を描いています．収入価格曲線から収入が最大になる価格を計算すると 181 万円で収入は 1442 億円となることが示されています．

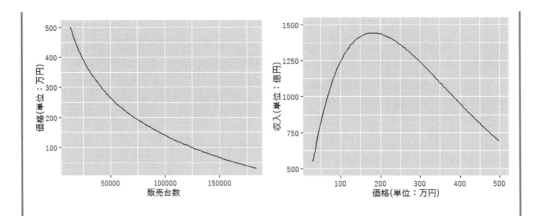

　上武ほか（2021）では推計のためのデータ・ファイルおよびRのスクリプトが公開されています．上記の2つのグラフも公開されているRのスクリプトから作成しました．本書のWebサポートでは上武ほか（2021）のデータ・ファイルやスクリプトへのリンク，および，その他の関連文献を紹介していますので併せて参照してください．

6.5　固定効果操作変数法 ························· ⟶

> スクリプト例：chapter6-2.R
> 使用データ：data（CigarettesSW, package ＝ 'AER'），あるいは CigarettsSW.csv

　第5章ではパネル・データを用いて観察できない要因をコントロールする固定効果モデルについて説明しましたが，説明変数に被説明変数と同時決定の関係にある変数が含まれているような場合，内生性の処理が必要となります．パネル・データであっても操作変数の考え方や選定基準は基本的に同じです．たとえば，今，被説明変数をy，内生変数を$x1$，操作変数は2つあって$z1$と$z2$，外生変数であるその他の説明変数として$x2$，$x3$，ここに個体固定効果（μ_i）と時点固定効果（δ_t）を加えます．つまり，

$$第一段階 \quad x_{1it} = \alpha_0 + \alpha_1 * z_{1it} + \alpha_2 * z_{2it} + \mu_i + \delta_t + \eta_{it}$$

$$第二段階 \quad y_{it} = \beta_0 + \beta_1 * x_{1it} + \beta_2 * x_{2it} + \beta_3 * x_{3it} + \mu_i + \delta_t + \epsilon_{it}$$

という式を推定したいとします・そして個体番号を id, 時点を示す変数を year のとき
これを feols で推計するには以下のように入力します.

```
feols(y~x2+x3|id+year|x1~z1+z2, data=dataf)
```
　　　　固定効果↗　　　　　　↖内生変数と操作変数

"|" が 2 つあることに注意してください. 最初の "|" の前の変数は第二段階のその他の説明変数, **最初の "|" の後ろには個体固定効果の変数（id）と時点固定効果（Year）, 2 つ目の "|" の後ろは第二段階の内生変数, そして "~" の後ろに第一段階の説明変数**です. また, 第二段階のその他の説明変数が無いときは "|" の前に 1 と記載します.

```
feols(y~1|id+year|x1~z1+z2, data=dataf)
```

　例として aer パッケージに含まれる Cigarret2 という米国の州別のタバコの売上高と価格の情報を使ってタバコの需要関数を推計してみましょう. タバコは喫煙者のみならず副流煙により非喫煙者の健康にも有害なので政府はタバコ税の増税により需要をコントロールしようとしているとしましょう. この政策の効果を予想するにはタバコ増税による値上げによりどの程度需要が減るかを調べる必要があります. 推計式は, 被説明変数がタバコの販売量は packs, 説明変数は消費者物価指数（cpi）で実質化した価格（rprice）と一人あたり所得（rincome）で, いずれも対数をとります. このデータはアメリカの 2 年分の州別のパネル・データですので州（state）の固定効果（μ_i）と年（year）の固定効果（δ_t）を追加してあります.

$$\ln(pacs_{it}) = \alpha + \beta_1 \ln(rprice_{it}) + \beta_2 \ln(rincome_{it}) + \mu_i + \delta_t + \epsilon_{it}$$

　ここで販売量と価格の関係は, 価格が上がれば販売量が下がる一方で, 販売量が増えれば価格は上がるというように両者は同時決定の関係にあり, 価格 rprice は**内生変数**となります. 言い換えると価格の係数には, 販売量が増えると価格が上がるという関係と, 価格が上がると販売量減るという 2 つの正反対の力が働くので, 本来知りたい後者の効果を**過小評価**してしまう可能性があります. よって, この係数を正確に測るには操作変数が必要となります. ここでは実質のタバコ税（rta＝tax/cpi）の対数値を操作変数とします. タバコ税は価格を変化させる一方で, 各州が政策として決定するので, 価格を通したルート以外では販売量には影響しないと考えられます. 推定のためのスクリプトは以下の通りで, 推計結果はその下の表 6.3 です. 比較のため, 固定効果モデルの

第6章

結果と固定効果操作変数法の結果を対比させています.

```
> # Fixed Effect Instrument Variable Estimation
> result_ols <-feols(log(packs)~log(rprice)+log(rincome)|state
    +year,data=CigarettesSW)
> result_iv <-feols(log(packs)~log(rincome)|state+year|log
    (rprice)~log(rtax),data=CigarettesSW)
```

　1列目が固定効果モデル，2列目が固定効果操作変数法の第一段階，3列目が固定効果操作変数法の第二段階の推計結果です．価格の係数ですが，固定効果モデルでは−1.056，固定効果操作変数法では−1.43となりました．固定効果モデルの推計値は絶対値で見て小さくなっており，価格の内生性を考慮しないと係数が過小評価されることがわかります．また，販売量も価格も対数値ですので係数は価格弾力性として解釈する

表6.3　固定効果操作変数法によるタバコの需要関数の推計結果

	result_ols	result_iv.1	result_..2
IV stages		First	Second
Dependent Var.:	log(packs)	log(rprice)	log(packs)
log(rprice)	−1.056***		−1.430***
	(0.1602)		(0.2332)
log(rincome)	0.4974	0.0978	0.4071
	(0.3236)	(0.1513)	(0.2901)
log(rtax)		0.3756***	
		(0.0502)	
Fixed-Effects:			
state	Yes	Yes	Yes
year	Yes	Yes	Yes
S.E. type	Hete.-rob.	Heter.-rob.	Hete.-rob.
F-test (1st stage)	–	70.667	–
F-test (1st stage), log(rprice)	–	–	144.48
F-test (1st stage), p-value	–	8.9e-11	–
F-test (1st stage), p-value, log(rprice)	–	–	1.46e-20

注：カッコ内は標準誤差，＊＊＊は1%水準で統計的に有意であることを示す.

ことができますので，固定効果操作変数法の結果に基づくと価格の1%の上昇は1.43%の需要の減少をもたらすと解釈できます．固定効果操作変数法のF値の見方ですが，(3)列目の第2段階の推計結果の下のF値を参照します（(2)列目はHAC標準誤差に基づかないF値）．F値は10を超えていますので弱操作変数の問題はないと判断してよさそうです．

事例紹介14 　入学時の偏差値と卒業生のパフォーマンスの再検討

　第5章で紹介した「名門校は優秀な学生を選抜しているだけなのか，それとも充実した教育プログラムで，生徒・学生はよい進路に進むのか」を検証した2つの論文を紹介しました．これらの研究では，入学時点の偏差値にも卒業時点のパフォーマンスにも影響する，分析者が観察できない第三の要因（学校独自のプログラム，教員の能力や校風）が時間を通じて変化しない仮定し，固定効果として処理しています．しかし，カリキュラム再編等の学校改革といった**時間を通じて変化する観察されない要因が存在する場合**，入学時点の偏差値にも卒業時点のパフォーマンスにも影響する一方で，固定効果では処理できないので**第三の要因の影響を排除できない**ことになります．

　そこで，2つの研究のうちの1つ，私立中高一貫校のデータを用いた近藤（2014）では，**入学時点の偏差値には影響するが卒業生のパフォーマンスには影響しない操作変数**を用意し，入学時点の偏差値の卒業生のパフォーマンスに対する因果効果の有無を検証しています．近藤（2014）では，操作変数として「サンデーショック」と呼ばれる入試日程の変更イベントを使っています．私立中高一貫校の入試日程は2月1日と2月2日に集中しており，多くの学校が毎年同じ日に入試を実施しています．ただし，ミッション系（プロテスタント）の中高一貫女子校は，プロテスタントでは日曜日は休日という宗教的な理由により，例年の入試日が日曜日にあたった場合は当該年（分析対象期間では1998年）だけ入試日を月曜日に変更するという特例的に入試日程変更を行うことが知られています．この入試日程の変更は，日曜日に入試を実施する競合校の偏差値を上昇させる一方で，月曜日に入試を実施する学校間の競争が激しくなり，月曜日に入試を実施する学校の偏差値を引き下げる効果を持ちます．こうしたミッション系の中高一貫校の入試日程変更による偏差値

ランキングの変動のことを受験業界は「サンデーショック」と呼んでいます．この「サンデーショック」は日程が競合する学校の偏差値を変動させる一方で，卒業生のパフォーマンスには影響しないと考えられますので，操作変数として利用が可能です．

推定式は第二段階の被説明変数 Y は卒業時に合格した大学の平均偏差値，X は入学時点の中学入試偏差値，操作変数は 3 つのダミー変数，

- $Z1$：非ミッションスクールで例年の入試日が 2 月 1 日×1998 年ダミー
- $Z2$：ミッションスクールで例年の入試日が 2 月 1 日×1998 年ダミー
- $Z3$：非ミッションスクールで例年の入試日が 2 月 2 日×1998 年ダミー

が用いられています．パネル・データですので固定効果を加えた固定効果操作変数法により推定が行われています．

第一段階の操作変数の係数の符号を整理しておくと，$Z1$ は，サンデーショックが発生した 1998 年に 2 月 1 日に入試を行う非ミッションスクールなので競合校が少なくなって偏差値は上昇，操作変数の係数はプラスが予想されます．$Z2$ はミッションスクールが 2 月 2 日に入試日を変更した際の偏差値の変動ですが競合校が増えるとすれば偏差値は下がります．$Z3$ は元々 2 月 2 日に入試を実施していた学校なのでサンデーショックで 2 月 2 日入試の競争が厳しく成れば志願者を奪われ偏差値は下落，つまり第一段階推定の操作変数の係数はマイナスが期待されます．

次の表は，卒業時に合格した大学の平均偏差値を被説明変数として，プーリング回帰，固定効果モデル，固定効果操作変数法で中学入試の偏差値の影響を分析したものです．プーリング回帰に比べて固定効果モデルでは中学入試の偏差値の係数が小さくなることは第 5 章で確認済みですが，固定効果操作変数法で推定すると中学入試の偏差値は有意ではなくなることが確認できます．操作変数を使うことにより，学校改革などの時間を通じて変化する観察できない要因の影響を排除して分析した結果，卒業生のパフォーマンスは入学時点の成績に依存しない，つまり学校の質がより重要であることが確認できました．

	プーリング回帰	固定効果モデル	固定効果操作変数法
中学入試偏差値	0.330***	0.161***	−0.106
	(0.020)	(0.036)	(0.164)
第一段階推定			被説明変数 中学入試偏差値
Z1：非ミッション系 &2月1日入試&1998年			1.519* (0.778)
Z2：ミッション系 &2月1日入試&1998年			−1.219 (0.778)
Z3：非ミッション系 &2月2日入試&1998年			0.804 (0.831)
サンプル数	497	497	497
決定係数	0.85	0.921	

注）カッコ内は学校単位でクラスターした標準誤差. ***, *はそれぞれ 1%, 10% で統計的に有意であることを示す. 説明変数には入試科目数のダミーや卒業生総数などが加えられている.

第6章

第6章　練習問題

1 教育が収入に及ぼす影響は教育の収益率として教育経済学の分野では古くからさかんに研究されてきました．ここでは，第4章で使用した mroz データを用いて，教育年数が1年延びると収入（賃金）がどの程度変化するかを計算してみましょう．教育年数と賃金は，IQ といった観察できない個人の能力の影響を受けている可能性があります（例：IQ が高いと教育年数も長くなり同時に賃金も高くなる）．よって最小二乗法（OLS）では教育の効果をうまく計測できない可能性があります．そこで操作変数を用いて，教育年数が賃金に及ぼす影響はについて分析します．

(1) 賃金の対数値（wage）を被説明変数に，教育年数（educ）と経験年数（exper）を説明変数とする推計式を考える．操作変数は「父親の教育年数（fatheduc）」と「母親の教育年数（matheduc）」の2つを用意している．なぜ，この2つの変数が操作変数として機能すると考えられるのか説明せよ．

(2) (1)の推計式を① OLS による推定，②「父親の教育年数」を用いた操作変数法による推定，③「父親の教育年数」と「母親の教育年数」を操作変数とする推定を実施せよ．

(3) (2)の推計結果の教育年数（educ）の係数を比較せよ．OLS による係数の推定値は操作変数による推定値よりも大きくなったか，小さくなったか，また，それはなぜかを説明せよ．

2 労働経済学では子どもの数が増えることで女性の就業がどの程度抑制されるかについてさかんに分析が試みられてきました．しかし，労働時間が長くなると出生率が抑えられるという逆のメカニズムも存在し，出生率と労働供給は同時決定と考えるのが自然です．ここでは Anglist and Evans (1998) を参考に子どもの数が労働供給におよぼす因果効果を操作変数法で分析します．具体的には Anglist and Evans (1998) では，第一子と第二子が同性である親は第三子を望みやすいという事象を利用した操作変数を用いて推計を行っています．使用するデータは AER パッケージ

をインストールして使用する data（Feterlity, package = 'AER'）あるいは Feterlity. csv です．

(1) 「第三子をもつダミー」が「女性の労働時間」に及ぼす影響を分析するにあたり「第一子と第二子の性別が同じダミー」が妥当な操作変数であると考えられる理由について説明せよ．

(2) 最小二乗法で，被説明変数に work（女性の労働時間），説明変数に mkids（第三子をもつダミー），age（年齢）と age の 2 乗値，afam（アフリカ系アメリカ人），hispanic（ヒスパニック系），other（その他）を用いた回帰式を推定せよ．なお，afam，hispanic，other はカテゴリー変数なので説明変数として導入する際は，factor() 関数でダミー変数とすること．

(3) gender1（第一子の性別）と gender2（第二子の性別）が同じであれば 1 をとる「第一子と第二子の性別が同じダミー（samegender）」を作成せよ．

(4) samegender（第一子と第二子の性別が同じダミー）を操作変数として(2)の推定式を操作変数法で推定せよ．(2)と(3)の mkids の係数の大きさを比較し，なぜ係数の大きさが変わったかを説明せよ．

(5) 第一段階の F 検定統計量からみて操作変数法は機能しているといえるか？

3 第 5 章の練習問題 2 では，Cornwell and Trumbull（1994）のデータを用い，アメリカ・ノースカロライナ州の郡単位のデータで犯罪率の決定要因を分析しました．しかし，そこで用いられている説明変数のうち「人口当たりの警察官の数」と「逮捕される確率」は被説明変数と同時決定になっている可能性があります．これに配慮して固定効果操作変数法で分析することで結果がどのように変わるかを分析してみましょう．データは plm パッケージに含まれる Crime というデータであり，data（Crime, package = 'plm'）で呼び出すか，WEB サポートの Crime.csv を使用します．

(1) なぜ「人口当たりの警察官の数」と「逮捕される確率」は被説明変数と同時決定になっていると考えられるのか．

(2) 操作変数として「郡の一人当たり税収（ltaxpc）」と「直接顔を合わせる犯罪（強盗，暴行，強姦）の比率（lmix）」を用いる．これらが操作変数として機能する理由を説明せよ．

(3) 被説明変数に犯罪発生率（lcrmrte），説明変数には逮捕される確率（lprobarr），

逮捕されたのち有罪になる確率（lprobconv），有罪になったのち収監される確率（lprobpris），刑期の平均（lavgsen），人口当たり警察官の数（lpolpc），人口密度（ldensity）を説明変数とし，①郡固定効果と年次の両方を含む固定効果モデル，②固定効果を考慮した操作変数法（固定効果操作変数法）で推定せよ．なお，郡と年を示す変数はそれぞれ county と year である．また，結果は fixest::etable() でまとめること．

(4) 第一段階の F 検定統計量からみて操作変数法は機能しているといえるか？

(5) 結果がどのように変わったか，警察の数や逮捕される確率といった要因は犯罪発生率に対して因果効果を持つといえるか？

注）今回のように内生変数が 2 つあるときは以下のように書きます．
$$\text{feols}(y \sim x_3 | \text{id} + \text{year} | x_1 + x_2 \sim z_1 + z_2, \text{data} = \text{dataf}).$$
ここで x_1, x_2 は内生変数，x_3 はその他の説明変数です．

第7章 傾向スコア法

第6章で紹介した操作変数法は，差の差の分析が使えない状況で，第三の要因の影響を排除する，あるいは逆の因果性の問題に対処する強力な分析手法ですが，一方で常に適切な操作変数が見つかるという保証はないという意味で，汎用的な手法とまでは言い切れません．それに対して，本章で紹介する傾向スコア法は適切な操作変数が見つからない場合でも利用できるという意味で使い勝手のよい手法で，よく用いられるようになってきています．ただし，傾向スコア法で分析できるのは処置群と比較群が0/1のダミー変数で区別できるようなデータに限られることに注意が必要です．

第7章で用いるデータ・パッケージ・スクリプト例

nswcps_psmatch.csv, nlswork.csv

パッケージ：tidyverse, MatchIt, modelsummary, plm, openxlsx, tableone, DescTools

スクリプト：chapter7-1.R, chapter7-2.R, chapter7-3.R

7.1 傾向スコア法とは何か

次のような例を考えましょう．今，交換留学プログラムの効果を知りたいとします．もし，ランダム化比較実験で，ランダムにプログラム参加資格が与えられるなら，参加者を処置群，非参加者を比較群として差の差の分析でその効果を計測することができま

す．しかし，もしプログラムへの参加が応募制である場合には差の差の分析は適切ではありません．なぜなら，交換留学プログラムに参加する人は海外志向が強く，意欲の高い人が多いと考えられるので，参加者と非参加者を比較する場合，プログラムの差なのか意欲の差なのかを識別することが困難です．さらに，今回のプログラムの受講枠を拡大し，海外志向の弱い人や意欲の高くない人に参加を促したとしても，推計されたプログラム効果と同じ効果を期待することはできないと考えられます．

　もし適切な操作変数が見つかれば操作変数法による因果効果の特定が可能ですが，見つからない場合はどうすればいいのでしょうか．こういうときに利用できるのが傾向スコア法です．傾向スコア法とは一言でいうと，プログラム参加者と，非参加者の中で参加者と「よく似た人」を探し出して比較する手法です．非参加者には，図 7.1 のように「意識」が低い人もいれば「意識」の高い人もいて，①交換留学に全く興味を持たない人もいれば，②意欲的で成績も良好だけど何らかの事情でプログラムへの参加を断念する人も含まれると考えられます．①と②をひとまとめにしてプログラム参加者と比較するのは「フェアでない」比較になりますが，②の「参加できたかもしれないが実際には参加しなかった人」を「よく似た人」として参加者と比較する，つまり図 7.1 の点線の中の人同士を比較すれば「フェアな比較」になるという考え方です．

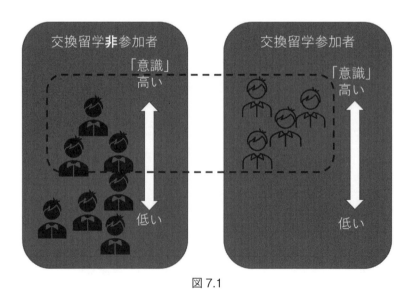

図 7.1

問題は「よく似た人」をどう選ぶかですが，交換留学プログラムであれば，プログラム開始前の成績や授業の履修履歴，海外経験などの指標に注目して選ぶ方法が考えられますが，問題は，通常，参加者・非参加者の属性は1つの指標では評価できないので，複数の指標から得られる情報を集約する必要があるという点です．そこで，傾向スコア法では，プログラムへの参加の有無をプロビット，ロジット・モデルの推計結果を活用します．具体的には，プロビット，ロジット・モデルの予測確率（傾向スコア，と呼びます）を参加者・非参加者について計算し，非参加者の中で，参加者と同程度の予測参加確率を持つ非参加者を比較群とします．傾向スコア法では，この「参加者と同程度の予測参加確率を持つ非参加者」を，「参加者がもし交換留学に参加しなかった場合の仮想現実」と考えます．

傾向スコア・マッチング法の手順

　以下では，傾向スコア法のうち，傾向スコア・マッチング法と呼ばれる手法の具体的な手順を説明します．

　Step 1 プログラムへの参加の有無について，ロジット・モデル，あるいはプロビット・モデルでモデル化し，その予測参加確率 P を計算する．傾向スコア法では，予測確率 P を傾向スコアと呼びます．説明変数はプログラムの参加の意思決定に影響しそうな変数を選びます．係数の符号が期待通りで，かつ統計的に有意であり，また，疑似決定係数が低すぎない（たとえば0.1程度，あるいはそれ以上）ことが求められます．

　Step 2 予測参加確率を利用してマッチング・ペアを見つける．マッチング・ペアを見つける方法には様々な方法がありますが，1対1マッチング（One-to-one matching）では，個々の参加者に対して，最も予測参加確率の近い非参加者1名をあてがいます[1]．右の図7.2は処置群と比較群についてプログラム参加の予測確率の散らばりを比べたものです．処置群の予測確率の分布（右・グレー）のほうが比較群のそれ（左・黒）よりも高い値になっていることがわかります．予測確率1対1マッチングでは，処置群の参加者1人ずつに対して，もっとも確率の近い非参加者をみつけます．ただし，あまりに予測

---

[1] 1対1マッチング以外にも様々なマッチング法が提案されています．黒澤（2005）などを参照のこと．

確率のかけ離れた処置群と比較群のペアは好ましくないので，マッチさせるペアを探す範囲を限定することがあります．一般に，処置群と比較群の予測確率の分布が重複している領域（これをコモン・サポート，common support と呼びます）に限定します．

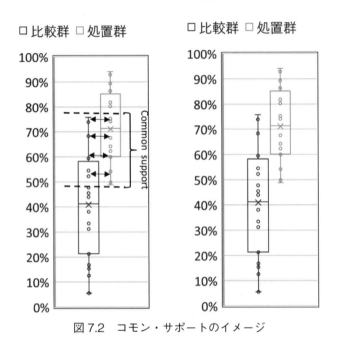

図7.2　コモン・サポートのイメージ

　なお，ここで処置群と比較群として，よく似た参加者と非参加者が選ばれているかを確認するためにバランス・テスト（Balance test）が行われますが，これは後ほど事例をみながら説明します．

> **コラム**　復元抽出
>
> 　なお，1 対 1 マッチングで，処置群一人につき比較群の一人を割り当てるのではなく，予測確率が近ければ複数の処置群に対して一人の比較群を割り当てることもあります．たとえば，処置群の A さんと B さんは予測確率が 0.61 と 0.62 で，比較群で予測確率が近い人（0.6 前後の人）は，予測確率が 0.60 の C さんと 0.65 の D さんとします．処置群の A さん（0.61）と比較群の C さん（0.60）をマッチさせる

のは自然ですが，同じく処置群のBさんは誰とマッチさせるべきでしょうか？　C
さんは既にAさんとマッチさせているので，Dさんとマッチさせるべきという考
え方もあります（非復元抽出）．しかし，Bさんと予測確率が一番近いのはCさん
ですから，BさんとCさんをマッチさせる，つまりCさんをAさんともBさんと
もマッチさせるほうが適切と考えられます．この方法は，AさんとCさんをマッ
チさせた後，Cさんをマッチング対象者に戻してBさんとマッチさせるので**復元
抽出**と呼ばれます．この方法でマッチさせた場合，**処置群とマッチさせた比較群の
サンプル数を比べると後者のほうが小さくなる**ことがあります．また，復元抽出の
場合，同じ比較群サンプルが複数の処置群に対応しますので**処置効果を計算する際
にウエイトをつけて計算**します．

Step 3 最後にプログラムの処置効果（Treatment effect）を以下の式で計算します．

$$\alpha = \frac{1}{n} \sum [y_i^1 - y_i^0]$$

ここで y_i^1 は参加者の成果指標（交換留学プログラムなら留学後の成績など），y_i^0 は参
加者 i と同等の参加確率を持つ非参加者の成果指標になります．この指標は，プログラム
ムに参加した人が参加しなかったとき（仮想現実）に比べて，どの程度成果指標が改善
したかを示しますので，**処置群における平均処置効果**（Average Treatment Effect on
Treated, ATT）と呼びます．

処置効果の色々

なお，非参加者の視点，すなわち各々の非参加者に対して，同程度の参加確率を持つ
参加者をあてがい「非参加者が交換留学に参加していたらどの程度の効果を期待できる
か」も計算可能です．これを**比較群における平均処置効果**（Average Treatment Effect
on Un-Treated, ATUT）と呼びます．また，すべての人が処置を受けたときの効果を**平
均処置効果**（Average Treatment Effect, ATE）と呼びますが，これは処置群のおける
平均処置効果と比較群における平均処置効果の加重平均と理解できます．

ATT：処置群の「プログラム参加による現実の成果指標」と「プログラムに参加
　　　しなかったときの仮想的な成果指標」の差

ATUT：比較群の「プログラムに参加したときの仮想的な成果指標」と「プログ
　　　　ラムに参加しなかった現実の成果指標」の差

ATE：すべての人の「プログラムに参加したときの成果指標」と「参加しなかっ
　　　　たときの成果指標」の差＝ATT と ATUT の加重平均

7.2　Rによる分析事例

> サンプル・スクリプト：chapter7-1.R
> 使用するデータ：nswcps_pamatch.csv

　ここでは分析事例として Dehejia and Wahba（1999）による米国の就業支援事業
（National Supported Work, NSW）の評価についての研究を紹介します．NSW は 1970
年代半ばに実施された就業困難者に対する 6 ～ 18 カ月の就労支援プログラムで，興味
深いのは事後的に効果を分析するためにランダム化比較実験として行われている点にあ
ります．このときの処置群は NSW の支援を受けた労働者で比較群は政府統計である
Current Population Survey（CPS）から得た一般労働者です．このプログラムの因果効
果については，すでに分析が行われており 1700 米ドルであることが分かっています．
この論文では，ランダム化比較実験の結果を「正解」として，傾向スコア法で同じよう
な推計量が得られるか検討しています．本節では R による傾向スコア・マッチング法
の推計方法を確認しながら，Dehejia and Wahba（1999）の結果をみてみましょう[2]．

---

[2] なお，本節で紹介するプログラム例はマッチング方法が異なるため，結論は同じですが Dehejia and
Wahba（1999）の推計値とはやや異なります．本節では 1 対 1 マッチングが使われているのに対して，
Dehejia and Wahba（1999）は層化マッチング（Stratification matching）が用いられています．

7.2.1 Rによるマッチングのための関数

　まず，Rにおける傾向スコア・マッチング法の関数 `matchit()` 関数と `match.data()` 関数を説明します．事前に matchIt パッケージをインストールしておいてください．今，Yを成果指標（Dehejia and Wahba の例では1978年の年収），DはNSWに参加した労働者（処置群）であれば1，そうでなければ（比較群）0をとるダミー変数，*x*1-*x*4 はNSWへの参加の決定要因（第一段階のプロビット・ロジットの説明変数）とします．このとき以下の matchit() 関数で傾向スコア・マッチングが可能です．

```
m_result1 <-MatchIt::matchit(D~x1+x2+x3+x4, data=データ・オブジェクト,
    method="nearest", distance="glm", discard="both", replace=TRUE)
summary(m_result1)
```

　オプションの method はマッチング手法を指定するオプションで，"nearest"を指定することで最も確率の近い人を割り当てる「最近傍マッチング」を指定してます．distance はマッチペアを選ぶ際の「距離」の計算方法で，ここでは「NSWプログラム参加の予測確率」でペアの近さを測りますが，この場合"glm"とします．discard はコモン・サポートを課すかどうかのオプションで，処置群と比較群の重なっている領域にあるデータに限定するので"both"を指定します．最後の replace は復元抽出をするかどうか，TRUE を選ぶことで「復元抽出」ありを指定します．この matchit() 関数の結果を summary() で出力するとバランス・テストの結果が表示されます．

　次にこの結果を match.data() 関数に流し込み，処置群とマッチされた比較群に限定されたデータを作成します．以下の例では m_result2 というオブジェクトに作成されたデータを格納しています．最後に，lm() 関数で成果指標 y を被説明変数に，処置ダミーを説明変数として処置群と比較群の差を計算しています．

```
m_result2 <-m_result1 %>% MatchIt::match.data()
result <- lm(y~D, data=m_result2, weights=weights)
```

　なお，この lm() 関数による回帰分析ではオプションに weights＝weights が入っていますが，これは第3章3.5節で説明した加重最小二乗法で推定せよというものです．これは P.278 のコラム「復元抽出」で説明したように同じ比較群が複数の処置群とマッ

チされている場合があることを考慮するためのオプションです．weights という変数は match.data() 関数で作成され，そこから出力されたオブジェクト（上記の例では matched_data）に格納されています．

7.2.2 プログラム例の解説

では，Dehejia and Wahba（1999）のデータを使って matchit()，match.data() 関数の使い方，結果の見方を説明しましょう．まず，ここで使用するデータは，nswcps_psmatch.csv で，ここで用いる変数は次の通りです．

- 成果指標 Y, re78：1978 年の年収
- treated：プログラム参加ダミー（1：参加有り＝処置群，0：無し＝比較群）
- その他の説明変数
  - re74, re75：1974，75 年の年収
  - age, age2：年齢，年齢の二乗
  - educ：教育年数
  - nodegree：学位無し（中退者）ダミー
  - black：黒人ダミー
  - hispanic：ヒスパニック系ダミー

ここからはサンプル・スクリプト chapter7-1.R をかいつまんで紹介します．まず，データを読み込み，table()関数と CreateTableOne()関数（tableone パッケージのインストールが必要）で，プログラム参加者と非参加者の属性の単純に比較してみましょう．

```
> nswcps <- readr::read_csv("nswcps_psmatch.csv")
> table(nswcps$treated)

         0      1
     15992    185
> nswcps %>% tableone::CreateTableOne(vars=(
      c("re78","age","educ","married","black","hispanic")),
      strata="treated")
```

	Stratified by treated			
	0	1	p	test
n	15992	185		
re78 (mean (SD))	14846.66 (9647.39)	6349.14 (7867.40)	<0.001	
age (mean (SD))	33.23 (11.05)	25.82 (7.16)	<0.001	
educ (mean (SD))	12.03 (2.87)	10.35 (2.01)	<0.001	
married (mean (SD))	0.71 (0.45)	0.19 (0.39)	<0.001	
black (mean (SD))	0.07 (0.26)	0.84 (0.36)	<0.001	
hispanic (mean (SD))	0.07 (0.26)	0.06 (0.24)	0.510	

　上記のスクリプトでは，まず table 関数でプログラム参加の有無別にサンプル数をカウントしています（table(nswcps\$treated)）．プログラム参加者が 185 人，非参加者が 1.6 万人と圧倒的に参加者数が少ないことがわかります．次に，CreateTableOne() 関数でプログラムの参加の有無別（strata＝"treated"）に年齢や教育水準など参加者の特性を比較し，その平均値の差の検定を行っています．re78 の行は 1978 年時点の年収をプログラムの参加有無でその平均値を比較しています．非参加者（treatd＝0）の収入は14847 ドルで参加者（treated＝1）の年収は 6349 ドルでした．このプログラムは低所得者向けなので参加者のほうが，平均年収が低いのは当然と言えるでしょう．また，カッコ内の数値は標準偏差であり，"p test" は 2 グループ間の平均値の差の統計的な有意性を示します．同様に，プログラム参加者は非参加者に比べて，年齢（age）が低く，教育年数（educ）が短く，未婚者が多く（married），黒人の比率（black）が高いことがわかります．

　次に NSW プログラム参加ダミーを被説明変数とするロジット・モデルを推計します．**説明変数の選び方ですが，被説明変数はプログラムに参加するか否かのダミー変数なので，プログラム参加の意思決定に影響しそうな変数を選ぶ必要があります．**ここでは低所得者向けの職業プログラムへの参加の意思決定を分析しますので，労働者の年齢や学歴，既婚かどうか，黒人かどうかのダミー変数，1974 年，75 年の年収などを用いています．

```
glm(formula = treated ~ age + age2 + educ + educ2 + married +
    nodegree + black + hispanic + re74 + re75, family =
    binomial(link = "logit"), data = nswcps)
```

```
            Estimate Std. Error z value Pr(>|z|)
(Intercept) -1.924e+01  1.824e+00 -10.553  < 2e-16 ***
age          7.962e-01  9.086e-02   8.763  < 2e-16 ***
age2        -1.274e-02  1.536e-03  -8.295  < 2e-16 ***
educ         8.831e-01  2.359e-01   3.743 0.000182 ***
educ2       -5.009e-02  1.253e-02  -3.997 6.42e-05 ***
married     -1.505e+00  2.431e-01  -6.189 6.05e-10 ***
nodegree     8.830e-01  3.092e-01   2.856 0.004290 **
black        3.857e+00  2.603e-01  14.820  < 2e-16 ***
hispanic     1.651e+00  3.982e-01   4.145 3.40e-05 ***
re74        -7.033e-05  2.872e-05  -2.449 0.014344 *
re75        -2.229e-04  3.715e-05  -5.999 1.98e-09 ***
---
> DescTools::PseudoR2(result_logit1)
  McFadden
0.5646388
```

　では結果を見てみましょう．married（既婚者ダミー）の係数はマイナスなので未婚者のほうがプログラム参加確率が高い，black（黒人ダミー）の係数はプラスで黒人の方が参加確率が高い，re74，re75 の係数はマイナス，これは 1974 年，75 年の年収が低いと参加確率が高い，と読めます．このプログラムは失業者や生活保護受給者など低所得者向けのプログラムなのでリーゾナブルな結果と言えるでしょう．また，疑似決定係数 Pesudo R2 は 0.56 で，決定係数が低くなりがちなロジット，プロビット・モデルでは十分に高いと考えることができます．**このロジット・モデルは係数の符号が期待通りで，かつ統計的に有意であり，また，疑似決定係数が低すぎない（たとえば 0.1 程度，あるいはそれ以上）ことが求められますが，今回の結果は条件を満たしています．**

　次に，いよいよマッチングを行います．スクリプトを順番に見ていきましょう．matchit 関数には，プログラムへの参加の有無（treated）を被説明変数に，説明変数にはプログラムへの参加の意思決定に影響する要因を並べた第一段階のロジット・モデルの推計式を書きます．データが含まれるオブジェクトは nswcps，マッチングの方法（method）は最近傍マッチング（nearest），distance には傾向スコアによるマッチング

を指定する "glm" を，discard はコモン・サポートを課すためのオプションで "both" を指定することで，処置群と比較群の傾向スコアが重なる領域のデータに限定しています．マッチングの結果は m_result1 に格納されます．

```
# Common support あり，復元抽出あり
m_result1 <- MatchIt::matchit(treated ~ age+age2+educ+educ2+marri
                ed+nodegree+black+hispanic+re74+re75,
                data     = nswcps,
                method   = "nearest",
                distance = "glm",discard="both",
                replace  = TRUE)
summary(m_result1)
summary(m_result1) %>% plot(xlim=c(0,1.5))
```

マッチングの結果

　マッチングの結果は summary(m_result1) で示されます（次頁参照）．まず，一番下の①のマッチングの状況から見てみましょう．1 行目は，もともとの非参加者（Control）が 15992 人が参加者数（Treated）が 185 人いたことを示します．Treated の，185 の下の 183 は，185 人中 183 人について参加者とよく似た非参加者とマッチできたことを示します．2 人減っているのはコモン・サポートから外れている人だからで，5 行目の Discard の右列に 2 と表示されています．Control の 3 行目は 15992 人のうち 119 が参加者とマッチした非参加者数です．ここが 183 人ではないのは復元抽出になっているからで，同じ非参加者が複数の参加者とマッチされているからです．

バランス・テスト

　次に，②の "Summary of Balance for All Data" は，マッチング前の参加者と非参加者の年齢等の属性の違いを比較しています．ここは CreateTableOne() によって作成された平均値の比較表と同一になっています．③の "Summary of Balance for Matched Data" はマッチされた参加者と非参加者の個人属性の平均値の比較です．これがバランス・テスト（Balance Test）と呼ばれるものです．たとえば年齢 age であれば，②でみると非参加者全体の平均年齢（Means Control 列の age）は 33.2 歳でしたが，③のマ

ッチ後のデータでは 26.2 歳とほぼ参加者の平均と等しくなっています．③の 4 列目，
Std. Mean Diff はマッチされた非参加者と参加者の属性の平均値の差を分散で標準化し
たもので，これが絶対値 0.1 を下回っていれば概ね両者に差異はないと判断できます．
Var ratio は分散比で，こちらは 0.5 ～ 2 の間なら許容範囲とされてます．上段の②では，
Std. Mean Diff も Var ratio も基準を満たさない変数が散見されます．一方，下段の③

```
Summary of Balance for All Data: ②マッチング前の平均値の比
         Means Treated Means Control Std. Mean Diff. Var. Ratio
distance       0.3610        0.0074          1.3727      36.2999
age           25.8162       33.2252         -1.0355       0.4196
age2         717.3946     1225.9056         -1.1792       0.3020
educ          10.3459       12.0275         -0.8363       0.4905
educ2        111.0595      152.9023         -1.0646       0.3424
married        0.1892        0.7117         -1.3342            .
nodegree       0.7081        0.2958          0.9068            .
black          0.8432        0.0735          2.1171            .
hispanic       0.0595        0.0720         -0.0532            .
re74        2095.5737    14016.8003         -2.4396       0.2607
re75        1532.0553    13650.8034         -3.7645       0.1206

Summary of Balance for Matched Data: ③マッチング後の平均値の比
         Means Treated Means Control Std. Mean Diff. Var. Ratio
distance       0.3556        0.3558         -0.0008       0.9912
age           25.7596       26.1749         -0.0580       0.9422
age2         714.6885      739.0164         -0.0564       1.0475
educ          10.3716       10.4208         -0.0245       0.9227
educ2        111.5738      112.9016         -0.0338       0.8002
married        0.1913        0.2022         -0.0279            .
nodegree       0.7049        0.7158         -0.0240            .
black          0.8415        0.8634         -0.0601            .
hispanic       0.0601        0.0328          0.1155            .
re74        2118.4761     2185.9851         -0.0138       1.6503
re75        1548.7991     1658.9149         -0.0342       1.0428

Sample Sizes: ①マッチングの状況
              Control  Treated
All           15992.       185
Matched (ESS)  81.09       183
Matched       119.         183
Unmatched    4834.           0
Discarded   11039.           2
```

のマッチさせたペアで参加者と非参加者の年齢等の属性の違いでは，Std. Mean Diff は
いずれも 0 に近く 1 を下回っています（hispanic を除く）．Var ratio も re74（1974 年
の所得）以外の変数では 0.5 〜 1.5 の間に収まっており，バランス・テストの条件を満
たしていることがわかります．

　バランス・テストの結果を可視化する方法としてラブ・プロットがあります．これは
matchit で出力されたオブジェクトを plot 関数に流し込むことで表示させることができ
ます．

```
> summary(m_result1) %>% plot(xlim=c(0,1.5))
```

　このグラフは予測確率の計算に用いた説明変数の処置群と比較群の間の平均値の差を
標準化し絶対値をとったもの（Absolute Standardized Mean Difference，つまり Std.
Mean Diff に絶対値をとったもの）で，○がマッチング前の全サンプルで平均値の差を
計算したもの，●は処置群とマッチさせた比較群の平均値の差です．○では，大きな数
値なっていますが，●では差が縮まっていることがわかります．そして，横軸の 0.0 か

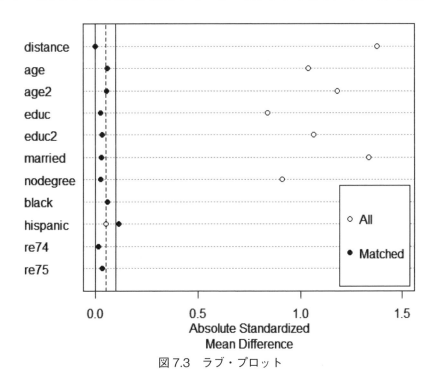

図 7.3　ラブ・プロット

ら 3 本の縦線がありますが, ●が 3 本目の縦線よりも左に位置していればバランスしていると判断できます.

なお, ラブ・プロットを描く際の plot() のオプション, xlim＝c(0,1.5) は横軸を 0 から 1.5 の間に限定せよ, の意味です. また, バランス・テスト, ラブ・プロットのいずれでにおいても, distance という説明変数に含まれない変数が出てきますが, これはプログラムへの参加確率の予測値です.

処置効果の計算

いよいよ処置効果を計算します. まず, match.data() 関数で処置群と比較群だけのデータセットに変換します. 具体的には, matchit() 関数でマッチングさせた結果 (ここでは m_result1) を match.data() 関数に読み込ませ, そこから出力されるデータ・オブジェクト (matched_data) を使って処置群と比較群の成果指標 re78 を比較する回帰分析を実施します.

```
> matched_data <- m_result1 %>% MatchIt::match.data()
> # 処置効果の推計
> m_result2 <- lm(re78 ~ treated,
+       data =matched_data, weights = weights)
> summary(m_result2)
lm(formula = re78 ~ treated, data = matched_data, weights = weights)
Coefficients:
            Estimate Std. Error t value Pr(>|t|)
(Intercept)   4524.5      663.3   6.821 4.99e-11 ***
treated       1881.9      852.1   2.209    0.028 *
```

lm() 関数による回帰分析は, 被説明変数が 1978 年の年収, 説明変数が treated なので, この係数は処置群の年収が比較群に比べてどの程度高いかを示します. **係数からプログラムに参加したことにより年収が 1882 ドル上がったと言えます**. treated の係数の t 値は 2 を超えているので, この処置群と比較群の差は統計的に有意であると言えます.

7.3 傾向スコア回帰

サンプル・スクリプト chapter7-2.R
使用するデータ：nswcps_psmatch.csv

　傾向スコア・マッチング法では，実際の参加者と，ほぼ同程度の参加確率を持つ非参加者を比較する手法でした．この手法では，参加確率の近い非参加者しか分析サンプルとして用いないため，せっかくのデータを十分に活用できないというデメリットもあります．そこで代替的な手法として利用されるのが傾向スコア（プログラムの参加確率）をウエイトにした回帰分析，**傾向スコア回帰**（Inverse Probability Weighted Regression, **IPW regression**）です．マッチングを行わないので手軽，かつ柔軟に実行できるのが利点です[3]．具体的な手順は以下の通りです．

Step 1：プログラムへの参加の有無について，ロジット・モデル，あるいはプロビット・モデルでモデル化し，その予測参加確率 P を計算する．（傾向スコア・マッチング法と同じ）

Step 2：傾向スコア P を用いてウエイト λ を計算する．7.2 の例のように職業訓練プログラム参加ダミーを D とするとき，平均処置効果 ATE（P.279 参照）のウエイト λ は以下のように定義します．

$$\lambda_i = \frac{D_i}{P_i} + \frac{1 - D_i}{1 - P_i}$$

　プログラムの参加者（$D=1$）については $\lambda_i = 1/P_i$，非参加者（$D=0$）については $\lambda_i = 1/(1-P_i)$ となります．このウエイトはどんな意味を持つのでしょうか？　傾向スコ

---

[3] 一方で，傾向スコア回帰では，コモン・サポートを課さないので，予想参加確率が著しく低いサンプルも含まれることになり望ましくないという指摘もあります．詳しくは，以下の津川友介氏の解説の (5) を参照してください．
https://healthpolicyhealthecon.com/2015/05/07/propensity-score-2/

ア P, λ, プログラム参加の有無 D の3変数の関係を整理すると,

- λ が大きい：$D=1$ & P が小さい or $D=0$ & P が大きい
- λ が小さい：$D=1$ & P が大きい or $D=0$ & P が小さい

ことが分かります．これを，図を使って説明しましょう．図7.4では処置群の傾向スコアが大きな値で，比較群で比較的小さな値になっています．そして，どんなサンプルで λ が大きくなるかを整理すると，処置群については傾向スコアが小さいサンプルに大きなウエイトが，比較群については傾向スコアが大きなサンプルに大きなウエイトがつくことが分かります．

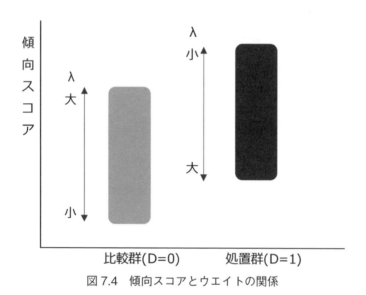

図7.4　傾向スコアとウエイトの関係

Step 3：λ をウエイトとして加重最小二乗法で回帰式を推定します．具体的には，まず λ を使って，説明変数と被説明変数を加工し，

$$Y_i^* = \sqrt{\lambda_i}\, Y_i,$$
$$D_i^* = \sqrt{\lambda_i}\, D_i$$
$$X_i^* = \sqrt{\lambda_i}\, X_i$$

以下を最小二乗法で推計します．

$$Y_i^* = \beta D_i^* + \gamma X_i^* + \epsilon_i$$

傾向スコア回帰は,

- λ が大きなサンプル（処置群で傾向スコアが低い or 比較群で傾向スコアが高い）の影響力をより高く評価する

  一方で,

- λ が小さなサンプル（処置群で傾向スコアが高い or 比較群で傾向スコアが低い）の影響力を低く評価する

ことになります. つまり, 傾向スコアが似通ったサンプルの影響力を高く評価する回帰分析になります. ここでの係数は, 処置群がプログラムに参加したときの効果と比較群がプログラムに参加したときの効果の加重平均になっていますので, **平均処置効果（ATE）**になります.

　処置群おける平均処置効果（ATT, P.279 参照）は, 以下のようなウエイト λ を使うことで計算が可能です. すなわち, 処置群（$D=1$）にはウエイト 1 を, 比較群（$D=0$）にはウエイト $P_i/(1-P_i)$ を与えます. このウエイトは傾向スコア P の大きさに比例しますので, 傾向スコアが大きな比較群の影響力を大きく評価する一方, 処置群の影響は均等に評価していることになります.

$$\lambda_i = D_i + \frac{(1-D_i)P_i}{1-P_i}$$

　では, 7.1 節と同じデータで chapter7-2.R と推計例を見てみましょう.

```
# プログラム参加確率の計算
PS_model<-glm(treated~age+age2+educ+educ2+married
        +nodegree+black+hispanic+re74+re75,
        family= binomial(link="logit"),data=nswcps)
summary(PS_model)
  =省略=
# 予測値を Propensity_Score という変数にしてオブジェクト nswcps に格納
nswcps <- nswcps
  %>% dplyr::mutate(Propensity_Score=predict(PS_model,type=
      "response"))
# ATE のためのウエイト
nswcps <- nswcps %>% dplyr::mutate(weight_ATE=ifelse(treated==1,
```

```
    1/Propensity_Score, 1/(1-Propensity_Score)))
# ATT のためのウエイト
nswcps <- nswcps %>% dplyr::mutate(weight_ATT=ifelse(treated==1,
    1, Propensity_Score/(1-Propensity_Score)))
```

まず，glm()でロジット・モデルを使ってプログラムへの参加確率を計算しますが，ここは7.2節と同様なので説明は割愛します．次に predict()関数でロジット・モデルの推計結果に基づき予測確率を計算し Propensity_Score と名付けています（予測確率の計算は第4章4.1.3項参照）．次に，これを使ってウエイトを作成します．傾向スコア・マッチング法との比較のため ATT のウエイトを準備しています．このウエイトを使ってウエイト付きの回帰分析を行います．ウエイト付きの回帰分析は3.7節でも紹介しましたが weights＝でウエイトを指定しています．

```
# 処置群と比較群の単純比較（ウエイト無し）
result1<-lm(re78~treated+age+age2+educ+nodegree
        +black+hispanic+re74+re75,data= nswcps)
# 傾向スコア回帰（ウエイト有り）
result2<-lm(re78~treated+age+age2+educ+nodegree
        +black+hispanic+re74+re75,data= nswcps,
        weights=weight_ATT)
```

このコードでは処置群と比較群の単純比較ウエイト無しの通常の回帰分析と，処置群と比較群で似ている人にウエイトを置いた傾向スコア回帰を実施しています．ここでは msummary で出力した結果を比較してみましょう．

表 7.1　傾向スコア回帰の結果

	OLS (unweighted)	PS-reg (weighted)
treated	738.834	1332.178 ***
	(547.053)	(107.396)
その他の変数	Yes	Yes
Num.Obs.	16177	16177
R2	0.476	0.069
R2 Adj.	0.476	0.068

注）カッコ内は標準誤差．***は1%水準で統計的に有意であることを示す．

ウエイトを使わない通常の最小二乗法（OLS（unweighted））では，treated の係数は 739 と小さく，また統計的に有意ではありません．一方，傾向スコア回帰（PS-reg（weighted））では，係数は 1332 とランダム化比較実験から得られた推計値 1700 に近づきました．また，この係数は統計的に有意であることも確認できます．

なお，傾向スコア回帰と傾向スコア・マッチングでは推計方法が異なるため，異なる推計値が得られることが多々あります．

7.4　パネル・データにおける傾向スコア・マッチング法

サンプル・スクリプト：chapter7-3.R
使用するデータ：nlswork.csv

本節ではパネル・データが利用できる場合の傾向スコア・マッチング法の応用について紹介します．パネル・データが利用できる場合，処置群と比較群で処置前後の成果指標 Y の変化をみることができます．また 5 章で議論した通り，処置前後で成果指標の差分をとれば，時間を通じて変化しない個体固有効果を除去することができます．具体的には，Step 3 の処置効果は以下のように書き換えることができます．

$$\alpha = \frac{1}{n} \sum \left[(y_{it=1}^1 - y_{it=0}^1) - (y_{it=1}^0 - y_{it=0}^0) \right]$$

ここで t＝0 は処置前（プログラム参加前），t＝1 は処置後（参加後）を示します．プログラム参加後，数期間について成果指標 Y を追跡できる場合，$y_{it=2}^1 - y_{it=0}^1$，$y_{it=3}^1 - y_{it=0}^1$ のように 2 期後，3 期後のように，より長い期間での効果を計測することも可能です．

事例として 5.3 節で紹介した労働組合加入状況が賃金上昇率に及ぼす影響を，傾向スコア・マッチング法を使って再検討してみたいと思います．労働組合に参加するかどうかは各個人の意思決定に依存します．この場合，労働組合に参加したから賃金が上がったのではなく，賃金が上がりそうな職種に転職すると同時に労働組合に参加した，という逆の因果性が発生している可能性があります．そこで，

処置群：t 時点から t＋1 時点に労働組合に参加した労働者

第7章

比較群：処置群の労働者とよく似た属性を持ち労働組合に参加しておかしくないが，t 時点，t+1 時点ともに労働組合に参加していない労働者

と設定し，比較群を傾向スコア・マッチング法で見つけるという方法をとります．5.3 節で紹介したデータ nlswork.csv はパネル・データですので，処置群と比較群について，処置前後の成果指標の変化,すなわち賃金の上昇率（$y_1 - y_0$）を計算することができます．さらに，成果指標を労働組合参加前後の 1 期間の賃金変化だけではなく，組合参加直前の賃金と 2 期後の賃金の差（$y_2 - y_0$）といった具合で長期的な影響も計算ができます．

chapter7-3.R のデータセット，および変数のセットアップ部分から見ていきましょう．まず，read_csv()でデータを読み込んだ後，変数の差分を計算するため 5.3 節でも紹介した pdata.frame()関数でパネル・データであることを認識させます．差分計算は t 期から t+1 期，あるいは t+2 期への賃金変化ということで plm::lead 関数を使用しています．lead(x) − x で，t+1 時点の x から t 時点を引くという作業ができます．

```
# セットアップ
# データの読み込み
dataf <-readr::read_csv("nlswork.csv")
# パネルデータのフォーマットを宣言
pdataf <- pdata.frame(dataf,index=c("idcode","time"))
### 差分を計算する ###
pdataf$wgrowth=plm::lead(pdataf$ln_wage)-pdataf$ln_wage
pdataf$wgrowth2= plm::lead(plm::lead(pdataf$ln_wage))-pdataf$ln_wage
```

　次に，処置変数 dunion（t 期から t+1 期に労働組合に入ったら 1 そうでなければ 0，t 期も t+1 期も労働組合に入っていない場合は 0）というダミー変数を作成しています．この場合，t 期は労働組合に入っていたが t+1 期には脱退した，という人は dunion では除外され欠損値なっていることに注意してください．dunion が欠損値になっている人を分析用データから除くために !is.na(dunion) という条件を付けています．

```
# 当該行の union が 0，次の行の union が 1，かつ，当該行と次の行の id が同じなら 1，
# 当該行の union が 0，次の行の union が 0，かつ，当該行と次の行の id が同じなら 0．
  pdataf$dunion = case_when(
    (pdataf$union == 0 & plm::lead(pdataf$union) == 1) ~ 1,
    (pdataf$union == 0 & plm::lead(pdataf$union) == 0) ~ 0)
```

```
# dunion が欠損値でない労働者に限定
pdataf <- pdataf %>% dplyr::filter(!is.na(dunion))
```

　次はロジット・モデルの推定です．統計的に有意になったのは raceother（人種その他ダミー），racewhite（白人ダミー），not_sama 大都市圏以外ダミー，south 南部ダミー等 7 つで疑似決定係数が 0.04 です．race で始まる変数は黒人，白人，その他で構成されるカテゴリー変数で，黒人に比べて白人，その他の人の方が労働組合に参加する確率が高い，not_sama と south の係数がマイナスなので大都市圏，北部に住む人の方が労働組合に参加する確率が高いと解釈できます．前述の通り，傾向スコア法では第一段階のロジット・モデルで適当な結果が得られていることが求められますが，有意となっている変数については適当な係数の符号が得られていると言えそうです．ただ，有意な変数が 7 つあるものの，疑似決定係数も 0.04 と低めであることなどを考えると改善の余地があるかもしれません．

```
> glm(formula = dunion ~ age + I(age^2) + race + nev_mar + ttl_exp +
       msp + grade + not_smsa + south + factor(year),
       family = binomial(link = "logit"), data = pdataf)
（省略）
Coefficients:
                Estimate Std. Error z value Pr(>|z|)
(Intercept)   -1.4042644  1.3797397  -1.018 0.308785
age            0.0044453  0.0913360   0.049 0.961182
I(age^2)      -0.0001034  0.0014157  -0.073 0.941754
raceother     -1.2659340  0.4674816  -2.708 0.006769 **
racewhite     -0.8490270  0.0896783  -9.467 < 2e-16 ***
nev_mar       -0.3220874  0.1295391  -2.486 0.012904 *
ttl_exp       -0.0303202  0.0131508  -2.306 0.021134 *
msp           -0.1795442  0.1001269  -1.793 0.072946 .
grade         -0.0106442  0.0184943  -0.576 0.564927
not_smsa      -0.3367048  0.0956560  -3.520 0.000432 ***
south         -0.3297827  0.0872785  -3.779 0.000158 ***
factor(year)71 0.2252412  0.2704705   0.833 0.404971
```

```
（省略）
（7 個の観測値が欠損のため削除されました）
AIC: 4830.8
Number of Fisher Scoring iterations: 5
> DescTools::PseudoR2(ps_result0)
McFadden
0.04157402
```

　次の matchit()によるマッチングのステップに進む前にロジット・モデルの推計結果に「7 個の観測値が欠損のため削除されました」というメッセージ注目してください．matchit()では，このようにデータに欠損値が含まれるとエラーが出て計算ができないので，以下のように tidyr::drop_na()関数を使って予めロジット・モデルの説明変数で欠損値となっているサンプルを削除しておく必要があります．なお，tidyr::drop_na()が含まれる tidyr パッケージは tidyverse をインストールすると一緒にインストールされますので，改めて tidyr パッケージをインストールする必要はありません．

```
pdataf <- pdataf %>% tidyr::drop_na(age,nev_mar,not_smsa, grade)
```

　いよいよ matchit()でマッチングします．

```
MatchIt::matchit(dunion~age+I(age^2)+race+nev_mar+ttl_exp+msp+grade
                         +not_smsa+south+factor(year),
                 data     = pdataf,
                 method   = "nearest",
                 distance = "glm",discard="both",
                 replace  = TRUE)
summary(ps_result1)
# ラブ・プロット
summary(ps_result1) %>% plot(xlim=c(0,1.5))
```

　紙幅の関係でバランス・テストの結果はここでは示しませんが，代わりにラブ・プロットを見ておきましょう．

　factor(year)82 以外は特に問題なさそうです．

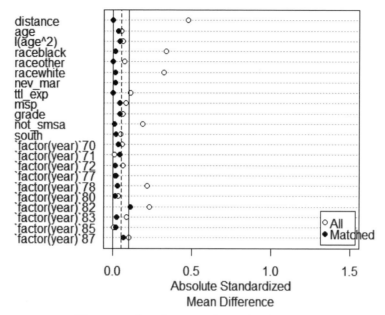

図 7.5　ラブ・プロット：労働組合参加の効果

　最後に，処置群とマッチ後の比較群のデータを用いて処置効果を計算してみましょう．成果指標は 1 年間の賃金変化 wgrowth と 2 年間の賃金変化 wgrowth2 で，以下では，すべてのデータ（オブジェクト pdataf）を使った処置効果とマッチング後のデータ（オブジェクト `matched_data()`）を使った処置効果を比較します．結果は `msummary()` で整理して EXCEL ファイルに出力しています．

```
# match.data 関数で処置群とマッチさせた比較群だけのデータセットに変換
matched_data <- ps_result1 %>% MatchIt::match.data()
# 処置効果の推計
regs <- list (
  "ols-wg1" =  lm(wgrowth ~ dunion, data =pdataf),
  "ols-wg2" =  lm(wgrowth2 ~ dunion, data =pdataf),
  "psm-wg1" =  lm(wgrowth ~ dunion, data =matched_data, weights =
      weights),
  "psm-wg2" =  lm(wgrowth2 ~ dunion, data =matched_data, weights
```

第7章

```
              = weights)
    )
res_table <- modelsummary::msummary(regs,stars=TRUE)
openxlsx::write.xlsx(res_table, "result_union.xlsx")
```

　結果は表 7.2 に示されています．最初の 2 列は wgrowth と wgrowth2（ols-wg1, ols-wg2）を成果指標として，全データで処置群と比較群の差をみたものです．dunion の係数から組合参加後 1 年間，あるは 2 年間の賃金変化率が参加していない労働者に比べて 3.4%，3.7% 高い，と読むことができます．一方，3 列目と 4 列目（psm-wg1, psm-wg2）は処置群とマッチングした比較群を比較したものです．係数から賃金変化率の差は各々 5.3%，5.7% と大きくなり，また統計的にも有意になっています．

表 7.2　処置効果の計算：労働組合参加の賃金への効果

	ols-wg1	ols-wg2	psm-wg1	psm-wg2
dunion	0.034**	0.036*	0.053***	0.057**
	(0.010)	(0.015)	(0.015)	(0.021)
Num.Obs.	8424	6041	1418	1068
R2	0.001	0.001	0.008	0.007
R2 Adj.	0.001	0.001	0.008	0.006

注）カッコ内は標準誤差．***は 1% 水準で統計的に有意であることを示す．

　第 5 章では，組合に加入した労働者について 1 をとるダミー変数を作成して，その賃金への効果を計測しました．そこでは組合加入が賃金上昇と同時性あるいは逆の因果性を持っていることを考慮されていませんでした．こうした状況を考慮した傾向スコア・マッチング法では，「労働組合に参加した労働者」と「労働組合に参加してもおかしくない属性を持つが実際には参加しなかった労働者」を比較した結果，労働組合に参加することで賃金を上昇させる効果を正確に計測できたと考えます．

　では，なぜ最小二乗法での係数は小さく，傾向スコア・マッチング法の係数は大きくなったのでしょうか．もともと組合に参加する人は低技能労働者が多いと言われています．実際，ロジット・モデルの推計結果でも白人・その他人種で組合に参加する確率が低いという結果得ています．最小二乗法では，比較群に高学歴・高技能で賃金が上昇しやすい人が組合には参加しない傾向にある人々が含まれており比較群の賃金上昇率の平

均値を押し上げていた可能性があります．傾向スコア・マッチング法では，処置群（労働組合に参加した人）とよく似た人を比較群にしたので，より正確に労働組合参加への賃金効果を推計できたと考えられます．

7.5 傾向スコア法利用の際の注意事項 ╌╌╌╌╌╌╌╌╌╌╌╌╌╌╌>

　最後に傾向スコア法の利用にあたっての注意事項をいくつか説明しておきます．第一は，第一段階のプロビット，ロジット・モデルの説明力です．傾向スコア法の推計結果はプロビット，ロジット・モデルの推計結果の影響を受けます．そのため，説明変数の組み合わせを調整したり，二乗項を加えたりするなどして，できるだけ説明力が高くなるような推計を行う必要があります．第二に，推定結果はマッチング方法やコモン・サポートなどのマッチングの際の条件によっても変わってきます．マッチング方法を変更し，その他の条件を変更しても結果が変わらない（これを推定結果の頑健性と呼びます）ことを示すことが求められます．

　本書の WBE サポートでは関連文献をリストアップしていますので併せて参照してください．

> **事例紹介 15**　インターンシップの効果
>
> 　近年ではキャリア教育（授業）の一環として大学がインターンシップ（以下，インターン）を実施する事例が増えてきています．インターンは，会社組織や仕事の実態にふれ，大学生に進路についての問題意識を育成すると同時に，就職後のミスマッチを防ぐという目的があるとされています．こうしたインターンの効果について，大きく分けると 2 つの仮説があります．第一は，インターン経験が社会人基礎力などの職業能力そのものを向上させるという育成仮説です．第二は，インターンを通じてリアリズムに徹した情報提供をすることによって，入社後の過剰な期待が抑制され，離職が減るというマッチング効率化仮説です．ここでは，インターンにおける育成効果を傾向スコア・マッチング法で定量的に測定した佐藤・梅崎（2015）

の分析結果を紹介します.

使用データは，H大学A学部の 2008，2009，2010 年度卒業の大学 4 年生を対象としたアンケート調査です．調査は各年の卒業直前の 2 月に実施されました．なお，H大学A学部では，1 学年約 300 名の学生が在籍しています．本データの特徴は，主観的なものから客観的なものまで就職結果の指標が複数存在する点です．就職結果も，単に内定の有無だけでなく，内定獲得速度や内定先企業の属性，さらに本人の満足度が挙げられています．なお，この学部では，大学が主体となり用意した授業の一環として行われるインターンのプログラム（選択科目）が存在します．回答者は，大学のプログラムへの参加者もいれば，独自に見つけてきたインターンへの参加者もいます.

成果指標 Y としては内々定数，学生の属性を示す変数としては，女性ダミー，ゼミに積極的参加ダミー，成績のうちA及びA＋の割合，月の平均読書数，就職活動開始時の第 1 志望業界ダミー（金融保険を基準として，マスコミ，その他のダミー変数を追加）を導入しています.

表 7.3 の (1) は，内定数を被説明変数とする最小二乗法による推計結果です．この結果を素直に読むと，インターン参加ダミーの係数が 0.3 なので，インターンに参加すると内々定が 0.3 社増えると解釈できるます．しかし，この結果をもってインターンに参加すると内々定を取りやすくなると解釈するのは早計です．というのは，(1) 列目の結果は，「意識の高い」学生ほど，インターンに参加し，内々定を沢山獲得するといった「第三の変数」の影響を受けているかもしれないからです．そこで，佐藤・梅崎（2015）では傾向スコア法によりインターン参加に因果効果があるのかを検証しています.

この論文では最初にロジット・モデルを使ってインターンへの参加確率を計算しています．その結果が (2) に，(3) には限界効果が示されています．ここで，ゼミに積極的に参加している学生は，そうでない学生に比べてインターン参加確率が何％ぐらい高いと言えるでしょうか？ (3) の限界効果に注目すると 0.085 になっていますので 8.5％インターンに参加する確率が高いと言えます.

表 7.3　内々定数とインターン参加の決定要因

	(1)	(2)	(3)
推定方法	OLS	Logit	
被説明変数	内々定数	インターン参加ダミー	
	係数	係数	限界効果
インターン経験ダミー	0.317*		
	(0.179)		
女性ダミー	−0.313*	0.106	0.019
	(0.180)	(0.291)	(0.053)
ゼミに積極的に参加ダミー	0.344**	0.463*	0.085*
	(0.175)	(0.273)	(0.049)
成績のうち A および A+ の割合	0.0405	0.159***	0.029***
	(0.0387)	(0.062)	(0.011)
月の平均読書数	−0.0131	0.098	0.018
	(0.0253)	(0.060)	(0.011)
当初の志望業界ダミー（金融・保険が基準）			
マスコミ	0.426	−1.131***	−0.208***
	(0.287)	(0.455)	(0.081)
その他	0.350	−0.971***	−0.178***
	(0.217)	(0.333)	(0.059)
決定係数	0.137	0.155	
サンプル数	361	361	

　表 7.4 は，傾向スコア・マッチング法による ATT，つまりインターン参加の内
定数に対する平均処置効果です．これはインターンへの参加が内定数に及ぼす因果
効果と解釈できます．係数は非有意なので因果効果はない，と判断できます．これ
は「意識の高さ」が似通っている「インターン非参加者」とインターン参加者を比
べるとインターンには効果があるとは言えない，ことを示唆すると考えられます．

表 7.4　傾向スコア・マッチングの結果

ATT	0.262
	(0.366)
処置群	125
比較群	74

第 7 章　練習問題

　OECD が収集した個人レベルのデータ PIAAC を用いて，就業者のリスキリングの効果について分析してみましょう．PIAAC とは，Programme for the International Assessment of Adult Competencies の略で，OECD 加盟国等 24 か国・地域が参加する 16 ～ 65 歳までの男女個人を対象とした調査です．年齢や性別，学歴，職歴などに加えて「読解力」や「数的思考力」「IT を活用した問題解決能力」などが調査されています．PIAAC データには「過去 12 カ月にトレーニングを受けたか」という質問があるので，日本の就業者のデータを用いてトレーニング・プログラムを受講することで賃金があがるかを検証してみましょう．使用するデータは training.csv である．

(1) トレーニング・プログラムの効果を通常の最小二乗法で推計とどんな問題に直面すると考えられるか説明せよ．

(2) トレーニングをするか否か（trainig）で，年齢（age），学歴（edu_cat），雇用の状況（empster_cat），結婚（couple）しているかどうか，子どもの有無（child）に違いがみられるか，CreateTableOne() 関数を使って調べよ．

(3) トレーニングへの参加ダミーを被説明変数に，説明変数に年齢，年齢の 2 乗値，学歴ダミー，雇用の状況ダミーを用いたロジット・モデルを推定し，どのような人がトレーニング・プログラムに参加する確率が高いかを調べよ．

(4) 傾向スコア・マッチング法でトレーニングへの参加の有無によって賃金（wage）の対数値に差がみられるかどうかを調べよ．

(5) 傾向スコア回帰でトレーニングへの参加の有無によって賃金（wage）の対数値に差がみられるかどうか（ATT）を調べよ．なお，説明変数は training と（3）で用いた説明変数を使い，傾向スコアは（3）のロジット・モデルのものを使用すること．

※ PIAAC データについては WEB サポートに補足説明があるのでそちらも併せて参照してください．

補論 A　逆引き事典

A.1　データ整備・分析の準備

A.1.1　さまざまな形式のファイルを読み込む・データを保存する

> スクリプト例：A1-1-read-data.R
> パッケージ haven のインストールが必要

　本書では CSV 形式のファイルを読み込む方法してきましたが，ここでは様々なファイルを読み込む方法について説明します．

　EXCEL ファイルを読み込む方法には readxl パッケージの read_excel()関数を使います．readxl パッケージは tidyverse をインストールすると一緒にインストールされますので追加的にインストールする必要はありませんが，スクリプトに library（readxl）と書いておき，パッケージを呼び出す必要があります．

```
# データの読み込み
library(tidyverse)
library(readxl)
dataf <- read_excel("wage_census2022.xlsx", sheet="wage_census1")
```

　この EXCEL には 2 つのシートが含まれていますので，sheet＝"wage_census1" のよ

うにシート名を書いて指定しています．もしシートが 1 つしかなければ sheet=1 と書いておけば OK です．

Stata の dta 形式

R 以外の統計分析パッケージのデータ形式，たとえば Stata の dta 形式であれば，haven パッケージをついます．これも tidyverse をインストールする際に一緒にインストールされますので追加インストールは不要です．使用する際は，read_dta()関数で

```
library(haven)
dataf <-haven::read_dta("wage_census2022.dta")
```

のように使います．

R のデータ形式での保存

R を使用する際にプロジェクトを設定している場合は作成したデータフレームやオブジェクトは Rproj ファイルに保存されます．しかし，R で作成したオブジェクトやデータフレームを誰かに渡したいときなどは R 形式でデータをファイルに保存しておくと便利です．具体的には，readr パッケージ（tidyverse と一緒にインストールされます）の write_rds()，read_rds()関数を使います．使い方は以下のようにデータフレーム名と出力ファイル名（以下の例では dataframe.Rds, 拡張子は Rds）を指定して保存します．

```
readr::write_rds(データフレーム名, path="dataframe.Rds")
```

保存した Rds ファイルを読み込む場合は，

```
データフレーム名 <-readr::read_rds("dataframe.Rds")
```

で読み込むことができます．

A.1.2 フォルダー位置の指定

1) 作業フォルダーを指定する

プロジェクトを設定していれば，常にあらかじめ指定したフォルダーが作業フォルダ

ーになりますが，一時的に別のフォルダーを参照したい場合はどうすればいいでしょうか？

Windows の場合

ドキュメント・フォルダーに data というフォルダーがあり，ここにアクセスする場合，
```
setwd("C:/Users/Taro/OneDrive/ ドキュメント /data")
```
と入力します（この例ではユーザー名が Taro の場合）．このフォルダーの所在地（パスといいます）は，Explore のフォルダー上で Shift ＋右クリックで「パスのコピー」を選んで，これを貼り付けます．

　　　　C:¥Users¥Taro¥OneDrive¥ ドキュメント ¥data

そして，¥ を / に置き換える，つまり，

　　　　C:/Users/Taro/OneDrive/ ドキュメント /data

のように修正してください．

Mac の場合

デスクトップに data というフォルダーがあり，ここにアクセスするには，
```
setwd("/Users/Taro/Desktop/data")
```
とフォルダーの所在地（パス）を入力します．パスの調べ方は，フォルダーの上で右クリックし，「option キー」→「パス名をコピー」を選び，その後，貼り付けます．

2）上位，下位のフォルダーを参照する

プロジェクトで設定した作業フォルダーの下にあるサブフォルダーを参照する場合は，"サブフォルダー ¥ ファイル名" のようにフォルダーとファイルを指定します．

たとえば，Windows でドキュメントの下の data の下に csv というフォルダーがあり，ここに rent-shonandai96-04.csv が保存されているとします．このとき read_csv でファイルを読み込む場合，
```
dataf <- readr::read_csv(csv\rent-shonandai96-04.csv)
```
のように記載します．

```
スクリプト例：A1-3.R
使用データ：mojiretsu.csv
```

文字列の取り扱いについては，第 2 章で説明しましたが，ここでは「文字列の最初の 2 文字を抽出する」といった少し応用的なテクニックについて紹介します．たとえば，カテゴリー変数などでは，しばしば変数が数値と文字列の組み合わせになっていて，それを分解する必要に迫られるケースがあります．これを以下のデータ（mojiretsu.csv）を事例に文字列を取り扱い法について説明します．

	A	B	C	D	E	F
1	no	code	id	id2	address	address3
2	1	58A1	1201001	12010010	東京都港区	tokyo minato
3	2	58A2	1201002	12010020	東京都武蔵村山市	tokyo musashi
4	3	58B1	1301001	13010010	東京都国立市	tokyo kunitatchi
5	4	59B2	1304002	13040020	東京都東村山市	tokyo higashi

1）文字列の分解

B 列の code の上二桁が業種コードで，アルファベットが法人属性（個人企業なら A，法人企業なら B），下一桁が本店か（1），支店か（2）を示しているとします．ここから法人属性の A や B を取り出す方法を考えます．このようなとき，`substr()` 関数が便利です．

```
substr( 変数名 , start=X, stop=Y)
```

この関数は「変数」の X 文字目から Y 文字目を取り出す，という意味になります．Code の 3 文字目のアルファベットを取り出す場合は，substr(code, start＝3, stop＝3) となります．この結果を新しい変数に入れる場合，dplyr::mutate() 関数を組み合わせます．

```
dataf <- dataf %>% dplyr::mutate(corp=substr(code,start=3, stop=3))
```

code から最初の 2 文字を取り出す場合ですが,

```
dataf <- dataf %>% dplyr::mutate(industry=substr(code,start=1,
stop=2))
```

ですが，新しい変数 industry は以下の通り *<chr>* と表示されており，文字列になっています.

```
> dataf
# A tibble: 4 × 8
     no code        id       id2 address      address3 corp  industry
  <dbl> <chr>     <dbl>     <dbl> <chr>        <chr>    <chr> <chr>
1     1 58A1    1201001  12010010 東京都港…   tokyo m… A     58
2     2 58A2    1201002  12010020 東京都武…   tokyo m… A     58
3     3 58B1    1301001  13010010 東京都国…   tokyo k… B     58
4     4 59B2    1304002  13040020 東京都東…   tokyo h… B     59
```

これでは何かと扱いにくいので `as.numeric()` で数値に変換しておきます（as.
numeric() は P.345 参照）.

```
dataf <- dataf %>% dplyr::mutate(industry=as.numeric(industry))
```

2）数値列からの一部数値の抽出

次に id の 1 文字目から 2 文字目を抽出する方法を考えます. ここで id は数値列になっていて，このままでは substr() は使えないので id を文字列に変換→ substr() で最初の 2 文字を抽出→数値に変換という手順を踏みます.

```
# idを文字列にする
dataf <- dataf %>% dplyr::mutate(id=as.character(id))
# idの最初の 2 文字を抽出する
dataf <- dataf %>% dplyr::mutate(prefecture=substr(id,start=1,
stop=2))
# 数値に変換
dataf <- dataf %>% dplyr::mutate(prefecture=as.numeric(prefecture))
```

3）条件にあてはまる文字列からダミー変数を作成する

Address には都道府県名＋市区町村名が記入されています. たとえば "東京都" とい

補論

う文字列が含まれていれば1，そうでなければ0のダミー変数を作成してみましょう．こうした作業には `str_count()` が便利です．この関数は，

`str_count(変数，"文字列")`

で変数の中にいくつ"文字列"が含まれているかを返します．たとえば str_count（"学習院大学"，"学"）であれば，「学習院大学」という文字列に"学"という文字が2つ入っているので2を返します．つまり，str_count() でゼロ以上の値であれば"文字列"が含まれていると考えることができます．よって，

```
dataf <- dataf %>%
dplyr::mutate(d_tokyo=if_else(str_count(address,"東京都")>0,1,0)
```

と書くことで d_tokyo は address に"東京都"が含まれていれば1，そうでなければ0をとるダミー変数になります．

　次に市区町村名を抽出してみましょう．厄介なのは都道府県と市区町村名の文字列の長さが都道府県，市区町村によって異なり，東京都の市区町村であれば4文字目から神奈川県の場合は5文字目から，市区町村名も2文字の場合もあれば4文字の場合もあります．今回の例では都道府県は東京都と神奈川県のみ，市区町村は区と市のみなので，目標としては，

　1）"都"あるいは"県"という漢字を見つけて何文字目かを調べる→ X とする
　2）"市"あるいは"区"という漢字を見つけて何文字目かを調べる→ Y とする
　3）X 文字目までが都か県，X+1 文字目から Y 文字目が市区町村名なので，
　substr（addresss,start＝X+1, stop＝Y））で抽出する

という手順になります．

　文字列から構成される変数の中に，ある文字列が何文字目に登場するかは `str_locate()` という関数で調べることができます．この関数は，

`str_locate(変数，"文字列")`

で変数の中に"文字列"が含まれていればそれが何文字目にあるかを返します．

　たとえば，`str_locate("東京都港区","都")` で文字列"都"を指定すると3文字目に"都"が位置するので3を返します．

　「"都"あるいは"県"」を探すには str_locate（"東京都"，"[都 県]"）のように []内に候補の文字列を複数書けばOKです．これらを組み合わせると，市区町村名を抽出した変数 city_name は以下で作成できます．

```
dataf$city_name <- substr(dataf$address,
                          str_locate(dataf$address, "[都県]") + 1,
                          str_locate(dataf$address, "[区市]"))
```

結果を出力してみると city_name には市区名が抽出されていることが分かります.

```
> dataf %>% dplyr::select(address,city_name)
# A tibble: 5 × 2
  address          city_name
  <chr>            <chr>
1 東京都港区        港区
2 東京都武蔵村山市  武蔵村山市
3 東京都国立市      国立市
4 東京都東村山市    東村山市
5 神奈川県横浜市    横浜市
```

A.1.4 集計量から構成されるデータ・セットを作成する： summaryBy()

> データ・ファイル : rent-odakyu-enoshima96-04.xlsx
> スクリプト : A1-4-summaryBy.R
> パッケージ doBy のインストールが必要

　大規模データを使っている場合，あらかじめ当たりをつけておくために，地域ごとに集計したデータを作成し，試験的な分析を試みる場合があります．また，所得階級別のデータを，所得階級合計のデータに集計するといったニーズもあるかもしれません．作成した集計データは EXCEL に移してグラフや表を作成するような場合も考えられます．こういったときに便利なのが doBy パッケージに含まれる summaryBy() 関数です．使い方ですが，まず doBy パッケージをインストールし，

`library(doBy)`

でパッケージを呼び出しておきます．そして，今，変数1を「カテゴリー変数」のカテゴリーごとに平均値にしたデータを作成したい場合，

`summaryBy( 変数1~ カテゴリー変数 , data= データフレーム )`

と書きます．平均値を計算したい変数が複数ある場合は以下のように＋で繋ぎます．

```
summaryBy ( 変数 1 ＋変数 2~ カテゴリー変数 ， data=データフレーム )
```

また，カテゴリー変数を複数組み合わせたい場合はカテゴリー変数を＋で繋ぎます．

```
summaryBy ( 変数 1 ＋変数 2~ カテゴリー変数 1 ＋カテゴリー変数 2， data=データフレーム )
```

たとえば，第 5 章で利用した "rent-odakyu-enoshima96-04.csv" を使って，年次別最寄り駅別の平均家賃，平均物件属性から構成されるデータを作成してみましょう．

```
dataf <-
    readr::read_csv("rent-odakyu-enoshima96-04.csv")
dataf_agg <- summaryBy(rent+age~station,data=dataf)
```

summaryBy の中の数式ですが，統計量を計算したい変数（ここでは rent と age）を並べて＋で繋ぎます．ここでは最寄り駅別（station）の平均値を計算するので ~station と記載します．そして，この関数で集計されたデータは dataf_agg に格納されていますので，これを見てみましょう．

```
> dataf_agg <- summaryBy(rent+age~station,data=dataf)
> dataf_agg
# A tibble: 4 × 3
  station      rent.mean age.mean
  <chr>            <dbl>    <dbl>
1 Chogo             6.76     7.07
2 Kozashibuya       7.39     8.68
3 Mutsuai           7.59     8.30
4 Shonandai         9.25     5.75
```

このデータは 3 変数 4 行のデータになっていて，最寄り駅別の賃貸料（rent）と築年数（age）のデータになっています．これらの物件属性は（mean）で計算しましたので，すべて平均値になっています．

次に最寄り駅別ではなく最寄り駅別・年別に，また，FUN というオプションを付けて平均値に加えて合計値も出力してみましょう．次の例では FUN = list() のところで平均値（mean）と合計値（sum）を計算するように指示しています．

```
> dataf_agg <- summaryBy(rent+age~year+station,data=dataf,FUN=list(mean,sum))
> dataf_agg
# A tibble: 8 x 6
  year station      rent.mean age.mean rent.sum age.sum
  <dbl> <chr>           <dbl>    <dbl>    <dbl>   <dbl>
1 1996 Chogo            6.47     5.69    149.     131.
2 1996 Kozashibuya      7.1      7.60    106.     114.
3 1996 Mutsuai          7.73     6.30     92.8     75.6
4 1996 Shonandai        8.70     3.98    331.     151.
5 2004 Chogo            6.99     8.17    203.     237.
6 2004 Kozashibuya      7.62     9.59    137.     173.
7 2004 Mutsuai          7.36    11.7      51.5     82.0
8 2004 Shonandai        9.49     6.54    816.     562.
```

　今度は，このデータは A tibble: のところに示されている通り6変数（year, station, rent.mean, age.mean, rent.sum, age.sum）8行（年×最寄り駅）のデータになっていて，最寄り駅別の賃貸料（rent）と築年数（age）の平均値および合計値で構成されるデータになっています．

　FUN＝list() で指定する統計量としては平均値（mean），合計値（sum）以外にも，分散（var），標準偏差（sd），中位数（median）なども指摘可能です．

A.1.5 統計量を変数に入れる

使用データ：rent-shonandai96-04.csv
スクリプト例：A1-5-stat_in_variable.R

たとえば，以下のような変数を作成する方法について考えてみましょう．
1. 平均からの乖離（偏差），あるいは偏差値を計算する
2. ある変数が最大値をとれば1，そうでなければ0のダミー変数
3. 10社の企業の売上データがあるときに，各企業の市場シェアを計算する

　1のように平均からの乖離（偏差）を計算するには，全データの平均値を含む変数を作成し，次に個々のデータから平均値を引く必要があります．また3のように市場シェアを計算するには，全企業の売上の合計値を計算し，次にその合計値で個々の企業の売

上高を割ることにより求められます．このような計算をする場合，全企業の売上の合計値を含む変数を作成する必要があります．このように変数を加工するに当たって，変数の統計量を計算する作業が必要になることがあります．

　ここでは，dplyr::mutate() 関数と統計量を計算する関数を組み合わせて，統計量を持つ変数を作成する方法を紹介します．具体的には，R には標準関数として平均値などを計算する関数が用意されていますので，これと dplyr::mutate() 関数を組み合わせます．たとえば，変数 x の平均値を x_mean という変数にする場合は以下のように計算できます．

```
dplyr::mutate(x_mean=mean(x))
```

　具体例として，rent-shonandai96-04.csv を使って，賃貸料（rent）の平均値からの乖離（偏差，dif_rent）を計算してみましょう．

```
# データ読み込み
dataf <-
  readr::read_csv("rent-shonandai96-04.csv")
dataf <- dataf %>% dplyr::mutate(rent_mean=mean(rent))
```

　この結果を dplyr::select() で rent と rent_mean に限定して画面表示させると rent_mean にすべて同じ値（今回の場合，平均値）が含まれていることがわかります．

```
> dataf %>% dplyr::select(rent, rent_mean)
# A tibble: 124 × 2
    rent rent_mean
   <dbl>     <dbl>
1  13.3       9.25
2  12.7       9.25
3  11         9.25
4  10.7       9.25
5  10.5       9.25
6  10.5       9.25
```

　またグループごとの平均値を計算する場合は，あらかじめ dplyr::group_by() でグループ分けした上で dplyr::mutate() 関数を実行すればグループ別の統計量を計算できます．たとえば年毎の平均値であれば，以下のように計算します．

```
dataf <- dataf %>% dplyr::group_by(year)
```

```
dataf <- dataf %>% dplyr::mutate(rent_mean_year=mean(rent))
```

　以下の計算結果をみると rent_mean は全てのデータで共通の値が入っているのに対して，rent_mean_year には 1996 年と 2004 年で異なる数値が入っていることがわかります.

	rent	service	floor	age	auto_lock	year	walk	bus	rent_mean	rent_mean_year
37	6.10	0.10	42.000	9.500000	No	1996	11	0	9.25121	8.702632
38	6.00	0.30	23.770	8.583333	No	1996	5	0	9.25121	8.702632
39	18.00	0.00	85.590	0.000000	Yes	2004	1	15	9.25121	9.493605
40	17.00	0.00	85.590	0.000000	Yes	2004	1	15	9.25121	9.493605

　以下は R の標準関数における主な基本記述統計関数です.

mean()　平均	sd()　標準偏差
var()　分散	median()　中央値
cov()　共分散	max()　最大値
cor()　相関係数	min()　最小値

　四分位数などの分位数についても quantile() 関数を使うと計算できるのですが使い方にコツがいるので少し説明しておきます.
```
quantile(x)
```
と入力すると，x の 0％値（最小値），25％値（第 1 四分位数），50％値（中位数），75％（第 3 四分位数），100％（最大値）を出力します. このうち第 1 四分位数のみを取り出したいときは，
```
quantile(x)[2]
```
，あるいは prob オプションを使って `quantile(x, prob=0.25)` と書きます. ためしに rent の四分位数を計算すると以下のように出力されます.

```
> # 分位数：デフォルトは四分位数を出力
> quantile(dataf$rent)
   0%  25%  50%  75% 100%
  4.8  6.9  9.0 10.5 18.0
> # 第1四分位を出力
> quantile(dataf$rent)[2]
25%
6.9
> quantile(dataf$rent, prob=0.25)
25%
6.9
```

次のように書くことで，第三四分位数より大きければ1のダミー変数も作成できます．

```
dataf <- dataf %>%
  dplyr::mutate(rent_Q1=if_else(rent>quantile(rent)[4],1,0))
```

prob オプションで任意の分位数も計算できます．たとえば，第9十分位数であれば90%値を参照すればいいので以下のように入力します．

```
quantile(x, prob=0.9)
```

A.1.6 繰り返し作業の省力化

R でデータ加工する際，類似の作業を何度も繰り返す必要に迫られる場合があります．このようなときに便利なのが繰り返し作業の関数です．ここでは 1) across()関数を使って変数を作成する，2) for 文を使って変数を作成する，3) 回帰分析を繰り返す，の3つの方法について説明します．

dplyr::across()関数による変数の作成

> 使用データ：rent-shonandai96-04.csv
> スクリプト例：A1-6-repeat.R

A.1.5 では，平均値を代入した変数や平均からの偏差を代入した変数の作成方法を説明しました．こうした作業を複数の変数について実施するのは面倒です．こういうとき

便利なのが dplyr::across() 関数です．この関数は summarize() や dplyr::mutate() などの関数と組み合わせて使います．たとえば第2章で紹介した dplyr::group_by で変数 x でグループ分けし，summarize() 関数で複数の変数 y1, y2, y3 の平均値を計算する場合，

```
dataf %>% dplyr::group_by(x) %>%
       summarize(y1_mean=mean(y1),
                 y2_mean=mean(y2),
                 y3_mean=mean(y3))
```

と書きますが，across 関数を使って複数変数を同時に処理することができます．

```
dataf %>% group_by(x) %>%
       summarize(dplyr::across(c(y1, y2, y3),mean))
```

rent-shonandai96-04.csv を使った実例を見てみましょう．今，年毎に複数の変数の平均値を計算する場合，

```
# データ読み込み
dataf <-
  readr::read_csv("rent-shonandai96-04.csv")
dataf %>% dplyr::group_by(year) %>%
  summarise(m_rent=mean(rent),
            m_service=mean(service),
            m_floor=mean(floor),
            m_age=mean(age))
```

のように書くと，次のような結果が出力されます．

```
# A tibble: 2 × 5
   year m_rent m_service m_floor m_age
  <dbl>  <dbl>     <dbl>   <dbl> <dbl>
1  1996   8.70     0.311    51.2  3.98
2  2004   9.49     0            51.4  6.54
```

dplyr::across() 関数を使うと，

```
dataf %>% dplyr::group_by(year) %>%
    summarise(dplyr::across(c("rent", "service", "floor",
```

補論

```
     "age"),mean))
```

と書けばよく，以下のように上記と全く同じ結果が得られることがわかります．

```
# A tibble: 2 × 5
   year   rent service floor    age
  <dbl>  <dbl>   <dbl> <dbl>  <dbl>
1  1996   8.70   0.311  51.2   3.98
2  2004   9.49   0         51.4   6.54
```

　dplyr::across()の使い方は，`dplyr::across(変数群，関数)`と書くと変数群の変数を逐次関数に投げ入れてくれます．上記の例では関数にmeanを指定していますが，var, sd, min, maxやlogなどの関数に変更できます．

　さらに，dplyr::mutate()関数とdplyr::across()関数を組み合わせると簡単に複数の変数を加工することができます．たとえば，

```
dataf <- dataf %>%
       dplyr::mutate(dplyr::across(c("rent", "service", "floor",
          "age"), mean, .names = "{col}_mean"))
```

と書くと，以下のように4つの新しい変数が作成され，各々平均値が含まれていることが分かります．

```
> dataf %>% dplyr::select(rent, floor, rent_mean,floor_mean)
# A tibble: 124 × 4
    rent floor rent_mean floor_mean
   <dbl> <dbl>     <dbl>      <dbl>
1  13.3  70.5      9.25       51.4
2  12.7  69.7      9.25       51.4
3  11    63.0      9.25       51.4
4  10.7  67.3      9.25       51.4
5  10.5  55.3      9.25       51.4
```

　なお，この例ではnamesオプションで名前を"変数名_mean"に指定しています．こ {col} のところにdplyr::across()の直後のc（変数1，変数2，…）の変数が代入され，その後に_meanを付けています．

for 文による変数の作成

　なお，`dplyr::across()` 関数と `dplyr::mutate()` 関数の組み合わせで計算できるのは R の標準関数として用意されている統計量のみで，それ以外の統計量，たとえば偏差（平均値からの乖離）などが計算できません．こういうときには，ちょっと複雑ですが for 文を使います．まず，for 文は繰り返しの関数で（）内の情報を代入しながら {} 内の作業を繰り返せ，という意味になります．たとえば，

```
for(x in 1:5){
y <-x^2
print(y)
}
```

であれば，for（x in 1:5）{} は「x に 1，2，3，4，5 を順番に代入しながら {} を実行せよ」の意味になります．{} 内には y <-x^2, print(y)とありますので，x の 2 乗を y に代入し，これを画面表示せよという意味です．実際に実行すると，1 から 5 までの 2 乗値が表示されます．

```
> for(x in 1:5){
+     y <-x^2
+     print(y)
+ }
[1] 1
[1] 4
[1] 9
[1] 16
[1] 25
```

　では，for 文を使って，複数の変数について偏差（平均からの乖離）を計算してみましょう．

```
for (col in c("rent", "service", "floor", "age")) {
  new_col <- paste0(col, "_demean")
  dataf[, new_col] <-dataf[[col]] -mean(dataf[[col]])
}
```

　上記の例の `for (col in c("rent", "service", "floor", "age"))` は，「col という変数に "rent"，"service"，"floor"，"age" を順番に代入せよ」，という意味になり

補論

A.1　データ整備・分析の準備　**317**

ます.

次の `new_col <- paste0(col, "_demean")` ですが, ここでは paste0 という関数が登場します. `paste0()` は文字列を結合する関数で, たとえば,

　`paste0("a","b")`

と書くとと, "ab" を返します. 今回の場合, col には "rent", "service", "floor", "age" が順番に代入されますので, "rent" の場合は, "_demean" と結合され "rent_demean" が new_col に代入されます. ちなみに, `paste()` という関数もありますが, こちらは, `paste("a","b")` と書くとと, "a b" のように 2 つの文字列をスペース区切りで返します. そして, 文字列の区切りは sep というオプションで指定することができて, `paste("a","b", sep="/")` で "a/b" となり, `paste("a","b", sep="")` と書くと "ab" になります.

次の行,

　`dataf[, new_col] <-dataf[[col]] -mean(dataf[[col]])`

の右辺, dataf[[col]]は, たとえば col が "rent" であれば, データフレーム dataf の "rent" の列を参照せよ, の意味になります. つまり,

　　　`dataf[["rent"]] -mean(dataf[["rent"]])`

で「"rent" の平均値からの差を計算せよ」の意味になります. 計算結果は左辺に代入されますが, その際, データフレーム dataf に 1 つ上の行の new_col で作成された変数名で格納します. "rent" の場合は「"rent_demean" という変数名で格納せよ」の意味になります. これを "service", "floor", "age" についても逐次繰り返していきます.

dplyr::select で変数を限定した上で結果を表示させると, 以下のように rent_demean は rent から rent の平均値 (rent_mean) を引いたものになっていることが分かります.

```
> dataf %>% dplyr::select(rent,rent_mean,rent_demean)
# A tibble: 124 × 3
   rent rent_mean rent_demean
   <dbl>    <dbl>      <dbl>
1  13.3     9.25      4.05
2  12.7     9.25      3.45
3  11       9.25      1.75
4  10.7     9.25      1.45
5  10.5     9.25      1.25
```

通し番号・グループごとの番号を振る

> 使用データ：construct_id.csv
> スクリプト例：A1-7-construct-id.R

今，次のような市区町村ごとに 2 年分のデータがあったとします．

	A	B	C	D	E	F
1	prefecture	city	city_name	year	population	establishment
2	1	100	札幌市	2000	1822368	1666
3	1	100	札幌市	2005	1880863	1271
4	1	202	函館市	2000	305311	539
5	1	202	函館市	2005	294264	396
6	1	203	小樽市	2000	150687	402
7	1	203	小樽市	2005	142161	324
8	1	204	旭川市	2000	359536	639
9	1	204	旭川市	2005	355004	511

　まず，このデータに通し番号を振ってみましょう．通し番号を振るには row_number
()関数を使います．具体的には以下のような関数の組み合わせで通し番号 seqno1 を作
成できます．

```
dataf <- dataf %>% dplyr::mutate(seqno1=row_number())
```

dplyr::select()で変数を限定して結果を画面表示してみたのが以下です．

```
# A tibble: 90 × 3
   prefecture   city seqno1
        <dbl> <dbl>  <int>
 1          1   100      1
 2          1   100      2
 3          1   202      3
 4          1   202      4
 5          1   203      5
```

次に，市区町村ごとのユニークな ID を振る方法について考えます．ここで prefecture は都道府県番号，city は市町村番号で，政府の統計に付与される番号です．このうち市町村番号は各都道府県で 100，あるいは 201 からスタートする番号になっており，各県の市町村は都道府県番号×市町村番号で特定できるようになっています．ここでは，各県の市町村を特定する番号を作成する方法を考えます．

　都道府県・市区町村番号の場合，都道府県番号は 2 桁，市区町村番号は 3 桁と決まっていますので，以下のように 5 桁の番号 city_code を作成する方法が考えられます．

```
dataf <- dataf %>% dplyr::mutate(city_code1=prefecture*1000+city)
```

　この計算より city_code1 という変数が作成され，札幌市は 1100，函館市は 1201 になります．

　しかし，こうした規則性が事前に把握できない場合はどうすればいいでしょうか．そんなときは第 2 章で紹介した dplyr::group_by() と cur_group_id() を組み合わせます．cur_group_id() はグループごとにユニークな番号を振ってくれる関数です．

```
# グループの ID を作成：グループごとにユニークな番号を振る
dataf <- dataf %>%
  dplyr::group_by(prefecture,city) %>%
  dplyr::mutate(city_code2=cur_group_id())
```

　select で変数を限定して結果を画面表示すると，次のように city_code1 と city_code2 は各市区町村に固有の番号になっていることがわかります．

```
> dataf %>% dplyr::select(city_code1, city_code2)
Adding missing grouping variables: `prefecture`, `city`
# A tibble: 90 × 4
# Groups:   prefecture, city [45]
  prefecture  city city_code1 city_code2
       <dbl> <dbl>      <dbl>      <int>
1          1   100       1100          1
2          1   100       1100          1
3          1   202       1202          2
4          1   202       1202          2
5          1   203       1203          3
6          1   203       1203          3
```

　さらに，グループごとに通し番号を振ってみましょう．この場合は city_code1 ある

いは city_code2 でグループ化し，そのうえで row_number() を使います．

```
dataf <- dataf %>%
dplyr::group_by(city_code2) %>%
dplyr::mutate(seqno2=row_number(city_code2))
```

やはり select で変数を限定した上で画面表示させると以下のようにな，グループ内で通し番号が降られていることが分かります．

```
> dataf %>% select(city_code1, city_code2, seqno2)
# A tibble: 90 × 3
# Groups:   city_code2 [45]
   city_code1 city_code2 seqno2
        <dbl>      <int>  <int>
1        1100          1      1
2        1100          1      2
3        1202          2      1
4        1202          2      2
```

A.2　図表の作成

A.2.1　グラフの作成

R では tidyverse パッケージに含まれる ggplot2 パッケージを使うことで綺麗なグラフを描くことができます．ggplot2 パッケージの関数は ggplot で基本的な使い方は以下の通りです．

```
オブジェクト <- ggplot(データフレーム, x=X軸の変数, y=Y軸の変数))+
        geom_XXX()
```

geom_XXX() でグラフの種類を設定します．

補論

散布図	geom_point()
折れ線グラフ	geom_line()
ヒストグラム	geom_histogram()
箱ひげ図	geom_boxplot()
棒グラフ	geom_bar()

さらにこの geom_XXX() の後ろに「＋」でオプションを付けていきます.

散布図

> **使用データ：rent-shonanmdai96-04.csv**
> **スクリプト例：A2-2-1-graph-scatter.R**

では，rent-shonanmdai96-04.csv を使って幾つか例を見ていきましょう.

まずは横軸に床面積 floor，縦軸に賃貸料 rent をとった散布図です. 散布図は geom_point() オプションを使います.

```
g_point1 <-ggplot(data=dataf, aes(x=floor, y=rent))+
  geom_point()
g_point1
```

でき上がったグラフは図 A2.2.1 のようになります.

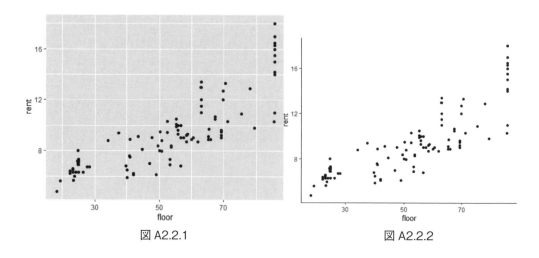

図 A2.2.1　　　　　　　　　図 A2.2.2

デフォルトでは背景がグレーになっていますので,これを白にするには geom_point()
の後ろに"+theme_classic()"を付けます(図 A2.2.2).

ヒストグラム

　同じデータ・スクリプト例でヒストグラムを作成する方法も紹介しておきます.ヒストグラムは geom_histogram()オプションを使います.ヒストグラムの場合は,以下のように色や棒グラフの幅を指定します.

```
geom_histogram(fill="棒の色", color="枠の色", binwidth=棒の幅)
```

　早速,例を見てみましょう.今,横軸 x を賃貸料 rent として,黒枠で白く塗り,棒の幅を 1(万円)としてヒストグラムを作成します.

```
g_hist_1 <-ggplot(data=dataf, aes(x=rent))+
  geom_histogram(fill="white",color="black",binwidth=1)+
  theme_classic()
g_hist_1
```

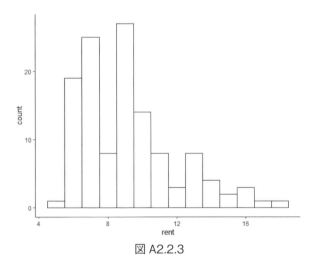

図 A2.2.3

補論

折れ線グラフ

使用データ：wage-census2022.csv

スクリプト例：A2-2-2-graph-line.R

　第3章の2022年の賃金データを使って，大卒男性の賃金と年齢の関係をグラフにしてみましょう．まず，データを dplyr::filter() で大卒男性に限定（dplyr::filter(male = = 1&education = = 4)）します．折れ線グラフは geom_line() オプション，また，観測値にマーカーをつけ，背景を城にするため geom_point() と theme_classic() を付けます．

```
dataf <- read_csv("wage-census2022.csv")
dataf <- dataf %>% filter(male==1&education==4)
g_line <-ggplot(data=dataf,aes(x=age,y=wage))+
  geom_line()+geom_point()+theme_classic()
g_line
```

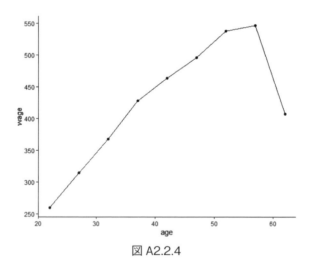

図 A2.2.4

　さて，ここまで様々なオプションについて説明してきましたが ggplot2 には他にも様々な機能があります．グラフを見やすくするテクニックについては WEB サポートで紹介していますので，ぜひそちらも参考にしてください．

A.3 回帰分析で使えるテクニック

A.3.1 推計結果の係数を取り出すには

使用データ：rent-shonandai96-04.csv
スクリプト例：A3-1-coefficients.R

分析を進めて行く上で「回帰分析の係数を取り出して新しい変数を取り出して新しい変数を作成する」といった作業が必要になる場合があります．たとえば，

$$y = \alpha + \beta_1 * X_1 + \beta_2 * X_2 + \epsilon$$

で求めたβ_1とβ_2を使って，今度は$Z_1 = \beta_1 * X_1$，$Z_2 = \beta_2 * X_2$といった変数を作成するような場合を考えましょう．例として，rent-shonandai96-04.csv で賃貸料と専有面積の関係についての回帰分析の係数やさらに決定係数を取り出す方法について考えます．

まず，rent と service の合計を rent_total とし，これを被説明変数とした回帰分析の結果を summary() で出力します．

```
> # 回帰分析
> model_linear <-
+    lm(rent_total~floor,data=dataf)
> summary(model_linear)
lm(formula = rent_total ~ floor, data = dataf)
Coefficients:
            Estimate Std. Error t value Pr(>|t|)
(Intercept)  3.52900    0.36403   9.694   <2e-16 ***
floor        0.11324    0.00657  17.237   <2e-16 ***
---
Signif. codes:  0 '***' 0.001 '**' 0.01 '*' 0.05 '.' 0.1 ' ' 1
```

補論

```
Multiple R-squared:  0.7089,   Adjusted R-squared:  0.7065
```

回帰係数の取り出し

　ここで回帰分析の結果を model_linear というオブジェクトに入れて，これを `summary()` 関数で表示させていますが，model_linear というオブジェクトの中身を見てみましょう．Enviromental ペインの model_linear オブジェクトをクリックします．

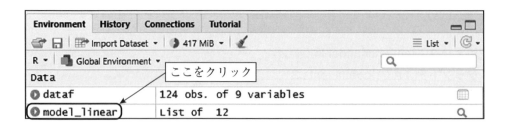

　すると，ソースペインに次のような情報が表示されます．ここには model_linear にどんな情報が格納されているかが示されています．たとえば，coefficients の並びには 3.529 と 0.113 が並んでいますが，これは切片と floor の係数に対応します．これらの情報には，model_linear$coefficients でアクセスできます．

Name	Type	Value
▼ model_linear	list [12] (S3: lm)	List of length 12
▶ coefficients	double [2]	3.529 0.113
▶ residuals	double [124]	2.088 2.079 0.336 -0.102 0.962 -0.302 ...
▶ effects	double [124]	-104.0768 -26.1868 0.0864 -0.3848 0.7724 -0.5848 ...
rank	integer [1]	2
▶ fitted.values	double [124]	11.51 11.42 10.66 11.15 9.79 11.15 ...
assign	integer [2]	0 1
▶ qr	list [5] (S3: qr)	List of length 5
df.residual	integer [1]	122
xlevels	list [0]	List of length 0
▶ call	language	lm(formula = rent_total ~ floor, data = dataf)
▶ terms	formula	rent_total ~ floor
▶ model	list [124 x 2] (S3: data.frame)	A data.frame with 124 rows and 2 columns

たとえば，以下で係数を coef というオブジェクトに格納できます.

```
coef <- model_linear$coefficients
```

以下の通り coef には定数項（Intercept）と floor の係数が格納されていることが確認できます.

```
> # 係数の取り出し
> coef <- model_linear$coefficients
> coef
(Intercept)       floor
  3.5290007    0.1132384
```

また，この係数から予測値を計算するには，

```
dataf <- dataf %>% mutate(pred1=coef[1]+coef[2]*floor)
```

のように記述します．coef[1] は coef の第一要素を，coef[2] は第二要素を参照せよという意味になります.

残差・予測値の取り出し

予測値・残差については P.87 で predict()，residuals() で取り出せると紹介しましたが，model_linear の中の fitted.values と residuals として格納されています．これを取り出すには以下のように記述します.

```
dataf <- dataf %>% dplyr::mutate(pred2=model_linear$fitted.value)
```

以下では dplyr::select 関数で取り出した係数から計算した予測値（pred1）と fitted.value による予測値（pred2）を比較しています．全く同じ値になっていることがわかります.

```
> # 取り出し係数で予測値を計算する
> dataf <- dataf %>% dplyr::mutate(pred1=coef[1]+coef[2]*floor)
>
> # fitted.valueで予測値を取り出す
> dataf <- dataf %>% mutate(pred2=model_linear$fitted.value)
> dataf %>% dplyr::select(rent, pred1, pred2)
# A tibble: 124 × 3
    rent pred1 pred2
   <dbl> <dbl> <dbl>
1   13.3 11.5  11.5
2   12.7 11.4  11.4
3   11   10.7  10.7
4   10.7 11.2  11.2
5   10.5  9.79  9.79
```

補論

推定に用いたサンプルで基本統計量を作成する

model_linear の中の model に推定に使ったデータが格納されています．以下で，推計で用いたサンプルで基本統計量出力できます．

```
> model_linear$model %>% psych::describe(,skew=FALSE)
            vars   n  mean    sd   min    max range    se
rent_total     1 124  9.35  2.80  4.80  18.00 13.20  0.25
floor          2 124 51.37 20.85 18.41  85.59 67.18  1.87
```

決定係数・自由度調整済み決定係数の取り出し

決定係数・自由度調整済み決定係数も同じ方法で取り出すことができるのですが，model_linear の要素の中には見当たりません．実は，決定係数・自由度調整済み決定係数は summary(model_linear)の要素として格納されています．つまり，

```
model_linear2 <- summary(model_linear)
```

として enviromental ペインの model_linear2 オブジェクトをクリックし，中身を確認してみましょう．

Name	Type	Value
⊙ model_linear2	list [11] (S3: summary.lm)	List of length 11
⊙ call	language	lm(formula = rent_total ~ floor, data = dataf)
⊙ terms	formula	rent_total ~ floor
⊙ residuals	double [124]	2.088 2.079 0.336 -0.102 0.962 -0.302 ...
coefficients	double [2 x 4]	3.53e+00 1.13e-01 3.64e-01 6.57e-03 9.69e+00
⊙ aliased	logical [2]	FALSE FALSE
sigma	double [1]	1.519257
df	integer [3]	2 122 2
r.squared	double [1]	0.7088998
adj.r.squared	double [1]	0.7065137
⊙ fstatistic	double [3]	297 1 122
cov.unscaled	double [2 x 2]	5.74e-02 -9.61e-04 -9.61e-04 1.87e-05

model_linear2 の r.squared と adj.r.squared が 0.7089, 0.707 と，それぞれ決定係数と

自由度調整済み決定係数に対応していることがわかります．次の例では決定係数 r.
squared と自由度調整済み決定係数 adj.r.squared をそれぞれオブジェクト r2 と adj_r2
に格納しています．

```
> # 決定係数を取り出す
> model_linear2 <- summary(model_linear)
> r2 <- model_linear2$r.squared
> r2
[1] 0.7088998
> # 自由度調整済み
> adj_r2 <- model_linear2$adj.r.squared
> adj_r2
[1] 0.7065137
```

logitmfx, probitmfx の係数の取り出し

第4章で紹介した logitmfx，probitmfx は modelsummary に対応していないので係
数値を取り出す必要があります．第4章のスクリプトの関連部分を再掲します．

```
# データ読み込み
mroz <- read_csv("mroz.csv")
# 限界効果の出力：mfx パッケージのインストールと呼び出しが必要
res1_mfx <-logitmfx(inlf~age+educ+kidslt6+kidsge6,
                    data=mroz)
res1_mfx
```

結果はオブジェクト res1_mfx に含まれます．Environment ペインのオブジェクト
res1_mfx をみるとリスト形式（list，補論 C.2 参照）になっていることがわかります．

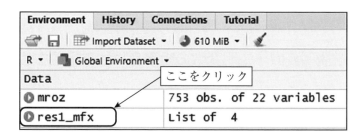

これをクリックすると，次の通り Source ペインに概要が示されますが，mfxest に係

補論

数が含まれていることが分かります.

Name	Type	Value
🔽 res1_mfx	list [4] (S3: logitmfx)	List of length 4
mfxest	double [4 x 4]	-1.55e-02 4.84e-02 -3.60e-01 -2.30e
▶ fit	list [31] (S3: glm, lm)	List of length 31
dcvar	character [0]	
▶ call	language	logitmfx(formula = inlf ~ age + edu

これを取り出すには,

res1_mfx[["mfxest"]]

と入力すると係数部分のみが出てくることが分かります.

```
> res1_mfx[["mfxest"]]
              dF/dx    Std. Err.          z       P>|z|
age     -0.01550355 0.003044239 -5.092751 3.529046e-07
educ     0.04841358 0.009121757  5.307485 1.111484e-07
kidslt6 -0.35957687 0.047886148 -7.508996 5.958276e-14
kidsge6 -0.02301432 0.016289752 -1.412809 1.577118e-01
```

これを例えば write.csv で出力すれば EXCEL 等で加工しやすくなります.

```
write.csv(res1_mfx[["mfxest"]],'result.csv')
```

ここでは logitmfx を例にしましたが, probitmfx でも同様に係数を取り出すことができます.

A.3.2 被説明変数・説明変数の組み合わせを記憶させる

使用データ：panel-gravity-data.csv
スクリプト例：A3-2-model-dep-indep.R

同じ被説明変数・説明変数の組み合わせで，何度も回帰分析を繰り返す必要がある場合，毎回変数の組み合わせを書いていくのは面倒です．たとえば第5章では panel-gravity-data.csv を使って1960年から2000年までの10年おきのデータで重力モデルを測定しました．このスクリプトをもう少しコンパクトにする方法を紹介します．

　被説明変数と説明変数の組み合わせは文字列のオブジェクトとしてまとめると，これを lm() 関数に導入することができます．具体的には，

```
model <-"Y~X1+X2+X3"
result <-lm(model, data=データフレーム)
```

は以下と同義です．

```
result <-lm(Y~X1+X2+X3, data=データフレーム)
```

　panel-gravity-data.csv の場合であれば以下のように纏めることができます

```
model <- "ltrade~log(GDPR_o)+log(GDPR_d)+log(distw)+contig+comlang_
    off+fta"
result1980 <- lm(model,data=dataf1980)
summary(result1980)
result1990 <- lm(model,data=dataf1990)
summary(result1990)
result2000 <- lm(model,data=dataf2000)
summary(result2000)
```

A.3.3　回帰分析を繰り返す

　A.3.2 では同じ回帰式をデータの一部（サブ・サンプル）に適用し繰り返し推定していました．また，この例以外にも同じ説明変数で被説明変数だけを変えつつ推定するといったニーズもあるかと思います．ここでは A.1.6 で紹介した for() 文を使って回帰式を繰り返し推計する方法を紹介します．

補論

一部のデータに限定して推計を繰り返す

> 使用データ：panel-gravity-data.csv
> スクリプト例：A3-3-1-repeat-reg1.R

　A.3.2 の例では同じ回帰式を 1980，1990，2000 年の 3 時点のデータで推計しているので，for() 文で 1980，1990，2000 を順次代入していくことでスクリプトを短縮できます．panel-gravity-data.csv を使ったスクリプト例をみていきましょう．

```
model <-
"ltrade~log(GDPR_o)+log(GDPR_d)+log(distw)+contig+comlang_off+fta"
# 1) リストを初期化しておく
model_list <-list()
# 2) yに1980, 1990, 2000を入れていく
for(y in c(1980, 1990, 2000)) {
    # 3) 推計結果の名前res_nameを作成，ここではresult+年(y)とする
    res_name <-paste0("result",y)
    # 4) 条件を満たすサブ・データを作成
    data_sub <- dataf %>% dplyr::filter(year == y)
    # 5) 推計結果を推計式の名前res_nameとともにオブジェクトmodel_listに格納
        model_list[[res_name]] <-  lm(model, data = data_sub)
}
msummary(model_list, stars = TRUE,
                                 gof_omit='RMSE|AIC|BIC|Log.Lik.|F')
```

　順番に説明していきます．

1) model_list <-list() で分析結果を格納する入れ物を用意しています．リスト list() は補論 C で説明していますが，オブジェクトを「箱」だとするとリストは複数の「箱」を格納できる「コンテナ」のようなものです．

2) for() で 1980，1990，2000 を順番に y に代入していきます．

3) res_name<-paste0() で推計式の名前を res_name に入れています．paste0() は文字列を結合させる関数で，"result" と y を結合させています．y には 1980，1990，2000 が入ってくるので，result1980，result1990，result2000 が代入されます．

4) 条件を満たすサブ・データを作成します．filter() で「year が y である」データを data_sub というデータフレームに格納しています．
5) lm() で回帰分析を実施し，その結果を res_name で名前を付けて model_list に格納しています．使用するデータは 4) で作成した data_sub を指定します．
   これで結果表が出力されます．

一部の変数を入れ替えながら回帰分析を繰り返す

> 使用するデータ：wage-census2022-by-scale.csv
> スクリプト例：A3-3-2-repeat-reg2.R

　同じ説明変数を使いながら被説明変数を交換しながら複数の回帰式を推定する，といった分析のニーズがあるとしましょう．こういう場合も for() 文を使ってスクリプトを簡略化することができます．この例では，企業規模別の賃金データ wage-census2022-by-scale.csv を用いて，被説明変数を年収（wage_annual），月収（wage_month），時給（wage_hour）とする 3 つの回帰式を推定します．月収は「きまって支給する現金給与額」，年収は月収を 12 倍し年間賞与を加えたもの，時給は年収を 12 で割り，さらに月間総労働時間数で割った値になっています．説明変数は，年齢（age），学歴ダミー（education），男性ダミー（male），企業規模ダミー（size）を用います．3 つの推計式を推定し，結果を modelsummary で表にします．早速スクリプト例を見ていきましょう．

```r
library(modelsummary)
# 1) リストを初期化しておく
model_list <- list()
# 2) dep(被説明変数)に "wage_month", "wage_annual", "wage_hour" を順入れる
for (dep in c("wage_month", "wage_annual", "wage_hour")) {
  # 3) 推計式の名前 dep_name を作成，ここでは model+ 被説明変数とする
  dep_name <- paste0("model_",dep)
  # 4) 被説明変数 + 説明変数をオブジェクト fm に格納する
  fm <- paste0(dep, "~
age+I(age^2)+factor(education)+male+factor(size)")
  # 5) 推計結果を推計式の名前 dep_name とともにオブジェクト model_list に格納
```

補論

```
    model_list[[dep_name]] <- lm(fm, data = dataf)
}
results_tab <- msummary(model_list,
gof_omit='RMSE|AIC|BIC|Log.Lik.|F', 'data.frame')
openxlsx::write.xlsx(results_tab, 'results.xlsx')
```

　やはり 1）から順に説明していきます.

1）model_list <-list()で分析結果を格納する「コンテナ」を用意しておきます.

2）for()で 3 つの被説明変数を順番に dep に代入していく.

3）dep_name<-paste0()で推計式の名前を dep_name に入れています. dep には被説明
　 変数が入ってくるので, たとえば dep に wage_month を代入する場合は, model_
　 wage_month が dep_name に代入されます.

4）fm <-paste0()で被説明変数と説明変数をオブジェクト fm に格納します. 被説明変
　 数は dep に順次代入されますが, 説明変数は 3 つの推計式に共通です.

5）lm()で回帰式を推定し, その結果を model_list に dep_name という推計式の名前と
　 共に格納しています.

　推計結果は EXCEL ファイルに出力しており, 形式を整えたのが表 A3.1 です. 被説
明変数によって係数の大きさは異なるものの係数の符号は同じで, ほとんどの変数は統
計的に有意になりました. 唯一の例外は学歴ダミー（education）が 2 のグループです.
ここで学歴 education は 6 種類（中学・高校・専門学校・短大／高専・大学・大学院）
ですが, 学歴ダミーである factor（education）2, 高卒労働者ダミーに注目しましょう.
今, factor（education）1, つまり中卒労働者が基準となっているので, 係数は中卒労
働者との賃金の差を示します. 月収でみると中卒と高卒で有意な差はないものの, 年間
賞与を加味した年収（wage_annual）や労働時間の違いを考慮した時給（wage_hour）
では高卒の賃金が高く, *が付いているので, その差は統計的に有意であることが分か
ります. これは中卒と高卒の差は月収（「決まって支給する現金給与」）では差がみられ
ないが, 年間賞与等で差がついていると解釈できます.

表 A3.1

	model_wage_month	model_wage_annual	model_wage_hour
age	17.816***	325.844***	0.148***
	(1.116)	(18.384)	(0.009)
I(age^2)	−0.177***	−3.292***	−0.001***
	(0.012)	(0.193)	(0.000)
factor(education)2	11.067	306.139*	0.161*
	(9.316)	(153.440)	(0.075)
factor(education)3	34.425***	636.746***	0.365***
	(9.527)	(156.916)	(0.077)
factor(education)4	44.261***	898.644***	0.481***
	(9.528)	(156.937)	(0.077)
factor(education)5	90.041***	1591.800***	0.822***
	(9.526)	(156.904)	(0.077)
factor(education)6	183.357***	3138.052***	1.591***
	(9.529)	(156.955)	(0.077)
male	67.860***	1088.652***	0.396***
	(5.522)	(90.954)	(0.045)
factor(size)2	21.323**	454.615***	0.238***
	(6.763)	(111.392)	(0.055)
factor(size)3	54.593***	1063.855***	0.540***
	(6.763)	(111.396)	(0.055)
Num.Obs.	444	444	444
R2	0.708	0.725	0.714
R2 Adj.	0.701	0.719	0.707

注) ***, *は各々0.1%, 5%で統計的に有意であることを示す.

補論

補論B　トラブルシューティング

B.1　スクリプトが動かない：初歩的ミスを疑う

　スクリプトが動かないときには，まずスペルミスなど初歩的ミスを疑ってみてください．以下，間違えやすいポイントを列挙します．

- 大文字と小文字の間違い

  （誤）dataf %>% dplyr::mutate(rent_total = Rent + service)

  （正）dataf %>% dplyr::mutate(rent_total = rent + service)

- カッコの閉じ忘れ

  （誤）dataf %>% dplyr::mutate(rent_total = rent + service

  （正）dataf %>% dplyr::mutate(rent_total = rent + service)

- ダブルクォーテーションのつけ忘れ

  （誤）dataf <- readr::read_csv(rent_shonandai96-04.csv)

  （正）dataf <- readr::read_csv("rent_shonandai96-04.csv")

- 等号が1つしかない：条件式では等号を2つ並べる

  （誤）dataf %>% dplyr::filter(male = 1)

  （正）dataf %>% dplyr::filter(male = = 1)

補論

B.2 ファイルが見つからない：'ファイル名' dose not exist

```
> dataf <- readr::read_csv("rent-shonandai.csv")
Error: 'rent-shonandai.csv' does not exist in current working dire
ctory ('c:/Users/    /Documents').
```

　エラーメッセージ中のフォルダー（c:¥Users/　/Documents）内に所定のファイルが置かれているか確認してください. また, projectが起動されているか確認してください. (第1章1.2節)

B.3 四則演算ができない：non-numeric argument to binary operator

スクリプト例：B-1-mojiretsu.R
使用データ：rent-shonandai96-04-w-error.csv

　例として, エラーがでるデータ, rent-shonandai96-04-w-error.csv を使って説明します. このデータは賃貸物件に関するデータですが賃貸料 rent にノイズが含まれています. これを読み込み dplyr::mutate() 関数で rent と service の合計を rent_total と計算しようとすると, "non-numeric argument to binary operator" というメッセージが出て先に進めません.

```
> dataf <- dataf %>% mutate(rent_total=rent+service)
Error in `mutate()`:
! Problem while computing `rent_total = rent + service`.
Caused by error in `rent + service`:
! non-numeric argument to binary operator
Run `rlang::last_trace()` to see where the error occurred.
```

このメッセージは「非数値情報（non-numeric）を数値計算しようとしている」というエラーです．先に進むためにひとまずエラーが出ている行の頭に # を付けて，データの中身を確認すると，rent は *<chr>* となっており，これは文字列であることを示します（補論 C.1 も参照）．

```
> dataf
# A tibble: 124 × 8
    rent  service  floor     age auto_lock  year  walk   bus
   <chr>    <dbl>  <dbl>   <dbl> <chr>      <dbl> <dbl> <dbl>
 1 13.3      0.3   70.5    3.58  No          1996    10     0
 2 12.7      0.8   69.7    2.17  No          1996     1     0
 3 11        0     63.0    0     Yes         1996     5     5
 4 10.7      0.35  67.3    3.25  No          1996     5    15
 5 10.5      0.25  55.3    1     No          1996    10     0
 6 10.5      0.35  67.3    3.25  No          1996     5    15
 7 10.3      0.2   52.5    1.67  No          1996    10     0
 8 10.1      0.25  55.3    2.17  No          1996    15     0
 9 10        0.5   55.8    0     No          1996    10     0
10 9.9       0.25  55.2    0     No          1996     8     0
```

どんな文字列が入っているのかを確認するには A.1.3（P.306）で紹介した文字列を処理する関数 `substr()` 関数を使いましょう．

```
table(substr(dataf$rent,1,1))
```

table() 内の substr() 関数は，データフレーム dataf の中の変数 rent1 文字目から 1 文字目まで（つまり最初の 1 文字）を取り出して，table() 関数で件数を数えろ，という意味になります．以下のような結果が表示されますが，これは "1" で始まるものが 38 件，4 で始まるのが 1 件…と読めますが "Y" で始まるの 1 件あることに気づきます．

```
> table(substr(dataf$rent,1,1))

 1  4  5  6  7  8  9  Y
38  1  3 28 15 14 24  1
```

では，rent が "Y" で始まる行を特定してみましょう．dplyr::filter() 関数を使います．

補論

```
> dataf %>% dplyr::filter(substr(dataf$rent,1,1)=="Y")
# A tibble: 1 × 8
  rent  service floor  age auto_lock year  walk  bus
  <chr>    <db1> <db1> <db1> <chr>    <db1> <db1> <db1>
1 Yes18        0  85.6     0 Yes       2004     1   15
```

　数値が入るはずのrentのところに"Yes18"という文字が入っていることが分かります.
　対処方法を2つ紹介します. 第一の方法は, 文字列の含まれる行を除外してしまう方法です. 今回の場合, 「条件」は「rent の 1 文字目が "Y" ではない」になるので,

dataf_rev <- dataf %>% filter(substr(dataf$rent,1,1)!="Y")

とすれば「rent の 1 文字目が "Y" ではない (substr(dataf$rent,1,1)!="Y")」データに限定できます. なお, ここでは新しい rent に文字列が含まれる行を除外したデータを dataf_rev というデータフレームにしています. ここでデータを確認しましょう. "A tibble" のところに注目すると 124 から 1 行減って 123 になっていることに注意してください. この時点ではまだ rent の属性は文字列 <chr> になっています.

```
> dataf_rev <- dataf %>% dplyr::filter(substr(dataf$rent,1,1)!="Y")
> dataf_rev
# A tibble: 123 × 8
  rent  service floor  age auto_lock year  walk  bus
  <chr>    <db1> <db1> <db1> <chr>    <db1> <db1> <db1>
1 13.3       0.3  70.5  3.58 No        1996    10    0
2 12.7       0.8  69.7  2.17 No        1996     1    0
3 11           0  63.0     0 Yes       1996     5    5
```

　これを数値列にするには as.numeric() 関数 (補論 C-1 の 1 参照) を使います. () 内には数値列に変換したい変数を入れます.

dataf_rev <- dataf_rev %>% mutate(rent=as.numeric(rent))

　データを確認すると rent が <dbl> になっていることが分かります.

```
> dataf_rev <- dataf_rev %>% dplyr::mutate(rent=as.numeric(rent))
> dataf_rev
# A tibble: 123 × 8
    rent service floor   age auto_lock  year  walk   bus
   <dbl>   <dbl> <dbl> <dbl> <chr>     <dbl> <dbl> <dbl>
 1  13.3     0.3  70.5  3.58 No         1996    10     0
 2  12.7     0.8  69.7  2.17 No         1996     1     0
 3  11       0    63.0  0    Yes        1996     5     5
```

　第二の方法は，あまり汎用性のある方法ではないですが，今回の場合 "Yes18" は実は18 と入力すべきところに "Yes" という文字列が混入した可能性があるので "Yes" を削除してしまうという方法です．具体的には，if_else 文で rent が "Yes18" であれば "18"，そうでなければ元の値（すなわち rent）を代入せよ，とします．

`dataf <- dataf %>% mutate(rent=if_else(rent=="Yes18","18",rent))`

　なお，この一文のあとに `as.numeric()` で数値列に変換しておく必要があります．以下に結果が示されていますが rent が *<dbl>* と数値列に変換されていることが確認できます．また，この場合，"A tibble: 124×8" と 124 行のままになっており文字列が含まれてた行のデータが保持されていることが分かります．

```
> dataf <- dataf %>% dplyr::mutate(rent=if_else(rent=="Yes18","18",rent))
> dataf <- dataf %>% dplyr::mutate(rent=as.numeric(rent))
> dataf
# A tibble: 124 × 8
    rent service floor   age auto_lock  year  walk   bus
   <dbl>   <dbl> <dbl> <dbl> <chr>     <dbl> <dbl> <dbl>
 1  13.3     0.3  70.5  3.58 No         1996    10     0
 2  12.7     0.8  69.7  2.17 No         1996     1     0
 3  11       0    63.0  0    Yes        1996     5     5
```

補論

B.4 文字化けに対応する

> スクリプト例：B-2-mojibake.R
> 使用データ：rent-odakyu-enoshima96-04-shift-jis.csv

　日本語（漢字・カナ）が含まれている CSV ファイルを読み込もうとすると日本語文字列がうまく読み込めないことがあります．日本語文字列が含まれている rent-odakyu-enoshima96-04-shift-jis.csv を例にその読み込み方法を紹介します．

　今，rent-odakyu-enoshima96-04-shift-jis.csv を読み込んでいくつかの変数を表示させています．station_j は日本語の文字列で駅名の情報が入っていたのですが，表示させてみるとうまく表示されません．

```
> dataf %>% dplyr::select(rent, floor, station,station_j)
# A tibble: 228 × 4
    rent floor station station_j
   <dbl> <dbl> <chr>   <chr>
 1  12.5 79    Mutsuai "\x98Z\x89\xef"
 2  10.7 65.4  Mutsuai "\x98Z\x89\xef"
 3   9.2 61.9  Mutsuai "\x98Z\x89\xef"
```

　このように日本語がうまく読み込めない，という場合，文字コードが誤認識という問題が生じている可能性があります．そもそも文字コードとは，文字をコンピュータで処理するために，たとえば「あ」は 1 番，「い」は 2 番，……のような番号を振って，文字の種類に番号を割り振ったものです．厄介なのは同じ言語でも複数の文字コードの体系が存在するため，正しく指示しないと時々文字化けという問題を引き起こします．EXCEL で作成した CSV ファイルと R との連携で問題になるのは，EXCEL で作成した CSV ファイルが "Shift-JIS" という文字コードで保存されているのに対して，`readr::read_csv()` 関数は CSV ファイルが "UFT-8" という文字コードで用意されていることを前提にファイルを開こうとする設定にあります．

ここでは2つの対処方法を紹介します．第一の方法は，`readr::read_csv()` 関数のオプションで文字コードを指定する方法です．

```
dataf <- readr::read_csv("rent-odakyu-enoshima96-04-shift-jis.csv", locale = locale(encoding = "shift-jis"))
```

データを画面に表示させると以下の通り確かにうまく読み込めていることがわかります．

```
> dataf %>% dplyr::select(rent, floor, station,station_j)
# A tibble: 228 × 4
    rent floor station station_j
   <dbl> <dbl> <chr>   <chr>
 1 12.5  79    Mutsuai 六会
 2 10.7  65.4  Mutsuai 六会
 3  9.2  61.9  Mutsuai 六会
```

　第二の方法はEXCELでCSVファイルを開き再度 "UFT-8" 形式で保存しなおします．具体的には，以下のようにファイルのタイプを選ぶ際に "CSV UTF-8（コンマ区切り）(*.csv)" を選んでください．

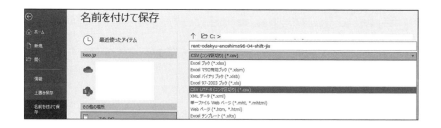

　なお，CSVファイルを "CSV UTF-8（コンマ区切り）(*.csv)" で保存すると，今度はEXCELで開くと文字化けするという症状が発生することがあります．こちらについては本書のWEBサポートで対応策を紹介していますのでそちらを参照してください．

　本書のWEBサポートでは，その他のデータ読み込み時のトラブル対応について紹介していますのでチェックしてみてください．

トラブルシューティングに Chat GPT を使う

　2023 年に話題になった Large Language Model（LLM）の 1 つである Chat GPT
は R のトラブルシューティングにも大変便利です．以下は B.4 の文字化けの対応
策についてのやりとりです．丁寧な回答が返ってくることが分かります．

> RでCSVファイルを読み込むと文字化けしてしまいました。以下のstation_jは日本語の文字列が含まれてい
>
> ```
> > dataf <- readr::read_csv("rent-odakyu-enoshima96-04-shift-jis.csv")
> Rows: 228 Columns: 10
> ── Column specification ─────────────────────────────────────────
>
> Delimiter: ","
> chr (3): auto_lock, station, station_j
> dbl (7): rent, service, floor, age, year, walk, bus
>
>  ℹ Use `spec()` to retrieve the full column specification for this data.
>  ℹ Specify the column types or set `show_col_types = FALSE` to quiet this message.
> > dataf %>% dplyr::select(rent, floor, station,station_j)
> # A tibble: 228 × 4
>   rent floor station station_j
>   <dbl> <dbl> <chr>   <chr>
> 1 12.5 79   Mutsuai "\x98Z\x89\xef"
> 2 10.7 65.4 Mutsuai "\x98Z\x89\xef"
> ```

RでCSVファイルを読み込んだ際に文字化けが発生した場合、文字エンコーディングが適切に設定されていない可能性が高いです。日本語の文字列が含まれている場合、Shift-JIS（シフトJIS）エンコーディングを使用することが一般的です。以下の手順で文字エンコーディングを指定してCSVファイルを正しく読み込むことができます。

1. `read_csv`関数の中で`locale`オプションを使用して、文字エンコーディングをShift-JISに設定します。また、`col_types`を適切に指定して各列のデータ型を設定することも推奨されます。例えば、全ての列を文字列として読み込む場合は、`col_types`を`cols()`関数を使って指定できます。

```R
dataf <- readr::read_csv("rent-odakyu-enoshima96-04-shift-jis.csv",
                         locale = readr::locale(encoding = "Shift-JIS"),
                         col_types = cols(.default = "character"))
```

このコードでは、`locale`オプションでShift-JISを指定し、`col_types`で全ての列を文字列として読み込みます。その後、データを選択すると文字化けが修正されるはずです。

C.1　変数のタイプと変換方法

Rの変数にはいくつかのタイプがあり，ここで整理しておきます．

1.　数値 numeric（整数 integer，実数 double）

実数 double の場合，データを画面表示させると以下のように *<dbl>* と表示されます．

```
> dataf %>% dplyr::select(rent, floor, station,station_j)
# A tibble: 228 × 4
   rent floor  station station_j
  <dbl> <dbl>  <chr>   <chr>
1 12.5  79     Mutsuai 六会
2 10.7  65.4   Mutsuai 六会
3  9.2  61.9   Mutsuai 六会
```

　ある変数が実数値かどうかを判別するのは `is.numeric()` 関数たとえば「変数 X が実数値であれば Y に 1 を，そうでなければ 0」を代入したい場合

`dplyr::mutate(Y=if_else(is.numeric(X),1,0))`

と入力します．また変数 Z を実数に変換したい場合は，as.numeric(Z)とします．整数に変換したい場合は `as.integer(Z)` とします．

2.　文字列 character

　文字列はそのデータを画面表示させると以下のように *<chr>* と表示されます．

補論

```
> dataf %>% dplyr::select(rent, floor, station,station_j)
# A tibble: 228 × 4
    rent floor station station_j
   <dbl> <dbl> <chr>   <chr>
1   12.5 79    Mutsuai 六会
2   10.7 65.4  Mutsuai 六会
3    9.2 61.9  Mutsuai 六会
```

　ある変数が文字列かどうかを判別は `is.character()` 関数たとえば「変数 X が文字列であれば Y に 1 を，そうでなければ 0」を代入したい場合
`dplyr::mutate(Y=if_else(is.character(X),1,0))`
と入力します．また変数 Z を文字列に変換したい場合は，`as.character(Z)` とします．

3. 因子 factor

　因子型とは，業種コードや市区町村番号のように大小関係は意味をもたないカテゴリー変数の型です．たとえば 3.4 の賃金関数の説明変数の学歴 education は 1. 中卒，2. 高卒，3. 専門卒，4. 大卒のように 1 〜 4 の値をとりますが，1（中卒）と 4（大卒）の差，3 になりますがこの数値は特に意味はありません．このようなカテゴリー変数を因子型 factor の変数と呼びます．ただし，3.4 節の学歴 education は数値として読み込まれているのでダミー変数に置き換えるか factor（education）という関数を使っていました．

　因子型の変数の扱い方ですが，
- ある変数が因子型かどうかを判別するには `is.factor(X)`
- 数値 X を因子型に変換するには `factor(X)` か，あるいは `as.factor(X)`
  を使います．

> スクリプト例：C1-1-factor.R
> 使用データ：wage_census2022.csv

　3.4 節の例では，factor(education)を説明変数に入れると，education が 1（中卒）を基準としたダミー変数が複数追加されました．この基準を変えたいときには，factor() 関数でオプションをつけて新しいカテゴリー変数を作成します．まず，education をカテゴリー変数化したときの「基準」を levels() 関数で確認します．ここで "1" 〜 "4" が

表示されますが一番左が "1"（中卒）が基準になっています.

```
> levels(factor(dataf$education))
[1] "1" "2" "3" "4"
```

　これを 2. 高卒を基準にする場合，factor()関数に levels オプションをつけて，"2" を一番左にくるように levels＝c("2","1","3","4") と書きます. ここで作成する新しい変数を education2 としましょう. この変数は factor()関数で変換しているので数値が入っているもののカテゴリー変数になっています.

```
> dataf$education2 <-factor(dataf$education,
levels=c("2","1","3","4"))
```

　そして levels()関数で確認すると確かに "2" が一番左に来ています.

```
> levels(factor(dataf$education2))
[1] "2" "1" "3" "4"
```

　3.4 節で紹介した wage を被説明変数とする回帰式に education2 を説明変数として導入してみましょう. この変数は factor()関数でカテゴリー変数に変換されていますので，そのまま説明変数として加えれば自動的にダミー変数が作成されます.

```
lm(formula = wage ~ age + male + education2, data = dataf)
Coefficients:
             Estimate Std. Error t value Pr(>|t|)
(Intercept) 130.3251    17.1913    7.581 1.08e-10 ***
age           2.6341     0.3468    7.595 1.02e-10 ***
male         80.3920     9.4391    8.517 2.04e-12 ***
education21 -13.7600    13.0109   -1.058   0.2939
education23  33.4308    13.3933    2.496   0.0149 *
education24 102.2078    13.3933    7.631 8.72e-11 ***
---
Multiple R-squared:  0.7666,  Adjusted R-squared:  0.75
```

　education21 が中卒ダミー，education23 が専門卒ダミー，education24 が大卒ダミーです. 中卒ダミーを基準とした際と係数が変化していることを確認してください.

補論

4. 日付 Date

　EXCEL などでは日付の情報は "2023/1/1" と表示されますが，これを CSV 形式で保存し R で読み込むと文字列になってしまいます．これを日付として認識させるには lubridate パッケージの `ymd()` 関数，`dmy()` 関数を使います．ymd() 関数は文字列に年・月・日という並びで日付の情報が含まれている場合に使います．同様に myd() 関数は月・日・年，dmy() 関数は日・月・年という順で並んでいる場合に使います．

　たとえば，

　　　ymd("2023/1/1")
　　　dmy("01-01-2023")
　　　ymd("2023 年 1 月 1 日 ")

の 3 つはいずれも日付型(Date)に変換され，"2023-01-01" と表示されます．

　また，日付の情報を日付型(Date)に変換しておくと日付の差をとるといった計算ができます．たとえば以下のように "2023/1/1" と "2023/1/2" を各々日付型に変更して X と Y に格納し，差分 Z を計算するといった計算が可能となります（C1-2-lubridate.R 参照）．

```
> library(lubridate)
> X= ymd("2023/1/1")
> Y= ymd("2023/1/2")
> Z=Y-X
> Z
Time difference of 1 days
```

5. 欠損値 NA

　欠損値については第 3 章 3.5 節で説明していますので，ここでは関数をリストアップするにとどめます．

　変数 X が欠損値かどうかを判別：`is.na(X)`

　変数 X が欠損値であれば削除する：`tidyr::drop_na(X)`

Rのデータ構造

....➤

スクリプト例：C2-data-structure.R

1. ベクトル

ベクトルは1章でも紹介しましたが，c()でベクトルの要素を入力できます．

```
> v1=c(1,2,3,4)
> v1
[1] 1 2 3 4
> v2=c(5,6,7,8)
> v2
[1] 5 6 7 8
> v3=c("taro","jiro","saburo","shiro")
> v3
[1] "taro"   "jiro"    "saburo" "shiro"
```

文字列をベクトルの要素にするときは，c("taro", "jiro")と ""で囲みます．

2. 行列 matrix

ベクトルを行列に変換します．本書の内容には出てきませんが一応説明しておきます．書きかたは以下の通りです．

matrix（ベクトル，nrow＝行の数，ncol＝列の数）

例をみてみましょう．

最初の例は1で作成したベクトルv1を4行1列の行列に変換しました．次の例は2行2列の行列に変換しています．

```
> mat1 <- matrix(v1)
> mat1
     [,1]
[1,]    1
[2,]    2
[3,]    3
[4,]    4
> mat2 <- matrix(v1,nrow=2)
> mat2
     [,1] [,2]
[1,]    1    3
[2,]    2    4
```

3. データフレーム data frame（ティブル：tibble）

データフレーム（ティブル）も第1章で紹介した通り，1行目に変数名が入った二次

補論

元のデータです．readr::read_csv()でcsvファイルを読み込むとデータフレーム形式に
なりますがtibble()関数を使ってマニュアルでデータフレームを作成することもできます．tibble()を使用するときはlibrary(tidyverse)でtidyverseパッケージを呼び出しておきます．

　右の例のid <-c(1:3)は，1，2，3が入ったベクトルを作成せよ，の意味です．

　tibble()で複数のベクトルを束ねてデータフレームにしています．

```
> id <-c(1:3)
> name <-c("taro","jiro","saburo")
> dataf <-tibble(id,name)
> dataf
# A tibble: 3 x 2
     id name
  <int> <chr>
1     1 taro
2     2 jiro
3     3 saburo
```

4. リスト list

　リストはベクトルや行列などを一緒に格納しておくことができるデータ形式です．右の例では，3で作成したdataf，1で作成したベクトルv1，2で作成した行列mat1をlist()関数でlist_testに格納しています．Consoleペインにlist_testと入力すると[[1]]にベクトルv1，[[2]]にmat1，[[3]]にnameが格納されているのがわかります．

　ここでnameだけを取り出したいときは以下のようにlist_test[3]と入力します．また，nameの中の第一要素を取り出したいときは，list_test[[3]][1]と書きます．

```
> list_test <-list(v1,mat1,name)
> list_test
[[1]]
[1] 1 2 3 4

[[2]]
     [,1]
[1,]    1
[2,]    2
[3,]    3
[4,]    4

[[3]]
[1] "taro"    "jiro"    "saburo"
```

```
> list_test[3]
[[1]]
[1] "taro"    "jiro"    "saburo"

> list_test[[3]][1]
[1] "taro"
```

C.3 覚えておきたい R の操作方法

C.3.1 Console ペインや Environment ペインをクリアする

　R で作業を続けると Console ペインや Environment ペインがごちゃごちゃしてくることがあります．そんなとき履歴やオブジェクトをクリアする方法を覚えておくと便利です．

Console ペインをクリアする

→ Windows なら Cntrl + l（小文字の L）で，Mac なら Cmd + l（小文字の L）で消すことができます．

Environment ペインをクリアする，オブジェクトを消す

→ Console ペインに rm(list = ls())と入力します．

C.3.2 やりなおし，くりかえしのショートカットキー

　第 1 章でスクリプトを書いているときに，誤っていくつかの関数を消してしまっても復元する方法について説明しました．具体的には，スクリプトを開いている状態で，右図のように Edit → Undo を選ぶと誤って消した関数を復元できます．

　また，同じタブにある Redo を選択すると直前に実行した作業を繰り返してくれます．

ただ，メニューバーから Undo や Redo を選ぶの少々面倒です．こんなときに使えるのがショートカットキーです．

> Undo：Ctrl＋z（Mac は Cmd＋z）
> Redo：Ctrl＋shift＋z（Mac は Cmd＋shift＋z）

覚えておくと便利です．

C.4　データ・セット作成上の注意

　本書では練習用のデータ・セットの利用を前提に話を進めて決めましたが実際の分析では各自がデータを用意する必要があります．本節では，データ・セット作成の際の注意事項を紹介します．

1.　1行目は変数名，2行目以降はデータ
　右のように2行目にデータ以外の情報が入っているとうまく読み込めません．

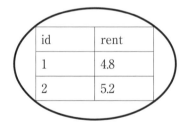

id	rent
1	4.8
2	5.2

id	rent
通し番号	単位：1万円
1	4.8
2	5.2

2.　変数名に "-" や " "（スペース）を入れない，"_"（アンダースコア）は OK
　　　×：rent-total, rent total
　　　○：rent_totla

3.　変数名は必ず半角アルファベット
　日本語・全角英数字を入れるとエラーを起こすことがあります

$\times$：r ent_total

$\bigcirc$：rent_totla

4. （慣れるまでは）データに日本語は入れない

文字コードの認識に失敗し文字化けを起こすことがあります．対処法は補論 B.4 を参照

5. 同じ名前の変数を複数いれない

同じ名前の変数が複数あると読み込み時に R が変数名を改変してしまうので注意

6. 数値から始まる変数名は避ける

$\times$：2023Y

$\bigcirc$：Y2023

補論

参考文献

安部由紀子，1997，「就職市場における大学の銘柄効果」中馬宏之・駿河輝和編『雇用慣行の変化と女性労働』pp.151-170，東京大学出版会.

アングリスト・ヨシュア，ピスケ・シュテファン著，大森義明・小原美紀・田中隆一・野口春子訳，2013，『「ほとんど無害」な計量経済学　応用経済学のための実証分析ガイド』NTT 出版

上武康亮・遠山祐太・若森直樹・渡辺安虎，2021，「実証ビジネス・エコノミクス 消費者需要モデルの推定［基礎編 1］」『経済セミナー』2021 年 6/7 月号 P.58-68.

奥井亮，2015，「固定効果と変量効果」『日本労働研究雑誌』No.657，2015 年 4 月，P.6-9.

久保克之，2021，『経営学のための統計学・データ分析』東洋経済

黒澤昌子，2005，「積極的労働政策の評価―レビュー―」『フィナンシャル・レビュー』2005 年 7 月号 197-220.

近藤絢子，2014，「私立中高一貫校の入学時学力と進学実績―サンデーショックを用いた分析」『日本経済研究』70 号，pp.60-81.

西山慶彦・新谷元嗣・川口大司・奥井亮，2019，『計量経済学』2019 年有斐閣

佐藤一磨・梅崎修，2015，「インターンシップへの参加が就職活動結果に及ぼす影響―Propensity Score Matching 法による Self-Selection Bias の検証―」大学評価研究第 14 号 2015 年 8 月 P.89-100.

末石直也，2015，『計量経済学』日本評論社

ストック・ジェームス，ワトソン・マーク著，宮尾龍蔵訳『入門計量経済学』共立出版

田中隆一，2015，『計量経済学の第一歩―実証分析のススメ』有斐閣ストゥディア

谷岡一郎，1995，「3 割打者と防御率 3.0 の投手のトレードはどちらが得か」『大阪商業大学商経論集』101 号，101-123.

中室牧子・津川友介，2017，『原因と結果の経済学』ダイヤモンド社

畑野鋭矢・水落正明，2022，『データ分析をマスターする 12 のレッスン』有斐閣

フィンストラ・C・ロバート著，伊藤元重・下井直毅訳，2021『上級国際経済学第 2 版』日本評論社

星野匡郎・田中久稔・北川梨律，2023，『R による実証分析 回帰分析から因果分析へ 第 2 版』オーム社

本田圭一郎，2023，「政策の効果検証のための手法（基礎編）」千田良吉・加藤久和・本

田圭一郎・萩原里紗『大学生のための経済学の実証分析』第6章所収，日本評論社

森田果，2014，『実証分析入門』日本評論社，第19章第2節

山鹿久木・中川雅之・齊藤誠，2002，「地震危険度と家賃―耐震対策のための政策インプリケーション」日本経済研究，No.46，pp.1-21.

山本勲，2015，『実証分析のための計量経済学』中央経済社

吉田あつし・牛島光一，2009，「小学校における学校の質は地価に影響するか？―東京都特別区の地価データを用いた検証―」『応用地域学研究』No.14，pp.37-47.

Acemoglu, D., Autor, D., Dorn, D., Hanson, G., and Price, B., 2016, Import Competition and the Great US Employment Sag of the 2000s, *Journal of Labor Economics*, 34, S141-S191

Ahern K., and Dittmar, A., 2012, The Changing of the Boards: The Impact on Firm Valuation of Mandated Female Board Representation, *Quarterly Journal of Economics*, 127, pp.137-197.

Anglist, J., and Evans, W., 1998, Children and Their Parents' Labor Supply: Evidence from Exogenous Variation in Family Size, *American Economic Review*, 88(3), 450-477.

Asai, Y., Kambayashi, R., and Yamaguchi, S., 2015, Childcare Availability, Household Structure, and Maternal Employment." *Journal of the Japanese and International Economics*, 38, 172-192.

Baier, S., Bergstrand, J., 2007, Do Free Trade Agreement Actually Increase Members' International Trade? *Journal of International Economics*, 71, pp.72-95.

Berry, S., 1994, Estimating Discrete-Choice Models of Product Differentiation, *The Rand Journal of Economics*, 242-262

Bloom, N., Liang, J., Robuert, J., and Ying, Z-J., 2015, Dose Working from Home Works? Evidence from a Chinese Experiment, *Quarterly Journal of Economics*, 165-218.

Brückner, M., and Ciccone, A., 2011, Rain and the Democratic Window of Opportunity, *Econometrica*, 79(3), 923-947.

Booth, A., and Yamamura, E. 2013, Performance in Mixed-Sex and Single-Sex Competitions: What We Can Learn from Speedboat Races in Japan, *Review of Economics and Statistics*, 100(4), 109-126.

Cornwell, C., and Trumbull, W., 1994, Estimating the Economic Model of Crime with Panel Data, *Review of Economics and Statistics*, 76(2), pp. 360-366.

Dehejia, R., and Wahba, S., 1999, Causal Effects in Nonexperimental Studies: Reevaluating the Evaluation of Training Programs, *Journal of the American Statistical Association*, Vol. 94, No,448, 1053-1062

Feenstra, R., 2002, Border Effects and the Gravity Equation: Consistent Methods for Estimation, *Scottish Journal of Political Economy*, 49, 491-506.

Hansen, B., 2021, *Econometrics*, Princeton University Press

Jensen, M., and Murphy, K., 1990, Performance Pay and Top-Management Incentives, *Journal of Political Economy*, 98(2), 225-264.

Kawaguchi, D., 2011. Actual age at school entry, educational outcomes, and earnings. *Journal of the Japanese and International Economies*, 25 (2):64-80.

Kruz, C., and Senses, M., 2016, Importing, Exporting, and Firm-level Employment Volatility, *Journal of International Economics*, 98, 160-175.

McCullum, J., 1995, National Borders Matter, *American Economic Review*, 85, 615-623.

Mincer, J., and Higuchi, Y., 1988, Wage Structures and Labor Turnover in the United States and Japan, *Journal of the Japanese and International Economy*, 2(2), 97-133.

Morikawa, M., 2016, What Types of Companies Have Female Directors? Evidence from Japan, *Japan and the World Economy*, Vols. 37-38, 1-7.

Nakagawa, M., Saito, M., Yamaga, H., 2007, Earthquake Risk and Housing Rents: Evidence from the Tokyo Metropolitan Area, *Regional Science and Urban Economics*, 37(1), pp.87-99.

Nunn, N., 2007, The Long-Term Effects of Africa's Slave Trade, *Quarterly Journal of Economics*, Vol. 123(1), 139-176.

Tanaka, K., 2021, The European Union's Reform in Rules of Origin and International Trade: Evidence from Cambodia, *The World Economy*, Vol.44(10), 3025-3050.

Wooldridge, J., 2010, Econometric Analysis of Cross Section and Panel Data, MIT Press

索　引

〈著者紹介〉

松浦寿幸（まつうらとしゆき）

1974 年　奈良県生まれ
1998 年　慶應義塾大学総合政策学部卒業
2003 年　慶應義塾大学大学院商学研究科博士課程単位取得退学
独立行政法人経済産業研究所研究員，一橋大学経済研究所専任講師を経て，
現在，慶應義塾大学産業研究所教授，博士（商学）

専門は，国際経済学，産業組織論
主要業績に，
『Stata によるデータ分析入門』東京図書
『独習！ビジネス統計』東京図書
『海外直接投資の理論・実証研究の新潮流』三菱経済研究所
『東アジア生産ネットワークと経済統合』東洋経済（共著）
"The COVID-19 pandemic and domestic travel subsidies," Annals of Tourism Research, 2022, 92, 103326. (co-authored with Hisamitsu Saito)
"Multinationals, Intrafirm Trade, and Employment Volatility", Canadian Journal of Economics, 2020, 53(3), 982-1015. (co-authored with Kozo Kiyota and Yoshio Higuchi)
"Trade Liberalization in Asia and FDI Strategies in Heterogeneous Firms: Evidence from Japanese Firm-level Data," Oxford Economic Papers, 2015, 67(2), 494-513. (co-authored with Kazunobu Hayakawa)
"International Productivity Gaps and the Export Status of Firms: Evidence from France and Japan", European Economic Review, 2014, 70, pp.56-74. (co-authored with Flora BELLONE, Kozo KIYOTA, Patrick MUSSO, Lionel NESTA)

R によるデータ分析 入 門

—経済分析の基礎から因果推論まで—

2024 年 4 月 25 日　第 1 刷発行

©Toshiyuki Matsuura, 2024
Printed in Japan

著 者　松 浦 寿 幸
発行所　東京図書株式会社
〒 102-0072　東京都千代田区飯田橋 3-11-19
振替：00140-4-13803　電話：03 (3288) 9461
http://www.tokyo-tosho.co.jp/

ISBN978-4-489-02424-5

●微分の初歩からやさしく学べてよくわかる

増補版 金融・証券のための ブラック・ショールズ微分方程式

石村貞夫・石村園子 著　定価 3520 円　ISBN 978-4-489-02040-7

- -

●経済学部の初歩で使う数学をまとめた参考書

そうだったのか！ これならわかる経済数学
－複利計算から微分積分、統計まで－

伊藤萬里・白井克典 著　定価 2200 円　ISBN 978-4-489-02183-1

●ファイナンスに必要不可欠な統計学の知識を網羅した

ファイナンスのための統計学
－統計的アプローチによる評価と意思決定－

T.L.ライ・H.シン 著　松原望・山村吉信 訳　定価 4180 円
ISBN 978-4-489-02239-5

東京図書